杜鲁门传

TRUMAN

胡高昂 编著

吉林出版集团股份有限公司

图书在版编目（CIP）数据

杜鲁门传 / 胡高昂编著 . —长春：吉林出版集团
有限责任公司，2011.7
　　　ISBN 978-7-5463-5792-8

　　Ⅰ.①杜…　Ⅱ.①胡…　Ⅲ.①杜鲁门，
H.S.（1884～1972）—传记　Ⅳ.①K837. 127＝534

中国版本图书馆 CIP 数据核字（2011）第 130759 号

杜鲁门传

编　　著：胡高昂
出版统筹：博文天下
责任编辑：崔文辉　张晓华
封面设计：盛世博悦
版式设计：边学成
开　　本：710 mm×1000 mm　1/16
字　　数：236 千字
印　　张：20.5
版　　次：2011 年 8 月第 1 版
印　　次：2020 年 8 月第 3 次印刷

出　　版：吉林出版集团股份有限公司
地　　址：长春市人民大街 4646 号（130021）
电　　话：总编办：010－63109269
　　　　　发行科：010－85725399
印　　刷：三河市燕春印务有限公司

ISBN 978-7-5463-5792-8　　　定价：59.80 元

目　录

第一章
拓荒者的后代

杜鲁门出生于农民家庭，中学毕业后因家庭变故而放弃了上大学；工作之后，又因为家庭的原因，他放弃追求独立生活的理想，回到农庄务农。虽然杜鲁门感到非常失望、遗憾，但他从来没有抱怨什么。杜鲁门说："农庄的生活是一段宝贵的人生经历，是我一生中最美好的时光……"

第二章
开始从政

在政治霸主汤姆·潘德加斯特的帮助之下，杜鲁门踏上了从政之路。人们纷纷攻击他，说他是臭名昭著的潘德加斯特集团的走狗，是政治傀儡。后来，人们都因潘德加斯特被判刑而幸灾乐祸的时候，杜鲁门说："汤姆是我的朋友，我不会落井下石。"

第三章
"意外的总统"

在法西斯即将战败，世界大战接近尾声的时候，罗斯福总统去世了；在历史的转折关头，杜鲁门继任总统。有人说，他是个"意外总统"；有人说，杜鲁门不是政客，是一个高尚的人，他一定会把工作做得更好。面对外界各种不同的声音，杜鲁门用实际行动证明了他是一个怎样的总统。

第四章
和平时期的总统

惊心动魄的世界大战结束后，杜鲁门还没有来得及喘气，就投入到新的战斗中去了。他要面对许多重大问题，像军队复员、就业法、控制物价、抑制通货膨胀等等。虽然困难接踵而至，但杜鲁门仍然充满信心地说："为了达到目的，我会和以前一样奋力拼搏，绝不会被困难吓倒。我坚信会处理好一切……"

第五章
与苏联较量

为了和苏联对抗，杜鲁门先后抛出了"杜鲁门主义"、"马歇尔计划"；为了实施这些计划，杜鲁门和国会之间进行了一场较量。他对国会议员说，如果不通过他提出的计划，就会面临共产主义的威胁，就会葬送美国和世界的繁荣。正是通过这种耸人听闻的演说，杜鲁门达到了目的。

第六章

反败为胜

虽然没有民主党的支持，没有竞选经费，但杜鲁门毅然决定竞选连任总统。他说："对于当总统的虚荣，我非常讨厌。然而，世界形势如此严峻，我对某些人缺乏信心。无奈之余，我只好挺身而出，自己来承担这份责任……"

第七章

内外交困

欧洲国家共产主义力量的迅速发展，令西方国家惶惶不安。为了抵御以苏联为首的共产主义势力的威胁，减轻美国的负担，美国希望西欧国家尽快强大、团结起来。美国的领导者说："若西欧屈服于苏联，那将是美国的灾难。"

第八章

争霸世界

美国节节败退，杜鲁门的美梦被彻底击碎了，但是他不想立即停火。

杜鲁门说："其实，联合国和美国都无意与中国为敌，但在朝鲜的事端是以苏联为首的共产主义势力发起的侵略行为……"

第九章
最后的努力

杜鲁门告别白宫、告别华盛顿，留下了令人敬畏的职位和权力，就这样踏上了归途。在堪萨斯独立城，成千上万的父老乡亲迎接他的归来。杜鲁门深情地对他们说："在这个世上，没有任何事情比得上国家，没有任何地方比得上家乡……"

HARRY S TRUMAN

引 子

1945 年 4 月 12 日，在佐治亚州的温泉镇，罗斯福总统走完了他的人生之旅。接替其职位的是副总统哈里·S·杜鲁门。大多数人都认为杜鲁门是个幸运儿，是一朝之内变成凤凰的麻雀。其实，这是一种偏见，从杜鲁门的经历和才能看，他并不比前几任总统逊色。

作为普通人，杜鲁门为美国作出了一系列重大贡献。像一战期间，杜鲁门作为一名炮兵上尉到法国作战，其表现非常出色；1926 年，作为民主党的积极分子，杜鲁门被选举为杰克逊县的首席法官；1934 年，他成了一名参议员；二战期间，他领导的参议院战争调查委员会实事求是、一丝不苟地调查浪费和腐败，为国家节省了 150 亿美元……

作为总统，杜鲁门在关键时刻作出了一些历史上至关重要的决定。为了维护和平，1945 年 6 月，杜鲁门见证了联合国宪章的签署；诺曼底登陆之后，为了迫使日本投降，杜鲁门当机立断，下令将原子弹投放到广岛、长崎这两个军事目标城市；战后杜鲁门在遵从前任总统政策的基础上提出了 21 点咨文，他要建造公共住宅清除贫民窟，扩大社会保险范围，制定永久公平就业法案等等；1948 年，国外危机四伏，杜鲁门在外交事务上成功地扮演了极具影响力的领袖角色；1950 年，朝鲜战争爆发后，杜鲁门没有将矛盾升级到与中国、苏联之间，而是将战争限制在局部范围……

虽然杜鲁门能够领导和控制最重要的国家大事，但是，在其反对者的眼里，他依然是一个小城镇的人。针对这一点，其政敌甚至还讥讽说：杜鲁门当总统，却把宾夕法尼亚大街变成了"大街"……

所有的事物都具有两面性，人也不例外，杜鲁门亦如此。为了打破国人的成见，为了证明自己的能力，证明自己不是懦弱无能，他用自己的言与行向人们告白。

HARRY S TRUMAN
第一章
拓荒者的后代

杜鲁门出生于农民家庭，中学毕业后因家庭变故而放弃了上大学；工作之后，又因为家庭的原因，他放弃追求独立生活的理想，回到农庄务农。虽然杜鲁门感到非常失望、遗憾，但他从来没有抱怨什么。杜鲁门说："农庄的生活是一段宝贵的人生经历，是我一生中最美好的时光……"

1 农场主的儿子
HARRY S TRUMAN

18 世纪 80 年代中期，美国颁布了《土地法》。该法宣布西部土地国有化，向自由移民开放国有土地。于是，人们纷纷向这块土地肥沃、资源丰富、交通便利，被称为"新伊甸园"的"西部边疆"跋涉。

1827 年，戴利、博格斯、奇尔斯、皮切尔和格雷格等家族移居到西部的密苏里州杰克逊县蓝河乡村，并在那里建立了一个小镇，取名独立城。

1846 年夏天，一个身材矮小的小伙子骑马从肯塔基州迁居密苏里州。这位年轻人就是哈里·S. 杜鲁门的祖父——安德森·杜鲁门，他是杜鲁门家族第一个在杰克逊县定居的人。在肯塔基州的时候，安德森就和邻居家的姑娘玛丽·珍妮·霍姆斯相爱了。一年前，玛丽告别了安德森随母迁居密苏里州。和安德森分别后，玛丽曾多次偷偷回去看望他。每次见面，安德森都请求玛丽留下来和他一起生活。然而，玛丽不想离开密苏里州，她舍不得自己的母亲。为了守护自己的爱情，为了和玛丽生活一辈子，安德森才迁居密苏里州。

当玛丽的母亲南希·泰勒·霍姆斯得知女儿和一个年届三十、事业无成的穷小子相恋而且执意要嫁给他的消息后，寝食难安。南希希望女儿过衣食无忧的生活，她怎么舍得将女儿嫁给一个穷小子？

拥有奴隶是财富和社会地位的标志，而安德森家没有一个奴隶。于是南希便以安德森家没有奴隶为由，极力阻止这门亲事。尽管如此，玛丽仍然决定不顾一切地嫁给安德森。最后，南希·泰勒·霍姆斯无法说服女儿，只好同意她"屈尊出嫁"。

8 月中旬，安德森和玛丽的婚礼在密苏里州举行。

令这对新婚夫妇意外的是，新郎的善良、朴实、忠厚打动了岳母南希的心。在婚礼上，南希和她的女儿们都争着拥抱他、祝福他。婚礼结束后，这对新人还从南希那里得到了一份丰厚的礼物——霍姆斯家一位名叫汉纳的女奴和她的孩子。

婚后，这对年轻夫妇在当地租下一个农庄，就此定居下来。每当和人们谈及在密苏里州的生活，安德森总是笑容满面地说，只要能和玛丽在一起，无论他在哪儿生活都是幸福的，在密苏里州也不例外。

1862 年，美国内战爆发。这是南部叛乱分子为维护奴隶制社会，同北部资本主义社会之间进行的一场战争，它严重影响了人们的生活。为了避开战火，安德森带领妻子玛丽、女儿玛丽特、艾玛、丽莎以及儿子威廉、约翰迁居普拉特县。普拉特县基本上没有受到战火的影响，而且安德森家的孩子没有一个达到上战场的年龄，所以他们一家在普拉特县过着还算比较平静的日子。

南北双方经过激烈的交战，1865 年，持续 4 年之久的内战以南部叛乱分子的彻底失败而告终。战争结束后，安德森带领家人迁回杰克逊县，在那里开荒种地。

一年冬天，在一场狂欢舞会上，安德森的小儿子约翰·安德森·杜鲁门，也就是杜鲁门的父亲邂逅了所罗门·扬家的姑娘玛莎·爱伦。和杜鲁门家族一样，所罗门家族也是受西部移民的影响，从肯塔基州迁居杰克逊县的。不同的是，玛莎的父亲所罗门·扬以投机土地和饲养、买卖牲畜为生，而约翰的父亲一直从事农业生产，她家的经济条件自然比约翰家好得多。

玛莎身材苗条，有一双会说话的蓝眼睛，是个很有吸引力的姑娘。她曾在密苏里的一所女子学院学习文学、绘画、钢琴，这所女子学校培养了她对书籍和诗歌的爱好。和玛莎相比，可以说约翰·安德森·杜鲁门几乎没有受过任何教育，但文化的差异并没有影响他们的交往。很快，这对年轻人就陷入了爱河。

1881 年 12 月 28 日，这对相恋已久的年轻人举行了婚礼。所罗门·扬送给女儿玛莎的嫁妆是一个胡桃木制成的 3 层梳妆台，其顶部还有大理石。在以后的日子里，玛莎再也没有用过比这更精致漂亮的家具。

婚后，这对新婚夫妇在密苏里州拉默镇定居。约翰花了 600 多美元买了栋临街的房子，房子很小，和玛莎娘家的厨房差不多大，而且连自来水和抽水马桶都没有。约翰未出嫁的姐姐艾玛·杜鲁门曾来他们的新家住过一段日子。艾玛说："黄沙滚滚的拉默镇简直是人间地狱，我一天也无法待下去。约翰的家除了光线好之外，我再也找不出第二个优点了……可我不明白，为什么玛莎还和以前一样快乐。"尽管生活条件不是很好，但是这对年轻人觉得日子很舒适。用玛莎的话说，只要和相爱的人在一起，日子再苦也是甜的。难怪艾玛无法理解玛莎的快乐。

约翰是个有上进心、能吃苦、渴望成就一番事业的年轻人。婚后不久，他在家附近买了一个仓库做起了牲口生意，他希望像岳父所罗门一样靠贩卖牲口发财。为了招揽生意，约翰在拉默镇的《民主党人》报上登了一则这样的广告：买卖骡子，在肯德基大街的白仓库，本人有一批上好的骡子出售。有意者请直接与约翰·安德森·杜鲁门联系。

日子一天天过去，玛莎的肚子也一天天大起来，她怀孕了。等待孩子降生的日子，约翰夫妇非常快乐。黄昏，经常可以看见玛莎弹琴，约翰伴唱的情景。然而，好景不长，没有几个月孩子就胎死腹中。为此，玛莎黯然神伤了好久，而约翰也伤心了很久。直到玛莎再次怀孕的时候，这个家才恢复了往日的生机。

1884年5月8日，约翰夫妇期待已久的孩子诞生

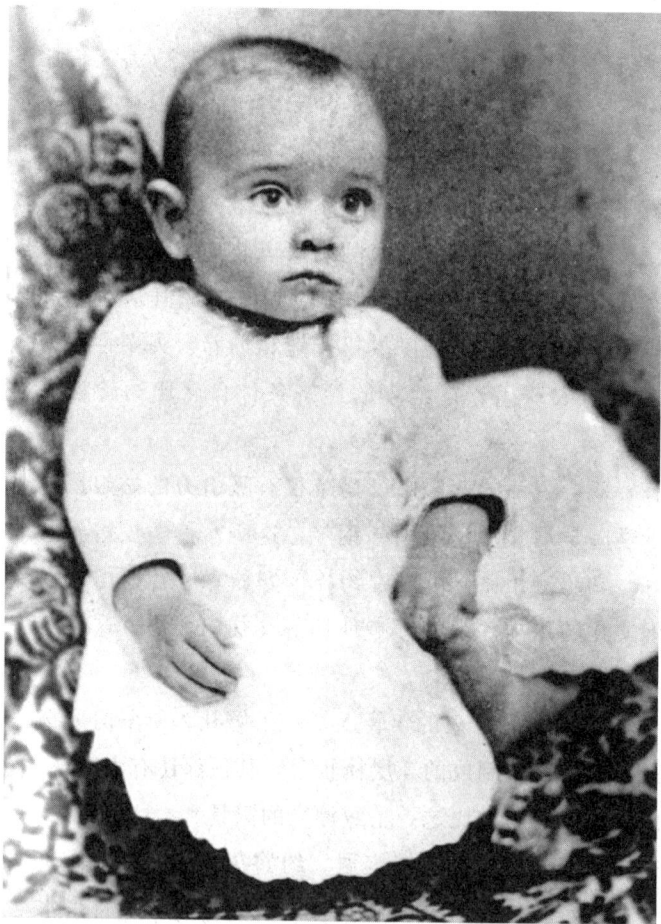

哈里·S.杜鲁门儿时的照片

了，他就是哈里·S.杜鲁门。初为人父的约翰非常高兴，为了庆祝儿子的出生，他特意在院子里栽了一棵松树。有传闻说，为了给儿子求吉祥保平

安，约翰还特意在大门上钉上一个骡蹄铁。

一个月后，约翰才给儿子办理出生登记手续。因为在给儿子取名字的时候，约翰夫妇犯难了。在取中间的那个名字时，他们不知道是纪念约翰的祖辈 Shippe，还是纪念玛莎的祖辈 Solomon。最后，约翰夫妇达成协议，决定取英文字母"S"，用它来同时代表他们的祖辈。

哈里对自己的出生地拉默镇并没有什么印象，因为父亲的生意不尽如人意，在他不满周岁的时候就举家搬迁到哈里森维尔。在哈里森维尔，约翰的第二个儿子约翰·维维安·杜鲁门出世了。

在哈里森维尔居住了两年后，也就是 1887 年，约翰带领妻儿搬回岳父所罗门·扬的农庄。约翰从岳父那里买了几十英亩地，开始了自己的农民生活。

2 幸福的童年
HARRY S TRUMAN

在外祖父的农庄，哈里度过了快乐的童年，那里的一切都给他留下了难忘而美好的记忆。外祖父经常用自己的高轮大马车带着哈里在田野里飞驰，这给哈里留下了深刻的印象。每当贝尔顿集市有赛马的时候，外祖父就会带着他和弟弟跑好几英里路去看赛马。哈里常常高兴得手舞足蹈，他说："一边吃糖，一边看赛马，这是我最喜欢的日子。"

扬家的农庄很大，哈里和弟弟经常在家门口的榆树下荡秋千，在小溪边玩耍，在草地里采野草莓、掏鸟窝。陪伴小兄弟俩的是一只叫鲍勃的圆尾小灰猫和一只名叫坦迪的小黑狗，它们给兄弟俩带来了无尽的乐趣。

哈里是个听话、懂事的孩子，很小就乐意帮父亲和外公干些力所能及的活儿，像照看牲口、晒桃子等。在后来回忆农场的那段生活时，哈里说，他熟悉农庄的各种活儿，因为他常常在旁边看大人们收麦、晒草、采摘水果。哈里凭着聪明和勤劳，赢得了大人们的喜爱。

在农庄，哈里一家的生活比较富足。哈里后来写道："农庄里种植了各种各样的水果树，养着成群的牛、羊、猪、驮马。我们家的食品除了各种各样的糖、馅饼、水果之外，还有香肠、腌猪蹄等。一般晚秋的时候就开始做腌制品，都是由姥姥和一位雇来的小姑娘做的。"

在农庄的生活很快乐，但哈里也有烦恼和悲伤。

哈里·S.杜鲁门的外祖父扬家的农场

3岁那年夏天，祖父去世了。哈里大哭着扑到床边，死劲揪老人的胡子、摇胳膊，想唤醒沉睡的祖父。哈里所做的一切都是徒劳，他的哭声并没有唤醒祖父。父亲告诉他，祖父去了天堂，那是一个美丽、宁静的地方。父亲的话让哈里似懂非懂，但听说祖父去了美丽的地方后就不再哭闹了。

祖父的去世对哈里的性格并没有造成什么影响，后来发生在哈里自己的身上的几件事情改变了他的性格。

有一次，吃桃子时哈里把桃核也吃了，结果被桃核卡住，差点送了性命。幸亏母亲发现得及时，用手指将桃核抠了出来，否则后果不堪设想。还有一次，为了照镜子，他爬上椅子，结果没有站稳，从椅子上摔了下来折断了锁骨。此后不久，在农庄骑马的时候，他从马背上摔了下来。父亲很严厉地说："以后要刻苦练习，否则不会骑马就必须走路。"为了让他牢记教训，父亲还罚他从农庄步行回家。回家后，心疼儿子的母亲紧紧地将他搂在怀里，柔声问道："儿子，摔到哪里了，还疼吗？"倔强的哈里摇摇头，没有说一个"疼"字。也许，几次意外让他明白：必须小心谨慎，否则一切后果都应该由自己来承担。后来，哈里的母亲玛莎对人提起这几次意外事故时总说，虽然小哈里的心被深深地刺伤了，但是他好像从中悟出了些什么，因为他不再因为疼痛而哭闹了，而是学会了默默忍受。

母亲的心总是很细的，时刻都知道儿子需要什么。在儿子受伤的时候，玛莎总是默默地安慰他；在儿子跌倒的时候，玛莎总是微笑着鼓励他勇敢地站起来；在儿子想学习的时候，玛莎就常常给他讲解《圣经》，教他识字。在母亲的影响下，5岁的哈里就俨然是个小男子汉了。

慈祥温柔的玛莎很疼爱自己的儿子，但是她并不是没有原则地娇惯他们。有一次，哈里领着弟弟和邻居家的几个孩子在一个水坑里疯玩了一下午。兄弟俩回家后，玛莎发现满身泥水的儿子气就不打一处来，她不问青红皂白扬起手中细软的鞭子狠狠地揍了哈里一顿。打完之后，玛莎一边给儿子上药水，一边语重心长地说："儿子，今天的事情不管是不是你领的头你都必须承担责任。如果是你做了错事受罚是应该的，弟弟做了错事，你不但不阻止还跟着一起犯错更应该受罚。儿子，你要记住你是哥哥要起表率带头作用，给弟弟树立榜样。"听了母亲的话，哈里若有所思地点了点头。从此以后，母亲的鞭子再也没有落到哈里的身上，倒不是因为母亲心疼儿子。

1889年夏天，和哈里争宠的除了弟弟维维安之外，又多了一个人，她就是哈里的妹妹玛丽·简。尽管玛丽·简是家中唯一的女儿，但父母并没有因为她的到来而忽视其他孩子的存在。玛莎对每个孩子都很宠爱，尤其对长子哈里倾注了更多的关爱，也寄予了更多的希望。为了让哈里接受良好的教育，1890年夏天，哈里一家离开农庄迁到独立城。在南克里斯勒大街，约翰用从父亲那里继承来的钱买了一幢房子和几块地皮。年近40岁，约翰并没有像他的岳父一样取得事业上的成功，于是他决定再尝试一次牲畜买卖。

迁居后不久，玛莎发现哈里的眼睛好像有些异样。有一天晚上放焰火时，哈里对头顶上五彩缤纷的火花毫无反应。玛莎断定哈里的眼睛出了什么毛病，于是她带着哈里去看眼科大夫。大夫检查后，对哈里的母亲说："夫人，您的孩子必须配眼镜，因为他的眼睛近视得非常厉害，根本无法看清楚任何东西。"没有其他的办法，玛莎只好同意医生的建议。

眼镜配好之后，哈里看着厚厚的镜片问大夫："大夫，这可是大人们戴的东西，我一定要戴上它吗？"

"是的，你必须戴上它。"医生摸了摸哈里的头说，"孩子，你一定要记住，戴上它以后就必须小心，不可以到处乱跑。若不小心摔破了眼镜，就会扎伤你的眼睛。"

哈里点点头说："我明白了，大夫，谢谢您！"

就这样，哈里戴上了眼镜。周围的人都说，哈里戴上眼镜后像变了个人似的。他比以前懂事多了，不再到处乱跑，而是待在家里帮母亲做家务。此外，他还学会哄妹妹玛丽睡觉、给她梳头、带她到外面玩耍。长大后，玛丽对人谈起她哥哥时说，哈里就是我心目中的好"情人"，也许是因为找不到比得上他的人，所以我才一直不结婚。

戴上眼镜后的哈里的确比以前文静多了，但是哈里也有自己的苦恼。戴眼镜的都是大人，孩子戴眼镜几乎是绝无仅有的。一时间，哈里引起了别人的好奇，成了孩子们关注的焦点。所以，哈里常常为自己和别的孩子不一样而苦闷。戴上眼镜后，哈里还经常头痛。其实对哈里来说，孩子们好奇的眼神、经常头痛并不算什么，令他烦恼的是不能再像从前一样尽情玩球，像其他孩子一样参加剧烈活动了，而且也无法实现自己的梦想了。从小，哈里就崇拜叱咤风云的军人，渴望成为一名军人，渴望冒险，渴望成为一名真正的美国男儿。在他眼里，单枪匹马来西部开疆拓土的外祖父就是个了不起的人，就是真正的美国男儿。哈里觉得外祖父就是榜样，不久的将来自己一定不会比他逊色，然而一副眼镜打碎了哈里所有的梦。

哈里是个聪明、性情开朗的小男孩，上小学后，他的学习成绩一直很好。除了有一次写作考了 86 分外，哈里每次的考试成绩都在 90 分以上。哈里的老师米拉·尤小姐说："哈里是个聪明好学的孩子，老师们都很喜欢他。"后来，在和朋友们谈起儿时深得老师喜爱的事情时，哈里解释说："从小我就喜欢观察周围的人，弄清他们想什么，如何才能使他们高兴。"

1894 年冬天，哈里和弟弟维维安都得了白喉。经过治疗，维维安很快就康复了。而哈里的病情却急剧恶化，腿和胳膊都不能动了。为了让哈里享受冬日煦暖的阳光，玛莎总是用小车推着他在户外漫步。经过母亲的精心照顾，半年后，哈里奇迹般地好了起来。此后，他就很少生病。因为这场病，哈里耽误了学习，没有参加二年级的期末考试。经过一个暑假的补习，哈里进步神速，学校允许他跳级，直接插班去读四年级。

除了学习成绩好之外，哈里的钢琴也弹得非常好。因为玛莎希望哈里能成为钢琴师，所以为他找了一位出色的钢琴老师，每周去上两次课。此外，每天早晨还必须晨练两个小时。虽然母亲也要求维维安学钢琴，但他一节课也没上。看出维维安不是读书学琴的料，玛莎就一心一意地培养长子，不再强求维维安练琴了。

每当戴着眼镜的哈里抱着琴谱去学钢琴时，身后都会传来孩子们的嘲笑声。哈里早已习惯了这一切，所以他并没有因为别人的嘲笑而放弃学琴。其实，哈里对钢琴并没有多大兴趣，懂事的他只是为了让母亲高兴，所以他一直按照母亲的意愿练琴。直到15岁那年，哈里终于下决心放弃了钢琴课。后来每每谈起学钢琴的事情，哈里总是说："那时，早就该放弃的，都是因为我太顺从了。"

在后来的日子里，钢琴只是哈里生活中的点缀。当总统之后，在庆典活动或出国访问时，他常常会被邀请即兴表演，斯大林、丘吉尔都对他的演奏赞不绝口。哈里靠儿时钢琴课上学的那些作品赢得了掌声和赞扬，毫无疑问他非常感谢自己的母亲。

哈里的父母希望家里充满书卷气，所以购买了很多图书，像《圣经》、《莎士比亚全集》等。哈里酷爱读书，在学习和练琴之余，他读遍了家里所有的书。他喜欢看马克·吐温的作品，喜欢看传记。有一次，为了看《富兰克林全集》，哈里在图书馆待了整整一个下午。他的同学说："他简直就是一个书虫，我从来没有见过那么爱看书的人。我也喜欢看书，但是却无法和哈里相比。"

哈里最喜欢看的还是历史方面的书籍，尤其喜欢读历史和人物传记方面的书籍。玛莎特意为他买了厚厚的带插图的丛书，书名是《伟大的男人和著名的女人》，包括《政治家与哲人》、《平民与英雄》、《士兵与水手》和《艺术家与作家》4卷。这套书是从著名杂志上选来的名人传记，像恺撒、拿破仑、爱迪生等。书中栩栩如生的人物形象深深地吸引了哈里。其中，让他着迷的有美国英雄安德鲁·杰克逊和罗伯特·E. 李。

在罗伯特·E. 李的传记中，有一封罗伯特写给儿子的信。信上写着："儿子，坦诚是诚实和勇气的源泉，你必须坦诚地面对世界。与你的同学、朋友相处时要友善、果断，不要为了他们而故意去做错事，否则将会付出沉重的代价……总之，要诚实，千万不要伪装自己，以虚假的面孔出现在别人面前……爱你的父亲"。

玛莎也很崇拜罗伯特·E. 李，她经常用罗伯特·E. 李教育儿子的方式教育自己的儿子。

母亲的教育，伟人们的事迹和品德深深地影响了哈里。后来，在教育自己的孩子时，他总说："诚实、自尊、正义是你必须具备的，否则你的人生将会是失败的。"在当了总统之后，哈里曾说过这样的话：一个人如果了解历史，对他来说就没有什么

哈里·S. 杜鲁门和弟弟维维安的合影

东西是新的了，因为所有事件都可以在过去的历史中找到影子。难怪后来哈里经常在历史中寻找答案，借鉴前人的经验。

生性羞涩的哈里总不敢开口和女孩子讲话，除了和埃拉姨妈家的表姐埃塞尔和内利·诺兰说话不感到紧张外，他和其他同龄的女孩子讲话都会羞红脸。五年级的时候，哈里转入哥伦比亚学校，一位名叫伊丽莎白·华莱士·贝西的女孩引起了哈里的注意。虽然哈里在 6 岁的时候就认识了贝西，而且当时和他同班的贝西就坐在后面，但哈里还是不敢和漂亮的贝西讲一句话，直到 5 年后他才壮胆和贝西讲话了。

后来，在提起小时候的事情时，哈里说："那时，我的确有点女人气。我很胆小，一碰到打架就跑得远远的，而维维安从来都不躲开。为此，同伴们都嘲笑我，所以我和大家玩不到一起，就只好一个人静静地看书。"对于哥哥的"女人气"，维维安在回忆的时候说："他不合群倒是事实，我好像不记得有人说他女人气。因为他与众不同，太正经，的确有人想当面说他有女人气的，但是有一件事情改变了小伙伴们的看法。一次，我们在玩'江洋大盗'的游戏，为谁是强盗、谁是英雄的事情发生了争执。后来，是哈里来给我们解了围，还绘声绘色地给我们讲述了江洋大盗的故事。此后，大家都很佩服哈里见多识广、有学问，再也没有人想说他女人气了。"

在母亲眼里，哈里是一个懂事、乖巧的好孩子。然而父亲约翰并不这么看，他觉得哈里总是唯唯诺诺，文质彬彬，身上缺乏一股男子汉气。与小儿子维维安相比，约翰更喜欢长相性格酷似自己有男子汉气概的小儿子。他常常带着维维安去牲口交易市场，让他亲身体验如何做生意，约翰还给了维维安一个账本，让他学着记账。尽管哈里也曾得到了同样的机会，但是约翰觉得他根本不是做买卖的料。后来，哈里自己也说，他要是花 20 美元买头驴，然后再以 40 美元卖给别人的话，他总觉得心里不舒服，像是自己抢了人家的钱一样。

虽然在生意上，哈里无法和父亲达成共识，但他们都热衷于政治。每年 8 月，哈里都会随父亲一起去参加在隆杰克举行的大型民主党野餐会。有一年，哈里和父亲应商人威廉的邀请参加了野餐会。威廉是比较有名望、有权势的人，他对哈里父子礼遇有加，令他们觉得非常荣幸。哈里说："这可是将近 2 万人的大会啊，我从来没有见过这么多人聚集在一起，就算整个独立城的人都聚集在一起也不过 4 千多人。"

1898 年，哈里上中学了。镇上很多男生早就开始工作了，所以升中学的寥寥无几。哈里所在的班级共有 41 名学生，而男生仅仅只有 11 人，还不到全班人数的一半。

在中学，老师除了教授数学、拉丁文、英文、科学之外，还要宣扬传统的价值观，教育学生爱国、忠诚、热爱家人等。在回忆中学时的生活时，哈里说："我感谢那时所有教过我的老师，他们对我的影响仅次于我的母亲。"

HARRY S TRUMAN

哈里的功课还是和以前一样优秀,尤其是历史和英文。在英文老师马蒂尔达·布朗的指导下,在1899~1901年间,哈里曾写下了两篇关于人和道德理想的作文。其中,他所推崇的是勇气。在文中,哈里写道:

> 我所说的勇气,不仅仅是指在面对敌人的时候所表现出来的气概,它还指对家人的照顾、关心以及勇于承担责任。
>
> ……
>
> 我认为一个人具备了真诚、坚强、无所畏惧的勇气,他将会无往不胜。

在一篇写《威尼斯商人》的作文中,哈里是这样写的:

> 我理想中的男人不应该傲慢、冷酷、虚伪,而应该勇敢,敬畏上帝,而且具有爱心,最好会爱女人。
>
> ……
>
> 我之所以喜欢夏洛克,是因为他是个强者。但他也有自己的弱点,那就是他让情感支配了。一个人一旦让情感所左右,他就彻底完了。
>
> ……
>
> 这个世界什么人都有,有人喜欢金钱,并利用钱使他人幸福,这种人是完美的;有人喜欢女人、杯中物和享乐,这种人是世俗的。我所说的人,是有时间去爱他人,同时又有足够的世俗经验。

1900年秋天,哈里特别忙碌,因为他和同学塔斯克·泰勒、查理·罗斯等人制作了一份名为《曙光》的毕业纪念册。查理是主编,他和哈里负责编写内容,塔斯克主要负责插图。为了翻译拉丁文来充实纪念册的内容,哈里常常去内利·诺兰表姐家向她请教。在表姐家,最令哈里高兴的事情就是能经常见到伊丽莎白。诺兰家搬家之后,正好和贝西家门对门住着,所以两家经常互相走动。埃塞尔表姐曾怀疑哈里来学拉丁文的真正目的,她说:"贝西经常过来,我总看到他们在玩,不知道哈里到底学了多少东西。"埃塞尔当然明白哈里的心思,知道他一直暗恋着贝西。已经不再腼腆羞涩的哈里曾对埃塞尔和内利·诺兰说:"在上学或放学的时候,只要为伊丽莎白拿会儿书包，我就会高兴一整天。"在埃塞尔和内利·诺兰看来，与众不同的贝西的确很不错，所以她们常常鼓励哈里，让他加油。

1901 年 5 月 30 号，17 岁的哈里高中毕业了。毕业合影是在学校大门口照的，哈里独自一人站在最后一排。不知是有意还是无意，贝西站的位置和哈里相隔甚远。当晚，在学校礼堂举行了毕业典礼。遗憾的是，哈里没有得到任何奖章和荣誉。

3 谋生之路
HARRY S TRUMAN

中学毕业后，杜鲁门报考了西点军校，由于视力原因他没有被录取。哈里打算去堪萨斯城的斯波尔丁商学院学会计，可父亲没钱再供他读书了，杜鲁门只好放弃上大学。

10 年来，父亲约翰的生意一直很顺利，他们一家在独立城过着比较富足的日子，但是有一天祸从天降，杜鲁门家变得一贫如洗。1896 年后，美国的农作物价格直线上升。为了赚更多的钱，约翰一头扎进谷物期货交易市场。在小麦投机生意上，约翰走了背运。1901 年夏天开始，约翰的生意连连滑坡。为了弥补亏损，约翰投入了更多的资金。然而，他不但没有把亏掉的钱赚回来，反而还赔掉了 4 万多美元的现金和玛莎从父亲那里得来的 160 英亩的土地。

约翰输掉了所有的家产，他家陷入了窘迫的境地。不得已，他只好带领家人离开了独立城，搬到了堪萨斯城郊一所非常便宜的住处安顿下来。在当地，51 岁的约翰找了一份夜间看门的工作，薪水和农场帮工的工钱差不多。虽然差事很苦，挣得也不多，但是这是约翰所能找到的最好的工作。对自尊心极强的约翰来说，这种日子无疑是最痛苦的。尽管如此，杜鲁门一家没有抱怨什么，默默忍受着一切。对于父亲投机失败后的这段日子，杜鲁门后来是这样说的：日子虽然很苦，但是没有必要到处宣扬苦处，做人就应该永远乐观，笑对生活。

为了资助家人，杜鲁门找了一份收发报纸的工作。18 岁那年，他辞掉收发报纸的工作，在一家铁路公司当记时员。杜鲁门每周工作 6 天，一天 10 小时，每月工资 35 美元。杜鲁门的工作主要是记录每个人的上工时间，制作支付工资的凭证，每 2 周为工人们发一次工资。看上去杜鲁门的工作很轻松，其实他的这份工作非常辛苦，因为 400 多名工人都分散在铁路上，他需要在每个帐篷之间来回奔走。虽然工作很辛苦，但是杜鲁门对这份工作很感兴趣，他还幽默地称这段日子为"活生生的教育"。杜鲁门之所以喜欢这份铁路上的工作，也许和他小时候生活在铁路边的经历有一定的关系。那时，家人都很讨厌火车的噪音，唯独杜鲁门例外，他对火车很神往。白天，他常常一个人坐在屋顶数火车厢、欣赏火车头；夜晚，他则躺在床上聆听火车的汽笛声、咔嚓咔嚓声。在杜鲁门看来，火车发出的任何一种声音都是美妙的音乐。长大后，杜鲁门对火车的这种特殊感情一直没有变。一次，表姐问他是否还喜欢火车时，他欣然答到："永远不会改变。"

铁路上的工作结束后，一位名叫怀特曼的医生推荐杜鲁门去商业银行工作。1903 年 4 月 24 日，西装革履的哈里去商业银行填写工作申请表。表格上只有 5 个很简单的问题：你是否有被解雇的经历？你是否赌博或曾经赌过钱？你是否擅长数字？你喜欢什么形式的娱乐活动或消遣？你在哪里消磨晚上和星期天的时光？杜鲁门都如实作了回答。

不知是怀特曼医生的推荐信起了作用，还是杜鲁门的诚恳赢得了银行负责人的青睐，最后，杜鲁门被录用了。他被分在保管库工作，月薪 20 美元。在保管库的工作没有想象力和创造性，所以杜鲁门不太喜欢这份工作。尽管如此，杜鲁门工作得很认真，丝毫不敢马虎，深得上司的欢心。上司在给杜鲁门的第一份报告中写道："哈里是个非常聪明的青年，自从他来了之后，保管库的工作效率比以往任何时候都高。"

在后来的一份报告中，杜鲁门的上司是这样评价他的：哈里从不迟到早退，总是任劳任怨，坚守岗位。他做事认真、一丝不苟，因为细心，他总能发现许多疏漏的差错，他真是一个无可挑剔的好员工。在保管库，从来没有人像他这么优秀。

对杜鲁门来说，堪萨斯是个令人眼花缭乱的城市，但他并没有迷失方向。1905 年 5 月，杜鲁门报名参加了堪萨斯的国防卫队，每周去训练一次，杜鲁门还被任命为班长。虽然国防卫队不同于西点军校，但是这多少满足了杜鲁门童年时参军的愿望。此外，他还经常参加一些服务性的工作，为公寓的合唱会伴奏等。

在商业银行工作了 2 年之后，杜鲁门因为老板拒绝他加薪的要求而辞职前往联邦国家银行工作。在联邦国家银行，杜鲁门担任出纳助理，月薪75 美元。不久以后，他的工资就涨到了 100 美元。杜鲁门高兴地说："这的确是份非常可观的收入。"

杜鲁门的工作非常顺心，而且工资也是家人中最高的。此时，约翰的工作并不顺心，所以他打算重整旗鼓。1905 年，约翰卖掉堪萨斯的房子，举家迁往克林顿，并在那里买了 80 英亩土地。然而没多久，约翰的梦想再次破灭了，洪水冲走了他们的庄稼。这次，杜鲁门一家的处境更糟糕了。无奈之余，约翰只好带领家人再次回到杰克逊县，帮助岳父所罗门·扬管理农庄。

外祖父所罗门·扬已经去世，就剩外婆住在破旧的房子里。在外祖父去世后不久，扬家发生了一场火灾，昔日的气派辉煌的房子全被烧成了灰烬。舅舅处理善后之后，扬家仍然无法恢复旧貌。杜鲁门一家来了之后，只好住在临时搭建的房子里。

杜鲁门想在堪萨斯独立生活，想自己闯出一条路来，所以他并没有随家人迁回外祖父的农庄。几个月后，父亲说农庄的事情忙不过来，需要杜鲁门辞职回家帮忙。一向以家事为重的杜鲁门听从了父亲的命令，结束了在堪萨斯的独立生活，回农庄去了。杜鲁门的一位朋友说，虽然哈里按照父亲的旨意做了，但是他绝对不会一辈子务农的，因为他是一个志向远大的人。

4　农民生涯
HARRY S TRUMAN

离开堪萨斯城，放弃自己的独立生活，杜鲁门感到非常失望、遗憾。顺从的他没有抱怨什么，就这样开始了自己的农民生涯。此后的 12 年，农场、庄稼、季节、昆虫、雨水、阳光、银行贷款等成了他生活的全部。

每天凌晨 5 点钟，杜鲁门就要起床，吃完早点之后就要和父亲到地里去干活，即使是寒冷的冬天也不例外。

杜鲁门回家的时候，正赶上耕地播种的季节，所以他必须先和父亲学习如何耕地。他们耕地的工具是 4 匹马拉的双犁，必须设法让马儿用力均衡。起初，杜鲁门总是掌握不好要领，犁出来的地一会深、一会浅，令父亲很不满意。后来，熟练之后，他一天可以犁五六英亩地，而且非常漂亮，父亲再也挑不出毛病来了。据说在杰克逊县，杜鲁门耕的地是最直的，无人能比。每当回忆起耕地的事情，杜鲁门总说："你们不知道，4 匹马拉的双犁可不好控制啊，一不小心就耕弯了，要想把地耕直的确是件不容易的事情。为了令父亲满意，那段日子我可没少吃苦头。"

杜鲁门最不喜欢干的活就是清除干草、挤牛奶，他说干这样的活比下地狱还难受。原来，清除干草的时候，要往猪鼻子上套环，非常麻烦；而挤牛奶的时候，沾满粪便的牛尾巴总是甩在杜鲁门的脸上，让他无法忍受。

在管理农场和日常生活上，父亲是非常认真、严格的，有时也非常苛刻无情，简直让人无法理解。在锄草的时候，一般人都是把地里的杂草收拾干净就行了，而杜鲁门的父亲要求他必须把农场周围的杂草锄干净，即使是角落里也不能留一根杂草。在播种的时候，父亲不允许麦田里有空地、玉米行距出现偏差。他说，麦子和玉米都是赚钱的作物，一点都不能马虎。杜鲁门和弟弟私下议论说："父亲的要求太过分了，有一点偏差他都能唠叨上一天，如果他拿尺子来量行距的话，我们哥俩就别想睡觉了。"虽然杜鲁门嘴上这样说，但他还是按照父亲的要求认真干农活。在父亲的悉心指导下，杜鲁门学会了播种、收割、挤奶、给牲口治病等农活。很快，他就成了一位出色的农民。

在邻居眼里，杜鲁门是个与众不同的人。他从来都不穿宽大的工作服，任何时候都穿得干干净净、整整齐齐。不认识的见了他还以为他是一个牧师，没有人会想到他是农民。一般男人忙完地里的活回家后，大都坐在一旁休息等着吃饭，唯有杜鲁门不这样。给他家帮忙收割麦子的帮工说："哈里好像永远也有忙不完的活，他一会也不休息，从地里回来他就去厨房帮母亲和妹妹刷碗、洗菜。"

虽然杜鲁门的志向不是做一个出色的农民，但为了科学种地，他经常钻研农业方面的知识。杜鲁门阅读了《华莱士的农民》、卡托《论农业》，浏览了大量的农业期刊以及农业大学的报告。从阅读的书中，他掌握了种植豆角、苜蓿以及熏火腿、甘蓝医疗价值等方面的知识。为了增产，他还建议父亲轮流种植农作物。父亲采纳了他的建议，几年下来他家的农作物产量增长很快。仅小麦的产量，一亩地就比以前增产了将近 10 蒲式耳。此后，他家的农作物产量一直保持着当地的最高纪录。轮流种植农作物的实验取得成功之后，杜鲁门把这些经验传授给了当地的农民。后来，大家都纷纷效仿他家的做法，农作物产量也大大提高了。杜鲁门因为自己的出色表现，在当地被评选为有突出贡献的先进农民。

1909 年 12 月，外祖母扬去世了。根据她的遗嘱，母亲玛莎和舅舅哈里森继承了农庄。外祖母的遗嘱引起了一场轩然大波，因为几个姨妈和威尔舅舅没有参与管理农庄，外祖母没有分给他们任何东西。他们为了争遗产，将杜鲁门家和哈里森舅舅卷进了无休止的官司之中。哈里森去世后，玛莎继承了他的那部分农庄。为了了结令人忧心的官司，玛莎拿出一笔钱支付了兄弟姐妹们的诉讼费。杜鲁门说："官司结束了，我们家负债累累，但舅舅和姨妈并没有得到钱，钱都进了律师的口袋。"

1911 年，维维安和一位名叫鲁拉·坎贝尔的农家女结婚了。婚后不久，他们就一起搬出了农庄。此后，约翰和杜鲁门父子俩的感情日益深厚，而且约翰越来越依赖杜鲁门。有一次，约翰摔断了腿休息了 6 个多月，他不得不把所有的事情都交给杜鲁门去打理。在父亲休息的 6 个月里，杜鲁门把农庄的事情处理得漂漂亮亮的，令父亲非常满意。于是，约翰正式宣布他为农庄的合伙人。具体做法是，若盈利儿子和父亲将平分利润；一旦亏本，儿子和父亲承担的债务也是对等的。

虽然杜鲁门不想永远当农民，但是在农庄的这段日子他还是想做个好农民的。他之所以有这样的想法，大多是缘于父母的信任关心。有一次，杜鲁门也摔断了腿，双亲的悉心照顾深深感动了他。每天，母亲玛莎都会为他做好吃的，一直待在床边服侍他；而父亲也没有闲着，总是给他买糖和水果，并亲自喂给他吃。

杜鲁门在农庄耕种的几年，他们家一共赚了 15 000 美元，这是一笔非常可观的收入。母亲还大方地给了杜鲁门一笔钱，他用这笔钱买了一辆黑色的汽车。有了车之后，杜鲁门经常出去兜风。在给朋友的信中，杜鲁门还详细讲述了带母亲出去兜风的情景。他写道：

......

礼拜天，我开车载着母亲前往温泉。一路上，我们有说有笑非常愉快，而且路上也很顺利。可是快到达目的地的时候，出了事故，我不小心撞在了路边的一棵大树上。还好我们都没有受伤，就是车轴被撞弯了。在母亲的诅咒声中，我们达到了目的地。

星期一大清早，我就开着车和母亲一起回家。星期一比星期天还倒霉，我们出发不到半个小时就下起了大雨，路面泥泞不堪，滑得一塌糊涂，我简直无法控制方向盘。倒霉的是出了车祸，报废了一个车胎。后来，在朋友的帮助下，我们才顺利回到家。到家的时候，已经是星期二下午4点多了。

......

这次兜风简直可以说是苦难的历程，让我狼狈不堪。

......

从重回农庄到1914年夏，杜鲁门一家一直比较顺利。除了杜鲁门给朋友在信上说的并无大碍的车祸外，他家几乎没有什么大的波澜。尽管这一年爆发了世界大战，但是并没有给杜鲁门家带来什么不好的影响。因为战争，农作物价格上涨了，他们家又获得了好收成。

对于战争，杜鲁门一点也不关心，他关心的是父亲的身体。农庄的活儿很累，也很辛苦，60多岁的约翰已经有些力不从心了。杜鲁门一再劝告父亲不要累着自己，但固执的约翰认为自己仍然可以像年轻的时候一样干活。结果因为独自一人搬大石头，约翰累垮了。在医院检查之后，医生说："病人有肠结石，而且疝气很重，必须立即动手术，否则病情恶化后会有生命危险。"但约翰坚持说："没事，躺会就好了。"家人拗不过父亲，只好暂时不做手术。

父亲病倒后，杜鲁门整日愁眉不展，他总在心里说："爸爸已经是60多岁的人了，恐怕是凶多吉少。没有了他，我该怎么办？上帝啊，你一定要保佑他平安无事。"为了不让母亲和妹妹担心，他强颜欢笑，除了想尽一切办法活跃家里的气氛外，他还要积极准备收割小麦。

除了负责所有的农活之外，杜鲁门每周还必须送父亲去医院检查5次。

看着父亲的病情一天天恶化，杜鲁门心疼不已。最终，亲情没有战胜病魔。1914 年 11 月 2 日清晨，约翰与世长辞。多年后，杜鲁门回忆起父亲去世的那个清晨时总伤心不已。他说："那时，医生说父亲时日不多了，我就一直守候在他身边，生怕他不声不响地走了。可谁曾想到打个盹儿的工夫，从此就和父亲相隔两地了。"

约翰去世后，管理农庄的重担落在了杜鲁门肩上。父亲去世后，杜鲁门不想再经营农庄，他决定出去干一番事业，因为他觉得仅靠农庄并不能走上发财之路。尽管在农庄没有取得事业上的成功，但它给杜鲁门带来了另外一种人生经历。后来，每每谈起农庄的生活，杜鲁门总说："月复一月地坐在犁车上耕地使我有时间思考，在犁车上我还思索过人类的罪恶。对我来说，农庄的生活是一段宝贵的人生经历，是我一生中最美好的时光。"

从父亲事业的起伏中，杜鲁门领悟到只有努力去尝试才会获得成功的机会。1915 年，当邻居杰里·卡伯特森来找他和伙开矿时，杜鲁门毫不犹豫地答应了。他们在康默斯买下了一座名叫尤里卡的锌矿，于是，杜鲁门开始了在农庄和矿井之间奔波的日子。从农庄开车去矿井大概需要 7 个小时，因为矿井离密苏里铁路线不远，所以杜鲁门一般都乘火车去。

居杰里·卡伯特森说他以前搞过几个金矿，有一定的经验，其实他什么也不懂。无奈之余，杜鲁门不得不兼工头、机械师、值班员于一身，另外还负责处理各种琐事。杜鲁门太渴望成功了，所以他玩命地干活。后来，为了矿上的工作，他将农庄的事情交给了妹妹玛丽。

矿上的日子非常辛苦，但是杜鲁门一点都不怕。他在给朋友的信中写到："白天，这里的太阳实在让人受不了，就连树荫底下也有华氏 100 度；晚上，蚊子又让人不得安宁，没有人能够想象人蚊之间的惨烈战况。尽管条件不好，但我一点也不在意，因为我渴望成功。请祝我好运吧！"

很多人都靠开矿发了财，康默斯也因采矿业的发展日益繁荣起来。第一次世界大战爆发后，铅和锌的价格不断上涨，杜鲁门和合伙人也期待着靠尤里卡锌矿发财。经过一段时间的开采后，发现尤里卡锌矿并不像居杰里·卡伯特森说的那样是个资源丰富的矿井，而是一个被人采尽挖绝没有任何价值的废矿。1916 年 9 月，锌矿关闭。杜鲁门不但没有获得成功，反而还赔了好几千美元。他在给朋友的信中说："锌矿生意落空，我彻底失败了，但是我会从挫折中站起来的。即使赔光所有的钱，我也不会轻易服输，因为我是不会受命运摆布的。"为了鼓励儿子，玛莎说："你要时常想着外祖父，他曾 3 次受挫，但最终还是东山再起。"其实，在杜鲁门心中，不向命运屈服的外祖父就是家庭成功的象征，是他获取勇气的力量。

当杜鲁门第一次创业失败的时候，石油成了热门话题。人们都说，随着汽车工业的发展，石油将给人们带来财富，从事石油业的人将会有发展前途。当看到密苏里州在轰轰烈烈地打井采油的时候，杜鲁门也为之心动了，他仿佛看到了大把大把的钞票在往自己口袋里钻。于是，1916 年 11 月，杜鲁门在堪萨斯城和居杰里·卡伯特森、大卫·摩根做起了石油生意。大卫·摩根是个律师，也做过石油生意，杜鲁门很欣赏他。虽然朋友一再劝杜鲁门不要再和居杰里·卡伯特森合作，但杜鲁门并没有因为之前合作的失败而不和居杰里·卡伯特森合作。因为在杜鲁门看来，生意就是赌博，就是冒险。

杜鲁门和合伙人的公司叫摩根炼油公司，摩根是公司总裁，主要负责指导钻井开采石油、核查账目、财产出租等工作；杜鲁门是公司的会计，负责管理账目，协助摩根的工作；卡伯特森是公司秘书，负责推销公司股票。

1917 年 4 月 1 日，《堪萨斯星报》登出了一则这样的广告：

让你发财的机会

摩根石油公司出售股票，每股 25 美元。我公司仅出售 10 000 股，售完为止。购买我公司股票的股民不用担心，我们在俄克拉何马、得克萨斯、堪萨斯有足够的土地，而且财富就藏在我们的油田下面。

……

倘若我国被迫参战，对汽油和各种原油产品的需求将会供不应求，石油的价格将会不断上涨，未来的利润难以想象。预购股票者从速，机不可失，失不再来。

摩根石油公司

看了这则广告，很多人都购买了摩根公司的股票，然而人们的希望都落空了。广告刊出后不久，美国对德宣战。为了圆儿时的军人梦，杜鲁门毅然报名参军了。后来，摩根和卡伯特森并没有坚持下去。不知是缺乏经验，还是资金不足，杜鲁门走后不久，摩根公司就倒闭了。战争非但没给摩根炼油公司和股民带来财富，反而加速了其倒闭，让股民的钱打了水漂。

据说，如果摩根石油公司能挖得深一点，公司及其合伙人就能赚取数不尽的钱。可惜的是他们没有坚持，而是将公司及设备卖给了另一家石油公司。这家公司在他们原来的地方继续往下钻，结果很快获得了成功。在这次冒险中，杜鲁门没有赔本，也没有赚到钱。后来，摩根对杜鲁门说："要是我们当时继续把井打下去的话，就会拥有数不尽的财富。"当选总统后，杜鲁门在给摩根的信中说，有得必有失啊，要是当初他们成功了，他就无法当总统了。

5 平民与"公主"之恋
HARRY S TRUMAN

再次创业失败的时候，杜鲁门已经33岁了。也许有人会奇怪地问，杜鲁门的弟弟维维安早就结婚了，而他这么大了怎么连个女朋友也没有啊？是因为一心扑在事业上，还是因为杜鲁门并没有改掉儿时的羞涩，所以至今都没有女朋友啊。其实，两者都不是，杜鲁门对恋人执著的追求就像对他的事业一样。从小杜鲁门就暗恋着贝西，渴望有一天娶她为妻，这是人尽皆知的事。

初识贝西的时候，杜鲁门还是个6岁的孩子，贝西只有5岁。贝西有一头金色的卷发和一双迷人的蓝眼睛，是个人见人爱的姑娘。初次见面之后，年少的杜鲁门就喜欢上了这个小姑娘，脑海里就留下了她的身影。此后，杜鲁门一见贝西就神魂颠倒，但胆小、腼腆的他从不敢多看贝西一眼。和心爱的姑娘同学5年后，杜鲁门才开口和她说话。

上中学的时候，杜鲁门每个周末都去埃拉姨妈家和表姐们一起复习功课。其实，杜鲁门的真正目的就是为了能看贝西一眼，因为贝西的家就在姨妈家对面。当路过贝西家的时候，杜鲁门总会故意放慢脚步，小心翼翼地往里张望。每次，他都企盼贝西跑出来和他说："来我家吧，我们一起复习功课。"然而，杜鲁门期待的情景一次也没有发生。他在心里对自己说："不要沮丧，这很正常。戴眼镜的我没有魁梧的身材，也不是体育健将，像贝西这么活泼漂亮的姑娘怎么会看上我呢？更何况我也无法和出身名门的贝西相比。"一次次失望之后，杜鲁门难免自卑，但他心中对贝西的爱情之火始终没有熄灭。

贝西的爷爷乔治·盖茨是家喻户晓的大富翁，她的父亲是大老板。贝西家住在北特拉华大街的北端，这条街是独立城最漂亮的街道，两旁都是宽大的住房，人行道是用漂亮的六边形石子铺成的。贝西家的那幢高大灰色的住宅气派、醒目，是独立城最豪华的住宅。贝西就是这座宅子里的"小公主"，她经常身着高档的礼服参加家里举办的各种舞会和上流社会的聚会。

贝西是个活泼、调皮、性格开朗的姑娘，嘴里常像男孩一样吹着动听的口哨。在学校，她是大家公认的校花，是男孩子心中的偶像，是女孩子羡慕的对象。她天生是个全能运动健将，滑冰、跳舞、打网球等几乎无所不能。当贝西在网球场、溜冰场往来驰骋的时候，观看的人群中总能找到杜鲁门痴情的身影。

中学毕业后，贝西在堪萨斯城的巴斯托女子学院继续学习。巴斯托女子学院是一所贵族学院，专门培养贵族女子的风度、气质。此外，该校也很重视体育活动。在巴斯托女子学院，贝西的表现非常出色。在野外运动会上，她不仅获得了铅球比赛冠军，而且还带领校篮球队打败了其他女子篮球队，获得了冠军。

从巴斯托女子学院毕业后，贝西回到豪宅继续着无忧无虑的"公主"生活。她常常赶着她漂亮的小马车去郊游，牵着爱犬在房前屋后散步。就这样，贝西过着无比惬意的日子。

贝西在女子学院念书的时候，杜鲁门也在堪萨斯城，但他一次也没有去找贝西。直到1910年，杜鲁门才给自己暗恋已久的姑娘写了一封情书，向她表达心中的爱意。从此，杜鲁门对贝西展开了猛烈的攻势，开始了少见的情书"马拉松"。后来，有朋友开玩笑说："在你的一生中，对贝西的追求是第一场、也是最漫长的一场'竞选'活动。"

年轻漂亮的贝西是标准的"万人迷"，追求者不计其数。最初，在众多的追求者中，杜鲁门并没有"脱颖而出"。除了杜鲁门之外，追求贝西的还有独立城一位富人家的公子克里斯曼·斯沃普以及堪萨斯城一个名叫朱利安·哈维的小伙子。他们都是杜鲁门的强劲对手，而且贝西好像对朱利安·哈维特别有好感。尽管如此，杜鲁门并没有放弃。

为了能够赢得贝西的心，杜鲁门特意在自家的农庄为贝西修建了一个网球场，一心期盼她光临。不知道是被杜鲁门的诚心所打动了，还是不想辜负杜鲁门的好心，贝西终于决定去他建的网球场打球。得知贝西的决定之后，杜鲁门非常高兴，立刻给贝西写了一封信为她指路。信的内容大致是这样的：贝西，你最好乘马车来，因为……从第 47 号大街出发后，你就……贝西，你一定要顺着石路向南走，否则你将无法找到这个地方。切记！

信寄出去之后，杜鲁门就耐心等待着贝西的造访。为了招待贝西，他的母亲还准备了烧鸡，收拾了几个干净的房间。为了让网球场的地面更平整，杜鲁门还特意买了一台滚路机，亲自在网球场忙活了一整天。在贝西要来的那天，杜鲁门一大早就在网球场等待佳人的到来，而且还特意准备了许多水果、饮料。然而等了一整天，也没有见贝西的芳踪。原来是老天爷不帮忙，一场突如其来的大雨阻止了贝西赴约，杜鲁门精心设计的球场约会就这样泡汤了。他无奈地摇摇头说，这是老天在考验他的意志和耐心。此后，为了见贝西一面，杜鲁门常常要从农庄走十几英里的路去独立城。因为交通不便，杜鲁门无法在当晚赶回家，所以他常常要在埃拉姨妈家的地板上过夜。

有一天早晨，贝西的母亲给埃拉姨妈家送来新做的蛋糕让他们品尝。吃过晚饭后，姨妈吩咐表姐埃塞尔把盛蛋糕的盘子给贝西家送去。杜鲁门不愿意放过任何一次见贝西的机会，他主动说："姨妈，让我送去吧。"没等姨妈答话，杜鲁门就迫不及待地拿起盘子向贝西家跑去。姨妈摇摇头，笑着对女儿们说："看来我们要等很久了，他恐怕一时半会儿回不来。"内利·诺兰说："难说，没准和盘子一起留下了。"埃塞尔附和道："是啊，是啊，要是能见着贝西，估计哈里都舍不得回来了。"

2 个多小时后，杜鲁门回来了。还没有进家门他就大声嚷着："表姐，表姐，告诉你们，我终于见到她了。是贝西给我开的门，她可能一直站在那里注视着我。"杜鲁门非常兴奋，脸上流露出掩饰不住的喜悦。埃塞尔关切地问道："真的吗？哈里，到底进展如何？"杜鲁门答道："没有拒绝，也没有答应。"虽然贝西没有承诺什么，但杜鲁门觉得没有拒绝就表示有希望。他对自己说："加油，哈里！这辈子非贝西不娶，一定要说服她做我的新娘。"从此，杜鲁门的爱情攻势更加猛烈。只要有时间，他就去独立城看望贝西，要是没有时间他就给贝西写信。写信是他向贝西倾吐情感的方式，他总共写了几百封信。不管贝西是否回信，他都坚持不停地给她写信。杜鲁门说："给贝西写信可以给我带来莫大的满足。虽然我从没写过那么多字，但只要一给贝西写信，我就有说不完的话，许多当面无法说出口的事情我都能在信中很自然地告诉贝西。我频繁地给贝西写信的主要原因，就是为了收到她的回信。每每读她写给我的信，我都高兴得合不拢嘴。"等不到贝西回信的时候，杜鲁门会坐立不安。后来，表姐埃塞尔给他出主意让他直接打电话。杜鲁门宁愿等信也不愿意打电话，他说："一打电话我就紧张，永远无法说出想说的话，而且电话线是和邻居合用的，他们可以偷听。"

后来，他也一直保留着给贝西写信的习惯。几十年间，无论是从商、从军还是从政，无论是在失意的生意场、在硝烟滚滚的战场，还是在公务缠身的白宫，杜鲁门都从未停止过给贝西写信。信中有思念之情，有天下大事，也有家庭琐事。贝西觉得杜鲁门写给她的信别具特色，所以她把这些信都扎成捆，收藏着。几十年后的一天，贝西才决定毁掉这些信。当杜鲁门发现她在壁炉里烧东西时，随口问道："亲爱的，你在烧什么？"

贝西说："还有什么，当然是你给我写的信啊。"

杜鲁门吃惊地叫道："我的上帝，你怎么能这样做呢？想想历史吧。"

"为什么不能，这些信我已经看了很多遍，而且正是因为想到了历史，我才决定这样做的。"贝西一边回答，一边继续烧剩下的信。见贝西并没有住手，杜鲁门连忙把剩下的信都收了起来。

从杜鲁门的情书中，贝西感觉到他是一个情感奔放、乐观、滑稽、幽默有趣、率直的小伙子，和自己有许多相似之处。在信中，他们经常一起讨论作家和文学作品。杜鲁门在写给贝西的信上说，马克·吐温是文学泰斗，他还特意花25美元买了一套马克·吐温的著作。在回信中，贝西劝他读狄更斯的长篇小说。1911年5月，哈里的腿骨折后，贝西还特意写信告诉他说，《大卫·科波菲尔》非常令她着迷，让杜鲁门也看看这本书。她在信上写道：

哈里：

　　你读过狄更斯的作品吗？过去，我只读过《雾都孤儿》和《双城记》，印象一般，就没再读他的其他作品。现在，我正在读他写的《大卫·科波菲尔》。很奇怪，我以前居然不欣赏狄更斯。现在不同了，他的《大卫·科波菲尔》激发了我的兴趣。这是朋友借给我的，的确是一本不错的书，你也读读。

　　……

　　有了这本书，你会忘了腿痛的烦恼。

　　最后，希望你的腿快些好起来。

贝西

　　起初，尽管杜鲁门穷追不舍，而且也写了很多信，虽然贝西也回信，但她并没有认真对待。1911年6月，杜鲁门首次向贝西求婚还遭到委婉拒绝。杜鲁门的信是这样写的：

贝西：

　　如果我是意大利诗人，我将使用欧美大陆最华美的语言给你写信。可我不是，我只是个没出息的美国农夫。以前我始终坚信，有一天我一定会出人头地的，可现在我对此却产生了怀疑。我们家的人天生都不善理财，所以注定要走霉运。

　　……

　　贝西，在我眼里，你是世界上最完美的女孩。也许你并不知道，当第一次见到你的时候，我就深深被你吸引了，但那时我连看你一眼的勇气都没有。

　　……

　　你说厌倦了书里那些男欢女爱的故事，而我现在正在讲述一个真实的故事。也许你会觉得可笑，但请你相信我的真心。从初次见面至今，我都没有忘记自己的梦想：让你做我今生唯一的新娘。

最忠实的哈里

　　杜鲁门寄出这份带着几分自卑和拘谨的求婚信之后，就一直苦苦等待着贝西的回音。然而几周过去了，贝西却杳无音讯。万般无奈之下，杜鲁门鼓起勇气给贝西打电话，问她是不是自己说错了话得罪了她。挂断电话后，杜鲁门非常沮丧，因为贝西委婉地拒绝了他的求婚。当晚，杜鲁门又提笔给贝西写了这封信：

贝西：

虽然这不是我想要的答案，但你能痛快地拒绝，我仍然很高兴。在我看来，世界上最可怕的事情莫过于一个男人把心掏给心爱的女孩却遭到她的嘲弄。令我欣慰的是，我没有遇到最可怕的事情，因为你的答复是认真的，丝毫没有取笑我的意思。

我还有自知之明，奢望你这样的姑娘喜欢我是不可能的。但有些话我还是要说，就算从此你不再理我。这么多年来，我从没和别的女孩谈情说爱，原因都是为了你。每当遇到一个女孩，我都拿她与你相比，结果没有一个人能取代你在我心中的位置。尽管如此，但我尊重她们，从不非礼。那些女孩根本不晓得其中原因，竟然胡乱说我是感情白痴，是命里注定的光棍。

……

虽然我期待你的爱，但我爱你的原因并不仅仅是为了得到回报……

贝西，和你说这些并不是想增加你的负担。你不让我难堪，能和你做朋友就足够了。说实话，我知道自己配不上你，所以也希望你找一个富有和潇洒的男人。

最忠实的哈里

杜鲁门说的都是事实，在和异性交往的时候，他的确很慎重。杜鲁门之所以如此，与他父亲的影响是分不开的。父亲约翰很尊重女人，并以严格的道德标准来要求自己的孩子。在这种环境的熏陶下，天生害羞的杜鲁门与异性交往的时候自然很有分寸。此外，更重要的一个原因就是杜鲁门的心中只有贝西。他的老朋友埃德加·欣德说："哈里是我见过的最纯洁的人。以前和哈里住一起的时候，室友要是带一个女人回来，哈里马上会不声不响地出去，随便找个什么地方打发时间，即使来的人是室友的妻子或妹妹也不例外。哈里的目标是贝西，所以他不喜欢其他女人在他的房间进进出出。"

写完这封信后，杜鲁门就像什么都没有发生一样，仍然一如既往地爱着贝西，依然乐观执著地继续追求贝西，像从前一样给她写信。

随着岁月的流逝，杜鲁门的真诚终于打动了贝西。在给杜鲁门的回信中，贝西说："哈里，我不喜欢你称呼我'贝西'，太正规、显得生分。"此后，杜鲁门在给贝西的信中就叫她亲爱的贝西，落款总是"最忠实的哈里"或"你的哈里"。

一天晚上，哈里和贝西去看了新歌剧《犹他来的女孩》。其中，杰罗姆·克恩谱写的《他们永远不会相信我》是剧中最动人心弦的曲子，其歌词大意如下：

在茫茫人海中，你终于选择了我。

当我告诉他们，

你要嫁的人就是我时，

他们永远不会相信我，他们永远不会相信。

……

当英俊的男主角唱起这支歌时，贝西紧紧地握住了杜鲁门的手。

1913 年 11 月的第三个星期天，是最令杜鲁门开心的日子。这天，贝西对杜鲁门说："亲爱的哈里，我决定了，我一定要嫁给你。"听了贝西的话，杜鲁门高兴得不知所措。后来，他俩私下订了终身。每当对朋友说起那天的情景时，贝西总是笑着说："哈里是个不可思议的人，我说出了他期盼已久的话，他却手足无措，像个做了错事的孩子。"

这次分开后，杜鲁门立即给贝西写了一封这样的信：

亲爱的贝西：

我是个感情很丰富的人，但我无法用言语表达出来。当着你的面我说不出口，我怕你笑我笨嘴笨舌。在信中，我可以毫无顾忌地说我多么爱你，说你是我的女神。

……

我是一个不够敏感、凡事都渴望做得最好的普通人。虽然我无法给你昂贵的服饰、华丽的住房，但是我一定会给你幸福。

亲爱的贝西，我明白你的心意，可是你母亲会喜欢我，并接纳我为你家的一员吗？也许，我们还要等待很久。

你的哈里

27

　　杜鲁门信中的担心不无道理，贝西的母亲华莱士太太的确是他们结合的阻力。华莱士太太说，她是当地最有教养、最有地位的贵妇人，她的父亲和丈夫都是有身份、有地位的人，所以她要为女儿找一个像自己的父亲和丈夫这样的人。华莱士太太说的的确不假，贝西的外祖父和父亲戴维·华莱士都是有身份的人。戴维·华莱士曾当过法官、密苏里圣殿骑士团的领导，后来在堪萨斯城税务局工作。在43岁的时候，戴维·华莱士在家中自杀身亡，因为繁多的债务和妄自尊大的华莱士太太让他对生活失去了信心。

　　华莱士太太并没有因为丈夫的死而有所改变，她依然和以前一样冷漠、专断、自私、虚伪。戴维·华莱士死后，贝西家大不如从前。尽管如此，华莱士太太依然认为自己是名门望族，是贵妇人，所以一定要为女儿找一个门当户对的人结婚。当她得知女儿要嫁给杜鲁门这个没有地位、前途和文化的乡巴佬时，华莱士太太竭力反对他们的婚事。她对贝西说："就算不考虑家族名誉，也要为你的未来着想吧。我坚决反对你嫁给那个乡巴佬，他不会有任何出息，也不会带给你幸福的。我警告你，以后不许再和那小子来往。"几十年后，华莱士太太的一位朋友说，那时的情形她仍记忆犹新。在她眼里，没有任何男人配得上贝西，何况是一无所有的农村小伙子哈里。后来，杜鲁门当上了总统，华莱士太太仍然对别人说，哈里配不上她女儿。

　　年近30岁的贝西少了少女时的幻想，多了一分成熟和稳重，她不顾母亲的反对继续与杜鲁门来往。对贝西母亲的反对，杜鲁门并不在意。为了配得上贝西，为了有足够的钱迎娶她，杜鲁门不断地寻找赚钱的机会，先后投资了许多产业。他给贝西写信说："亲爱的，衷心地祝福我吧，祝我走运，生意就是我的一切。"无奈时运不济，杜鲁门没有成功，他的钱都打了水漂。

　　1917年4月，美国总统威尔逊宣布参加第一次世界大战。虽然杜鲁门已经超过了服兵役的年龄，而且眼睛也有问题，但是他不愿意做逃避兵役的懦夫，决定参军。杜鲁门说："战争将把我历练成一个真正的男人。"

　　1918年，杜鲁门收到了入伍通知。得知这一消息后，贝西决定立即和杜鲁门结婚。贝西对杜鲁门说："哈里，我答应你，我们结婚吧。在你走之前，我们结婚吧。"

听到期盼已久的话，杜鲁门高兴地说："亲爱的，这是真的吗？等待了这么多年，我终于等到了。"

贝西平静而真诚地回答："是真的，我已考虑了很久。在你走之前，我必须和你结婚。"

出乎意料的是，杜鲁门拒绝了贝西，他说："现在不行，等我回来再结婚好吗？"

贝西惊恐地望着杜鲁门说："为什么？难道你不想和我结婚了吗？"

看到贝西吃惊的样子，杜鲁门在心里偷偷地笑，因为他知道他彻底赢得了贝西的心。为了让贝西安心，杜鲁门连忙解释说："亲爱的，我不忍心一结婚就马上离开你。也许，回来的时候我会是一个缺胳膊少腿的人。在我心中，你是最可爱、最美丽的女人，我不能拖累你，我的天使。所以，等我平安返家时再办婚事。"听了杜鲁门的话，贝西感动地说："亲爱的，就听你的，我等你回来。"

听了贝西的话，杜鲁门在心里暗暗地说："我一定要回来和贝西结婚。"

6 出色的指挥官
HARRY S TRUMAN

杜鲁门终于顺利地参军了，在领到统一发的制服后，他还到照相馆去拍照留影。

1918 年 8 月，在到部队基地训练之前，杜鲁门所在的部队并入正规军，隶属于 35 师的第 129 野战炮兵团。合并之后，杜鲁门幸运地当上了中尉。杜鲁门从来没有当过官，他惊喜地说："我还真担心干不好，但是我一定会尽心尽力地工作。"

白天，士兵要参加各种训练，像训马、挖壕沟、操作火炮等。晚上，军官们都聚集在一起学习野战勤务规章制度，听取美军的作战报告。

经过一段时间的学习、训练之后，杜鲁门掌握了很多军事方面的知识。他在给贝西的信中写道：

1918 年 6 月，哈里·S. 杜鲁门在军中的照片。

亲爱的贝西：

......

这里天气很糟糕，大风不停地呼啸，奇冷无比，有的大兵甚至开玩笑说："如果德国佬同意停火，我们宁愿把某地让给他们。"

我们每天 5 点 40 分起床，6 点 10 分吃早饭，7 点开始训练。除了白天的训练之外，晚上我还要和军官们一起参加学习。经过学习，我学会了凡尔登、比利时、伪装工事等词的正确发音。

此外，我还明白我是在为你和整个世界而战。所以，无论付出什么样的代价，我也不能轻易退出这个具有划时代意义的战争。

……

在一次为期24小时的"实地野战训练"的演习中，我在战壕里蹲了一整夜，第一次体验到了法国75毫米速射炮的威力。

……

除了训练、参加军事学习之外，我还在部队的一个军人俱乐部担任负责人，主要负责销售糖果、苏打水、香烟、烟草、鞋带和信纸等。我的帮手是一位犹太人，名叫埃德华·杰克逊。他以前在日用品商店干过，是个很会做生意的人。起初，我们的俱乐部没有经费，团里的士兵给我们捐赠了2 200美元。每天，我们可以赚800美元左右。经过几个月的努力，我们上交了一大笔钱。为此，我和杰克逊还得到了上级的表扬。有的军官还给我起了一个犹太名字，并戏称杰克逊是"走运的犹太佬"。

贝西，你一定为我自豪吧。我为自己具有犹太人的经营能力而骄傲。

我和杰克逊成了铁哥们，我们一起训练、做生意，还一起给自己的女朋友写信。我写给你的信都是由他帮忙发的，因为他常常要去城里进货。

……

虽然一切都还算顺利，可是我也有一件烦心的事情。体检的时候，因为视力原因我有两次都没有通过。最后，我凭借三寸不烂之舌苦苦哀求医生才得以通过。听说不久以后，就要上前线了。这次不同于以往，我担心会因为近视而被淘汰。

……

你最忠实的哈里

杜鲁门如果摘下眼镜，15英尺以外他连贝西都认不出来，像他这样高度近视的人上前线的概率的确很小。幸运的是杜鲁门如愿了，他将和部队一起奔赴前线。在戴防毒面具的时候，若戴普通眼镜的话，毒气将会从耳朵两边露出的空隙钻进去。所以在部队开赴法国前夕，杜鲁门特意为法国之行准备了6副夹鼻眼镜。配镜师被深度近视的杜鲁门深深地感动了，没有收杜鲁门一分钱。在杜鲁门付款的时候，配镜师拍着他的肩膀说："小伙子，拿去吧，不用付钱了。"推了半天配镜师坚持不收钱，好意难却，杜鲁门只好收下。

1918年3月29日，一艘名为"乔治华盛顿"号的豪华油轮载着杜鲁门和他的战友们向法国驶去。杜鲁门在给贝西的信中写到："我站在甲板上，看着纽约市的摩天大楼从眼前消失，心想这一去不知是凯旋归来还是客死异邦……我几乎无法给你写信，于是只好和朋友们一起玩扑克来打发时间。"

在海上航行了十几天后，4月13日清晨，乔治华盛顿号顺利抵达法国布雷斯特港。岸上，乐声四起，人头攒动。前来迎接美军的人群一边高声欢呼，一边使劲地挥动着手中的旗子。

如果说先前杜鲁门对大西洋、纽约失望的话，那法国弥补了他所有的缺憾。连着几个星期，他都过着悠闲的生活。杜鲁门在给贝西的信上写道：

亲爱的贝西：

你知道吗，来到法国之后，作为一名美国远征军的军官，我享受的待遇比想象中的好多了。美国士兵的薪水很高，我算了一下，我每月的津贴有1 000多法郎。除了薪水之外，住的地方也非常好，我们都住在一家豪华的旅店里。我住的房间比你们家的任何一个房间都要大，房间布置得非常干净、整洁，连地板都擦得像镜子一样，可以照出人影。

……

尽管到现在为止我只会用法语说"我不知道"，但是我愿意做法国公民。我喜欢这里的人、风景和法国餐，尤其是面包和葡萄酒。这里的人对我们非常好，总是想办法满足我们的需要；这里的风景也很美，看到这里的美景我都希望自己是一个画家；至于法国餐就更不用说了，不仅便宜而且好吃。一顿可口的饭菜只需要 10 法郎，而且葡萄酒和白兰地也非常便宜。

最忠实的哈里

对于身处异乡的美国大兵来说，最需要的就是感情慰藉。妖艳如花、热情似火的法国女人到处都是，但杜鲁门和其他人不一样，他能经受住诱惑，坚守感情的圣地。所以在信中，杜鲁门唯一没有和贝西谈起的就是法国女人。和杜鲁门一起服役的一位朋友说："走在黑暗的街道上，到处都是女人。在这里，很少有男人能做到洁身自好，但哈里做到了，他一直都很自爱。哈里从来都没有做出逾越规矩的事情，我很佩服他。军队是考验人的品德和操守的最佳场所，显然哈里经受住了考验。"

1918 年 4 月底，杜鲁门被分配到布雷斯特以东的一所火炮学校参加学习。在火炮学校学习的日子，是杜鲁门经历过的最痛苦的折磨。因为学习的内容都是大学课程，而杜鲁门从来没有上过大学，学起来非常吃力。

几个星期之后，杜鲁门的"苦难"终于结束了，他幸运地通过了测试。学习结束之后，杜鲁门接到了回原来所属部队的命令。部队已经开拔到了昂热，在学习结束后，杜鲁门就登上了前往昂热的列车。一路上，杜鲁门给其他士兵讲述法国的历史。同行的一位士兵说："哈里随身带着好几份地图，每经过一个地方他就绘声绘色地给我们讲那里的历史。列车在奥尔良站停车时，哈里非要下车去看城里那座著名的大教堂和圣女铜雕。"

抵达昂热之后，杜鲁门在《纽约时报》上看到了自己被晋升为上尉的消息。几个月前他就是上尉了，但一直没有人通知他而已。7 月，杜鲁门被任命为 129 野战炮兵团 2 营 D 连的指挥官。该连的绰号叫"刺头 D"，是个非常不好管的连。该连的士兵不守纪律，不听指挥。在没有战事的时候，他们甚至还扎堆吵闹，挑拨是非。该连的指挥官换了好几个，但是没有一个人能制伏这些士兵。

7 月 11 日，当杜鲁门初次以指挥官的身份出现在士兵面前的时候，他感到非常紧张。后来回忆起和士兵们的这次见面时，杜鲁门说："我依然清楚地记得当时的情形，我从来没有那么紧张……所有人的目光都盯在我身上，上下打量着我。有人回忆当时的情景时说，虽然大家都立正站着，但队列里却一阵躁动，大家仿佛在对新来的指挥官说，要是他以为能震住他们，那可是大错特错了。"另一个士兵在回忆时说："他矮小精悍，一脸正经，戴副眼镜，看去像个'窝囊废'。他哪像个当兵的啊，充其量也只是个教书匠。"还有人说："当官的我见多了，当时觉得他也没什么两样……我还看得出他紧张得要命。"

面对士兵的挑衅，杜鲁门并没有说什么，他只站在那儿默默地注视着每个人。最后他大声说："解散！"第一次见面就这样结束了。本来士兵们还以为他会训斥几句，结果杜鲁门居然没有说什么。在杜鲁门转身走的时候，士兵们还在他身后起哄。杜鲁门头也没有回，就离开了，也许他在思考对策。

当天晚上，也许是为了给新来的指挥官一个下马威，D 连的士兵聚众打架了，有几个人还受伤进了卫生室。当晚，杜鲁门得知事情的原委之后，二话没说就叫来所有军士，严厉地训斥道："我到这儿来不是围着你们转的，你们每时每刻都应尽一个军人的职责，必须负起责任，确保手下的士兵遵守纪律，服从命令。如果你们当中有谁做不到，现在就讲，我立刻撤他的职。我知道你们给前任指挥官惹了不少麻烦，但从现在起，谁要再敢惹事我就处分谁。"

第二天一大早，杜鲁门就贴出了受处分士兵的名单。这份名单中，第一个受处罚的不是闹事的士兵，而是一个上士。从此，杜鲁门和士兵的关系得到了改善，他所在的连再也没有违纪的事情发生。

接下来的一个月，杜鲁门在射击线上训练士兵，教给他们法国 75 毫米火炮的知识。起初，士兵们都怀疑这种火炮的威力。经过训练之后，他们能准确无误地射中栖在 9 000 码以外的电线杆上的麻雀。

杜鲁门对下属要求严格，他自己亦以身作则。经过严格的训练，士兵们有了明显的进步。对装备奇多的炮兵连来说，移防调度的工作非常琐碎、麻烦，但是他们已经能很漂亮、出色地完成这项工作了。此外，D 连花 45 分钟就可以完成装载进入待发状态，这个时间打破了全团花 1 小时完成此项工作的记录。在上前线的时候，D 连由全团纪律最差的连队变成了表现最好的连队。

经过一段时间的相处，士兵们发现杜鲁门上尉和其他军官不一样。一个叫弗洛伊德·里基茨的士兵说："杜鲁门上尉很有魅力，不是那种傲慢、颐指气使、大吹大擂的人，他正直、善良、热情，喜欢跟人交往。他很关心我们，自从他来了之后，我们的伙食也有了明显的改善。"

在连队，除了士兵的进步令杜鲁门高兴之外，收到家信也是令他非常高兴的事情。母亲、妹妹玛丽·简、贝西、表姐埃塞尔和诺兰常常给他写信，他们的信通常一个多月才能到他手里，而且一次就是好几封。看家信是杜鲁门思恋亲人的方式之一，看照片也是。在杜鲁门的上衣口袋里随身装着3张照片，一边是母亲和妹妹玛丽·简的，另一边贴近心窝的口袋则是贝西的。贝西在照片的背面还写道："亲爱的哈里，愿此照片能让你平安归来。"

在给亲人的回信中，杜鲁门让他们不断地给他写信。为了让家人相信他过得很好，他还特意照了一张骑马的照片寄回去了。为了让母亲放心，杜鲁门在信中从来不说令她担心的话，也很少提及军中训练的事情。他在给母亲的信上写道：

妈妈：

告诉您一个好消息，你的儿子升官了。

……

我现在一切都好，请您放心，不要挂念，自己多保重身体。

爱您的儿子 哈里

与写给母亲的信相比，杜鲁门写给贝西的信要有意思得多，内容也丰富得多。他在信上写道：

亲爱的贝西：

现在，我才意识到上大学接受教育的重要性。不管哪里都需要受过高等教育的人才，就连当兵打仗这种扛枪杆子的事情也要用大学的知识。

你知道吗，我现在的工作主要是把我所学的东西教给其他军官。我才勉强从学校里混过关的，现在却要把对数、三角函数、工程和测量等知识教给别人。想想我就觉得好笑，一个从密苏里来的"乡巴佬"竟然要传授知识给哈佛的学生。

……

虽然我过去不喜欢枪炮，但现在这种感觉早已烟消云散了。和士兵们一起训练，我觉得非常骄傲和自豪，特别是看到他们进步的时候，我的这种感觉更强烈。以前，面对德国鬼子，这些士兵一次只能射出一发小子弹，现在，只要我一声令下，我连队的士兵一轮就能发射近 900 枚炮弹，而且每隔 3 秒钟他们还能发出同样数量的炮弹。

上战场打仗不是儿戏，带领 100 多人上战场，若让他们送了命，我就没有脸面见人了。贝西，你能想象我肩上的责任有多大吗？为我祈祷吧。

你最忠实的哈里

8 月 17 日，杜鲁门所在的炮兵上了前线。8 月 29 日，他们接到向敌军发射毒气的命令。晚上 8 点，杜鲁门下达射击命令后，75 毫米炮的啸声一直持续了半个多小时。一个士兵在回忆当时的情景时说："我们连一共齐发了 500 次。不停地发射，真是痛快极了……"

他们开火后，德国人也立即进行反击。当德军的炮弹呼啸而来的时候，杜鲁门正在骑马视察连队的情况。一颗炮弹在离他不到 16 英尺的地方爆炸了，杜鲁门的马受了惊吓，跌入了弹坑。当他被一个名叫维克·豪斯赫尔的少尉从弹坑里拉出来的时候，就像一条刚离开水的鱼儿，上气不接下气。

把杜鲁门拉起来之后，维克大声喊道："快跑啊，敌人向我们开火了。很快，他们就要包围这里。"说罢他就先跑了，其他人追随而去。到底有多少人逃离了阵地就无从知晓了，因为下着大雨，四周一片漆黑，谁也看不清周围的情形。据说，包括杜鲁门上尉在内只有四五个人没有逃开。

等杜鲁门恢复神志，搞清楚状况之后，才知道形势十分危急。杜鲁门脸色铁青，一向斯文、沉默寡言的他甚至将德国人和逃跑士兵的祖宗八代都"问候"了一遍。骂归骂，但是总要想办法控制局面。最终，杜鲁门凭借自己的勇敢和英雄气概让全连将士重返营地。

8 月 30 日凌晨 4 点，杜鲁门吃了顿热饭回营帐休息，结果他昏睡了十几个小时才醒过来。原来因为初战失利，而且很丢脸，所以杜鲁门一下子病倒了。他的上司马文·盖茨少校安慰他说："你不要介意，新兵初上战场的时候，表现都不好。为了严肃军纪，我建议立刻对维克少尉进行军法审判。"杜鲁门不忍心这样处置维克，所以将他降为二等兵并调到了另一个连。在后来的战争中，维克的表现非常出色。也许，杜鲁门从轻处理他的本意就是为了激励他。

在这场混战中没人伤亡，大家认定杜鲁门上尉不仅在炮火下能临危不惧、处变不惊，而且运气极佳。所以后来不管杜鲁门布置多么危险的任务，士兵们都争先恐后地去执行。

9月17日，全团开始了急行军。为了不给马匹增加额外负担，在大炮后面前进的炮兵不允许扶靠炮车和弹药车，而且军官也不例外，必须徒步行军。在给贝西的信中，杜鲁门详细描述了徒步行军的经历。他在信中写道：

亲爱的贝西：

我们又开始了急行军，这次所有的人都必须徒步行军，就连军官也不例外。和以前一样，天气仍然很糟糕，每天都下雨，路上泥泞不堪。我们的行进速度缓慢极了，6、7个小时才向前推进了4、5英里路。累了，我们就在灌木丛和小树林休息一会继续行军。

……

你最忠实的哈里

在行军的时候，有一名士兵扭伤了脚，行走非常困难。杜鲁门知道后，当即违反军令让他骑上自己的马。克莱姆上校见此情景后，命令士兵下马。杜鲁门义正词严地说："只要我还指挥这个连，就绝不让受伤的士兵下马。"克莱姆暴跳如雷，将杜鲁门臭骂一顿后就离开了。杜鲁门在给贝西的信上写道："上校羞辱了我一番，他将我骂了个狗血淋头。去他妈的，任何有教养的人都不会像他那样说话。"在给贝西的信中，这是杜鲁门第一次骂人。

因为这件事情，他赢得了属下的尊敬和支持。后来，发生的"德军轰炸事件"和"拯救28师行动"更令属下对他崇拜不已。

"德军轰炸事件"的经过是这样的：

有一次，全连乘坐的列车刚到达巴扬站，一位中校神色慌张地对杜鲁门说："这个地区在德军的轰炸范围之内，快让你的人下车，赶紧隐蔽吧。"这位军官还指着月台上几匹死马的尸体说："这都是被德军炸死的，我不想你的士兵和它们遭受同样的命运，所以才来告诉你的。"听了这位中校的话，杜鲁门吓坏了。他在给贝西的信上说："整个列车由我负责，我不拿士兵的生命开玩笑。于是，我只好下令下车，并吩咐士兵尽快找地方隐蔽。"

哈里·S. 杜鲁门和军官士兵们的合影

按照杜鲁门的吩咐，士兵们迅速地把大炮和各种军需品藏在了附近的树林中。然而，一个上午都没有见到德国飞机的踪影。于是，杜鲁门便返回车站查探虚实。当他再次见到那位给他捎信的中校时，他得到的答案是："我在和你开玩笑，这里压根就没有德军，更别说德军轰炸的事情了。"当杜鲁门问起几匹死马是怎么回事时，那位中校回答说："是兽医弄死的。"听了这样的解释后，杜鲁门哭笑不得。事后，杜鲁门并没有立即建议处罚这位中校，因为在他的恶作剧中，他的士兵得到了休整。

"拯救 28 师"的经过是这样的：

有一天黄昏，杜鲁门发现有一支德军正在向 28 师的驻地靠近。杜鲁门的任务是向攻击 35 师的敌军开火，攻击 28 师的敌军并不在他的攻击范围之内。尽管如此，杜鲁门并没有坐视不管。有个士兵回忆当时的情景时说："杜鲁门上尉一点也不惊慌，而且他也没有鲁莽行事。在详细计算了射击数据后，杜鲁门上尉才命令我们开火。当时，要是负责指挥的人不懂数据，就算给他这样的机会也没用。"

虽然杜鲁门的行动拯救了 28 师官兵的性命，但他没有上级的指示就擅自行动令克莱姆上校暴跳如雷。他威胁杜鲁门说，要对他进行违令军事审判。最后，这件事情还是不了了之。

11 月 6 日，为了对敌人发起新的进攻，129 野战炮团转移到另一个阵地。11 月 11 日，杜鲁门接到总部的电话，告诉他们 11 点钟的时候，德军将会签署停战协定。

在整个战争期间，杜鲁门赢得了手下人的尊敬，也赢得了上级的认可。他手下的士兵说："他是上尉，是带头人，我们尊敬他。我们之所以尊敬他，是因为他值得尊敬。他不善于炫耀，是个朴实正直的人……"远征军总司令潘兴将军来 129 野战炮团视察时，他握着杜鲁门的手说："你是一位出色的指挥官，你的手下个个都是好样的。"后来，在回忆起这段在军中的日子时，杜鲁门自豪地说："那是我生活中最过瘾的一段经历……虽然战事很可怕，但是我的人马和连队都活着走出了战争。"

停战后，在等待回国的时候，杜鲁门给贝西写了这样一封信：

亲爱的贝西：

当听到停战的消息之后，我们爆发出强烈的欢呼声，我们甚至能听到 1 000 米外的士兵歇斯底里的叫喊声。

我们阵地后面的法国炮兵又跳又唱，挥舞着酒瓶庆祝。直到晚上 10 点我都无法休息，因为法国的炮兵弟兄们跑来纷纷和我握手庆祝。然后，他们就在这里喝酒。他们一边喝酒，一边高喊："美国上尉万岁！威尔逊总统万岁！"就这样，一直折腾到深夜 2 点我才休息。

……

贝西，我没有一刻不思念你，思念我的亲人。等我一回国，我们就结婚吧。结婚的时间、地点、请多少人由你说了算。只要你一声令下，我就立即去办。要是你高兴的话，我可以把35师的全体官兵都请来参加我们的婚礼。

我梦想着拥有一部福特车，结婚之后，方便带你去兜风、逛街、参加政治活动、聚会等。贝西，你觉得这个主意怎么样？

……

回国之后，我想以从军作战的资历进入政界，像参加竞选杰克逊县东部的法官或进入国会，但是我不想进入国会的军事委员会，因为那些没有丝毫的想象力，甚至连起码的常识都不具备的老顽固将永远压在上面。

参加战争后，我家的农庄一直都由妹妹玛丽管理，我也想继续务农，因为玛丽一个人管理农庄很不容易了。有一次，有几个帮工还因为她是个女孩子就集体罢工不干了，弄得玛丽不知所措。

……

回国的日子临近了，期待着与你见面的时刻。

忠实的哈里

1919年4月9日，杜鲁门和129野战炮兵团的官兵乘坐着油轮驶向纽约。

HARRY S TRUMAN
第二章
开始从政

　　在政治霸主汤姆·潘德加斯特的帮助之下，杜鲁门踏上了从政之路。人们纷纷攻击他，说他是臭名昭著的潘德加斯特集团的走狗，是政治傀儡。后来，人们都因潘德加斯特被判刑而幸灾乐祸的时候，杜鲁门说："汤姆是我的朋友，我不会落井下石。"

1 法官杜鲁门
HARRY S TRUMAN

1919年5月6日，杜鲁门回到了家乡。表姐埃塞尔说："哈里回来的这天热闹极了，我们在大街上观看了他们整齐的列队，参加了欢迎他们的大会。"

5月8日，是杜鲁门35岁的生日。好不容易见到了日夜思恋的贝西，但他们却在这天发生了激烈的争吵。多年后，在回忆起这次争吵时，杜鲁门说："一切都是因为婚后住哪里而引起的，贝西坚持要和她的母亲一起住，可是我觉得那样会令我很不自在，所以……那天不愉快的情景，我仍然记忆犹新。这是我们之间的最后一次争吵，也是吵得最厉害的一次。"

虽然杜鲁门和贝西吵得不可开交，但他们的感情并没有因此而受到影响。1919年6月28日，这对年轻人的婚礼在独立城的三一圣公会教堂举行。戴夹鼻眼镜，身穿灰色礼服的新郎英俊潇洒，身穿白色婚纱的新娘漂亮大方，他们简直就是天造地设的一对。

婚礼结束后，在贝西家的草坪上举行了婚礼酒会。除了双方的家人之外，杜鲁门军中的好友都出席了酒会。有个战友因为有事情没能来参加杜鲁门的婚礼，他写了一封特别的祝贺信。信上说："哈里，在这场新的战争中，祝你取得胜利！"

蜜月旅行结束之后，贝西说："亲爱的，就按照我母亲的意思搬到我家来住吧。这只是权宜之计，过些日子我们再搬出去。"在贝西的劝说之下，杜鲁门搬进了盖茨府邸。

对杜鲁门来说，和贝西结婚不仅完成了一件人生大事，而且也实现了多年来的心愿。婚后，为了自己、爱妻，同时也为了给岳母一个好印象，杜鲁门决定到外面去开创自己的事业。在堪萨斯城西口大街104号，杜鲁门和战友杰克逊合伙开了一家男子服饰店。为了办成一流的服饰店，他们决定专卖著名品牌，而且只卖衬衫、帽子、皮带、袜子等，不卖大衣和西装。

商店每周营业6天，早上8点开门，晚上9点关门。杜鲁门负责管账，埃迪负责进货，他们俩轮流负责销售工作。他们的商店地处闹市，加上有许多战友来捧场，所以生意非常好。年底统计的时候，他们一共卖了 7 万美元的货，纯利润有 3 万多美元。开业不到几个月就如此可观，像这样发展下去前景会很不错。

短暂的辉煌之后，杜鲁门和杰克逊的生意陷入了困境。1920～1921 年间，美国爆发了经济危机。受经济危机的影响，杜鲁门之前购买的价值 35 000 美元存货连 10 000 美元也不值了。1922 年初，杜鲁门和杰克逊负债累累，他们的男子服饰店宣告倒闭。此后的十几年，杜鲁门都被开服装店欠的债务所困扰。直到 1934 年，他们才还清了最后一笔债。

从商无路，发财无门，但杜鲁门不想就此认命。无奈之余，他决定接受吉米·潘德加斯特的建议，参加竞选杰克逊县的东部法官。吉米是杜鲁门的军中好友，他的父亲汤姆·潘德加斯特是堪萨斯城非常有势力的人，是当地集团政治的霸主，左右着当地的政治选举。

杰克逊县的东部法官设在独立城法院。实际上，它就是一个行政官，相当于一个县行政专员，是政治上的肥缺。法官主要负责控制地方财务、维修县里的桥梁、公路以及实施各种福利计划。此外，与谁签署合同也由他们决定。除了管辖边远县的东部法官外，还另外设有 2 名法官。一个是首席法官，一个是负责堪萨斯城的西部法官。

决定参加竞选之后，杜鲁门还征求了亲朋好友的意见。他的朋友除了少数人有异议外，其他的人都一致赞同。在得知杜鲁门的决定之后，他的老朋友埃德加·欣德笑着说："哈里，你根本不是这块料。"杜鲁门无奈地说："伙计，我总得混饭吃啊。"

为了探询老一辈人的看法，杜鲁门特意拜访了《独立城观察家》杂志的编辑威廉·萨瑟恩上校。威廉是杜鲁门妻弟的岳父，在独立城有一定的影响力。在听了杜鲁门的话之后，威廉耐心地劝道："哈里，你怎么有这种想法？千万不要去搞政治，搞政治会得不偿失，会毁了你的前程。为了竞选，想方设法获取民众的支持将会损坏你的形象……哈里，你在生意上栽了跟头，对经商心灰意冷，但你也没有必要从政啊。生意上的失败算不了什么，可怕的是你跌倒了无法爬起来。哪个获得成功的大人物没有失败的经历？哈里，继续尝试吧，你一定会成功的。"对于威廉苦口婆心的劝说，杜鲁门根本就听不进去。他微笑着摇摇头说："我主意已定。"

关于杜鲁门参加东部法官的竞选，他的表姐埃塞尔说，潘德加斯特家族不会打没有把握的仗，因为他们知道哈里一定会在选举中胜出；而哈里希望与潘德加斯特家族联手，得到他们的支持和认可，哈里心中充满感激……正如埃塞尔所说，杜鲁门的确对潘德加斯特家族心存感激，他说："……我不得不承认他们起到了非常重要的作用。"

1922年2月4日，在汤姆辖区的民主党俱乐部大会上，他当众宣布："诸位，在选执法官的时候，大家就投哈里·S.杜鲁门的票。哈里家庭背景不错，是一位退伍军人。在战争中，他战绩辉煌。我相信，他一定会成为一名优秀的法官。"随后，汤姆就介绍杜鲁门和众人认识，大家都纷纷向他祝贺，并表示一定会拥护和支持他。杜鲁门非常兴奋，他发现官场上的胜利也是很具诱惑力的。

为了争取选票，击败竞争者，杜鲁门跑遍了选区的每个角落。杜鲁门虚心听取别人的意见，为了演说成功，他特意练习了好几次，还让朋友来给他当参谋。听完他的演说，朋友说："哈里，这是我听过的最蹩脚的演说。得换种方式，这样不行。"

官场的斗争十分复杂，县法官的竞选非常激烈。因为杜鲁门参加选举，他们一家也被弄得鸡犬不宁，经常收到匿名信。贝西实在无法忍受，他对杜鲁门说："哈里，在外面，你就不能闭上嘴吗？"杜鲁门笑着回答说："亲爱的，那样的话我如何参加竞选呢？你不用担心，没事的。"听了丈夫的回答，贝西既生气又担心。令她生气的是，丈夫根本不把这些匿名信放在心上；担心的是，丈夫会遇到麻烦，甚至给这个家带来灾难。

为了帮助杜鲁门赢得选举，他的军中密友欣德、汤姆·墨菲、埃迪·麦金、泰德·马克斯还挨家挨户地散发竞选传单。其中，传单上有这样一句引人注目的话：无论是在法国的战场上，还是在其他地方，哈里·S.杜鲁门是最受我们喜欢和爱戴的上尉。汤姆·墨菲说，为了哈里的选举，他们都竭尽所能去帮助他。

为了杜鲁门在这场选举中获胜，汤姆也没有闲着。为了给杜鲁门拉票，他吩咐手下在该地区从事慈善活动，像为失业者提供救济或工作机会，在节日发送礼品，给孩子们送童车或玩具等。在接受《纽约时报》的记者采访的时候，汤姆说："我不仅知道如何选择选区的负责人，而且知道怎样对待穷人。我不会像愚蠢的慈善家那样搞解决不了实际问题的调查，而是给他们钱，让他吃饱、穿暖。如此一来，他们自然会支持我。"

此外，为了获取妇女的选票，杜鲁门中学时的拉丁文老师阿德利亚·哈丁·帕尔默还在独立城专门组织了一支走家串户的拉票队伍。

7月，有一场竞选在奥克格洛佛举行。这次选举非常重要，它为杜鲁门的胜出奠定了基础。当对手指控："杰克逊县是民主党人的天下，而杜鲁门是个背叛乡亲、倒向政敌的家伙。因为在一次选举中，他曾把选票投给共和党人约翰·迈尔斯少校。"

面对如此不利的指控，杜鲁门不慌不忙地解释说：

"对于投票给约翰·迈尔斯的事情，我知道自己错了，但是我不得不投票给他，否则我觉对不起自己，也对不起国家。在法军节节败退之际，是约翰·迈尔斯带着 3 个炮兵连坚守岗位；在与德军对峙的时候，毫不退缩、勇往直前的又是他……

我深信，每个当过兵的人、上过战场的人都能理解我。约翰·迈尔斯是我唯一支持过的共和党人。虽然我的对手想通过这件事情大做文章，但我并不觉得这是我人生的污点。"

在澄清支持共和党的事实真相后，杜鲁门还作了如下精彩的演讲：

为了赢得你们的选票，我必须告诉你们我的立场以及选我的理由。目前，已经到了我们认清交通、财政问题的时候了。因为这些问题和赋税紧密相连，能否解决好这些问题将直接影响赋税。

……

要想对地方作贡献，就必须勤勤恳恳地做事。比如说在找道路监工的时候，既要找一个认真做事的人，又要找一个懂行的人，因为即使你找 100 个官员也抵不上几十个精通此道的监工。

如果我当选的话，我会认真地、一丝不苟地处理好这些事情，诚心诚意为全县服务。

经过几轮较量，杜鲁门终于在选举中胜出了。

1923 年元旦，举行了新法官的就职仪式。杜鲁门是个讲究效率、注重调查的人，上任后不久，他就熟悉了县法院的各种程序、存在的问题以及应负的责任。随即，杜鲁门就开始着手整顿财务、偿还欠款、建立规章制度等。他走访了各有关部门，对如何进行市政建设提出了的建议。视察了县里所有的桥梁、公路之后，杜鲁门发现桥梁不符规格，年久失修，而且有的还即将坍塌；公路凹凸不平，质量非常低劣。于是，他提出了立即改善桥梁和公路现状的措施。杜鲁门的工作很有成效，他的努力使全县逾百万的债务还清了一半，大大提高了全县的信誉。此外，县里的服务尤其是桥梁、公路的质量大为改观。对于富有生气、高效率的县政府所取得的业绩，《堪萨斯城明星报》还大肆进行了报道。杜鲁门后来炫耀说："我对每一座桥梁、每一条道路都了如指掌……"

法官的工作并不能完全满足杜鲁门的需要，他常常为找不到更多的事做而烦躁不安，所以他开始积极地参与其他活动。8月，杜鲁门还去堪萨斯的利纹沃思港接受了为期2周的训练。9月，杜鲁门到堪萨斯城法律学院的夜校注册后，开始学习合约、刑法等课程。杜鲁门学习非常认真，做了大量的笔记。一起上夜校的同学说："哈里的精力异常充沛，否则他根本无法适应如此忙碌的生活节奏。"

在杜鲁门参加竞选的时候，贝西曾担心这会给家人带来灾难。现在看来，贝西的担心是多余的，他们一家一直在盖茨府邸平静、幸福地生活着。

1924年2月17日，杜鲁门的女儿玛格丽特·杜鲁门诞生了。人到中年，得此漂亮、可爱的千金，杜鲁门夫妇非常高兴。有了女儿之后，这对夫妇经常带着如花似玉的女儿出去散步。杜鲁门很爱他的妻子和女儿，经常一手挽着爱妻，一手拉着爱女出入各种场所，即使在许多重要场合也不例外。后来每每向人们介绍自己的妻女时，杜鲁门都这样说道："这是我的妻子贝西，她是我的BOSS（老板）；这是我的女儿玛格丽特，她是我的BOSS的BOSS。"尽管贝西一再反对这种介绍方式，但是杜鲁门坚持这样。长大之后，玛格丽特在日记中写道：

> 我的父亲是个好父亲、好丈夫，他从来都不对我和母亲发脾气。说话的时候，从不用庸俗、粗鲁的语言。
> ……
> 小时候，父亲给我买了一架儿童钢琴。与钢琴相比，那时还不懂事的我更喜欢洋娃娃。虽然小时候的我无法理解父亲的爱，

但后来我知道了。我知道那时那架钢琴算得上奢侈品，因为经济不景气，人们的日子都不好过，而钢琴是父亲节衣缩食买来的。

……

后来，我成了一名职业艺术家，频频在国内外的舞台、电视上亮相。为此，父亲十分得意。虽然我已经成年，但是在父亲眼里，我仍然是个需要呵护的孩子。有一次，一位记者在报纸上说："玛格丽特的歌唱得一点也不好。"得知此事后，父亲非常气愤，从不骂人的他竟然破口大骂，还扬言要找这位记者算账。不知道真相的人说："杜鲁门没涵养，竟为一点小事大动肝火。"

……

1924 年，杜鲁门竞选连任法官失败了。虽然他工作出色，取得了不错的政绩，但他得罪了一些人，引起他们的反对。所以，杜鲁门的竞争对手抓住机会打败了他。选举结束后，其竞争对手带着歉意对杜鲁门说，其实，他并不想和杜鲁门作对，只是不得已而为之。杜鲁门则很平静地说："这并不是什么难以接受的事情。"

杜鲁门竞选失败后，收到了一封堂兄拉尔夫·杜鲁门写来的鼓励信。信上说："哈里，不要气馁。2 年之后，你若再次竞选的话，一定会获得胜利。"

为了养家糊口，为了还债，杜鲁门做起了推销工作，主要推销堪萨斯一家汽车俱乐部的会员卡。每售出一张卡，他可以从中提取 5 美元。经过一年的努力，杜鲁门净赚了 5 000 多美元。虽然推销工作的钱比较多，但是杜鲁门觉得这种工作没有保障，不是长久之计。于是，他决定再次创业。在和朋友一起做股票生意失败后，1926 年，杜鲁门决定重返政坛。

在离开政坛的 2 年里，杜鲁门与吉米、吉米的叔叔迈克一直保持着密切的联系。当迈克得知杜鲁门想重返政坛的想法后，他说："哈里，你就竞选县税务官。虽然税务官的地位不高，但薪水很可观，年薪高达 2 万多美元。你竞选这一职务肯定有希望，因为你不仅有工作经验，而且关系网也不错。"后来，杜鲁门的支持者汤姆说："这个职位已经有人了，我将支持你竞选首席法官。首席法官的年薪是 6 000 美元，比税务官少得多，如果你坚持当税务官的话就等到年底。"最终，杜鲁门选择了竞选首席法官。

结果，杜鲁门轻而易举地当选了。

上任之后，杜鲁门计划通过自己的努力，让执法官切实为民服务。为了实现这一目的，杜鲁门建立了监督制度，重新制定了县里的借贷体制，撤换了一批不称职的工作人员，发行公债等。此外，还要求合同承包商们严格按规定履行合同。

在发行公债的问题上，杜鲁门还和自己的支持者汤姆发生了分歧。虽然汤姆恼羞成怒，甚至威胁他，但杜鲁门并没有屈服，一直按照自己的原则办事。

杜鲁门刚上任的时候，面临的第一项也是最重要的一项工作就是修建道路。工程师初步预算的费用是 650 万美元，这远远超过了税收收入。于是，杜鲁门计划通过发行公债的方式来募集这笔款项。当他去征求汤姆的意见时，汤姆说："以前，杰克逊县从来没有实施过。哈里，你绝对不能这样做，否则人们会以为是我想从中得利。"杜鲁门说："不用担心，只要向民众承诺公路的质量，他们就一定会同意的。"最后，杜鲁门和汤姆达成共识，同意发行道路公债。

为了说服民众，杜鲁门不得不到各地进行巡回演说。杜鲁门承诺，他会竞标让最低价者得到工程，而且施工将在两党工程师的共同监督下进行。1928 年 5 月 8 日，杜鲁门 44 岁生日这天，广大民众公开投票决定是否发行道路公债。最终，道路公债发行案顺利通过。杜鲁门信守承诺，让一家建筑公司以低价标得了工程。5 年后，公路建设如期完成，而且质量非常好。独立的《考察家》报是这样报道的：1928 年，为了监督公路系统的建设，成立了两党工程师组成的委员会……今天，政府履行了自己承诺。公路建设如期完成了，每一条路都按许诺的那样建成的，而且实际所用的资金也没有超出工程师的估算。

发行公债是汤姆认同的，而且公路建设得非常好，为何他还因此与杜鲁门发生不愉快呢？原因就在杜鲁门信守承诺把工程给了低价者，而没有给潘德加斯特企业。

一天中午，汤姆走进杜鲁门的办公室问道："哈里，听说你把工程给了别人。你真的不考虑我和你说的那几个承包商吗？"

杜鲁门斩钉截铁地说："不考虑。"

"没有回旋的余地吗？"汤姆不死心，继续问道。

　　杜鲁门说："除非他们是最低标，而且质量必须合格，否则一分钱也拿不到。"

　　看杜鲁门态度如此坚决，汤姆气愤地说："哈里，别忘了，我可以让你坐上这个位置，也有办法叫你下来。没有你，我还有2名法官可以使唤。"说完，汤姆就摔门而去。

　　汤姆的话并没有改变杜鲁门的初衷，他始终觉得应该真正为民、为党做事。因为对杜鲁门来说，作为一个政治家最大的满足来自于默默地为平民百姓奉献。在杜鲁门上任的第一天就表明了自己的观点，他说："我的宗旨是，充分考虑纳税人的利益。虽然我是民主党人，但我的身份是公务员。我将高效率地工作，不乱花政府的一分钱……"

　　在接受记者采访时，杜鲁门说："金钱、权力、女人足以毁掉一个人的一生。我有自己的原则，所以囊中羞涩的我从不觊觎权力，而且一生中唯一的女人在我的家里。如果我放弃自己的原则，我早就腰缠万贯了，可现在我还负债累累。"在金钱方面，杜鲁门非常谨慎，关于他廉洁无私的事情还广为流传。

　　在堪萨斯城有一家纺织品店，一位名叫扬西的小伙子在那里帮他的表哥做事。他记得，有一次杜鲁门法官来买汽车座套。开出的账单是32美元，在付款的时候，扬西按照他表哥的吩咐说："尊敬的法官，如果您能为我们店安排一些生意的话，您就可以获得免单的特殊待遇。"杜鲁门看了扬西一眼说："小伙子，好好做生意吧，我从来不做这种交易。"随即，他付了钱就走了。不久以后，汤姆为他的车订了一个65美元的座套，扬西给他打电话提出了同样的交易。汤姆在电话里毫不犹豫地说："当然可以啊。"

　　一直以来，杜鲁门就是这样认真、一丝不苟地工作。为了重建堪萨斯法院、独立市法院、民众体育馆，他亲自开车到全国各地参观公共建筑，与负责的设计师交谈。为了在法院大楼前塑一尊安德鲁·杰克逊的骑马铜像，他亲自去一个小镇看了有杰克逊像的石壁，并亲自找来石壁的雕刻师为杰克逊塑像。为了让杰克逊像栩栩如生，他还去杰克逊的老家考证了他的服饰。他说："我要的就是给人一种真实的感觉，让人觉得是活生生的英雄骑在一匹真马上。"

　　4年的任期满了，1930年11月，杜鲁门参加了连任首席法官的竞选，他再次当选。此外，杜鲁门还被选为堪萨斯规划委员会主席、全国城市规划会议主任。1930 年 11 月 3 日，也就是选举的前一天，杜鲁门 6 岁的女儿差点遭到绑架。幸亏老师的警觉性比较高才有惊无险，否则后果不堪设想。为了防止发生意外，11 月 4 日一整天都有警察负责保护贝西母女的安全。

在有些人看来，拥有权力、荣誉是好事情，但杜鲁门并不这么看。特别是在女儿差点被绑架之后，政治现实令他感到不安、失望和痛苦，他甚至经常为这些事情头痛。杜鲁门在日记中写道："我不想让政治把我变成酒色之徒、悲观者、盗贼。有时候，我真想逃，但是逃得掉吗？"

2 潘德加斯特的参议员
HARRY S TRUMAN

杜鲁门连任两届县执法官，其政绩是有目共睹的。《明星报》报道说：哈里·杜鲁门以杰克逊县的规划者、建设者著称，新的公路网是一项卓越的成就。修建公路不仅改善了交通环境，而且创造了就业机会。

堪萨斯市政府的办事效率极高，这与模范官员杜鲁门法官的努力是分不开的。杜鲁门之所以赢得人们的尊重和信赖，是因为他是唯一一位出污泥而不染的官员。

虽然杜鲁门干得非常出色，但是按照惯例任何人都只能干两届。这意味着 50 岁的时候，杜鲁门的政治生涯可能会结束。在任首席法官的时候，杜鲁门凭借自己的能力和取得的政绩给人们留下了较好的印象，难道就此放弃吗？空闲的时候，杜鲁门常常一个人思考自己的前途。有一天，杜鲁门对贝西说："我决定竞选参议员。"尽管贝西一再反对，但是杜鲁门仍然坚持。杜鲁门的支持者汤姆也不是很赞同，因为他对杜鲁门能否选上心存疑虑。当朋友劝汤姆支持杜鲁门竞选参议员时，他说："你们相信杜鲁门能当选吗？"他语气中的不信任表露无遗。最终因为找不到合适的人选，所以汤姆决定支持杜鲁门。他说："哈里，你要做好心里准备，这次竞选的难度非常大。不过你放心，如果失败了，我还将支持你参加下次的选举。"

1934 年 5 月 14 日凌晨，杜鲁门在纸上写道："现在是凌晨 5 点，今天我必须作一个重大的决定。几个星期以前，我还在为自己的前途深感迷茫，今天我却有了新的目标。"这天，杜鲁门正式对外宣布竞选参议员。

对杜鲁门竞选参议员，民主党内许多有影响力的人很不以为然，他们打心眼里瞧不起这位小法官。有些老政客还时常聚在一起嘲笑杜鲁门，他们说："不该说话的时候他说话，可说了前面又不知道后面该说什么，像这样一个连演说都不会的人如何参加竞选?" 67 岁的老国会议员香农说："汤姆之所以支持杜鲁门，是因为他善于交际、人缘儿好、清白。虽然我很喜欢他，但我觉得他还是太嫩，他不具备竞选参议员的资格。"不管人们怎么议论，杜鲁门出色的政绩、不错的人际关系、遍布全州的朋友对他的选举非常有利。

1934 年，密苏里州的夏天非常热，气温比以往任何一年都高。7 月，华氏 100 度以上的高温持续了整整 21 天。为拉选票，杜鲁门走遍了密苏里州的 60 多个县。尽管酷热难当，口干舌燥，但他坚持每天发表 6～16 次演讲。为了争取选票，竞选班子开车行驶了几千英里，几乎跑遍了州内所有的水泥路和土路。密苏里州的民主党人也不顾炎热，积极为杜鲁门奔走宣传。杜鲁门的支持者汤姆在给妻子的信中写道："昨天华氏 104 度，今天 102 度。虽然这么热，可我每天都忙着东奔西走。此时，我最希望的就是下一场大雨。"

杜鲁门在杰克逊县当法官的时候，与各县的官员有过来往，而且给他们留下了不错的印象，所以很多人都支持他竞选。尽管如此，其竞争对手约翰·科克伦和雅各布·米利根的力量也是不容忽视的。他们一个有圣路易斯大财团的支持，另一个有参议员贝内特·克拉克的支持。此外，他俩曾是密苏里州的众议员，知名度远比杜鲁门大，在华盛顿也有自己的门路。

竞选之初，科克伦和米利根对杜鲁门发起了猛烈的攻击。他们说："出身卑贱、不为人知的杜鲁门，因为得到城市老板汤姆·潘德加斯特的支持才取得了竞选的资格。他只不过是臭名昭著的潘德加斯特集团的一粒棋子，是个政治傀儡罢了。"

起初，对这样的攻击杜鲁门觉得非常痛苦。后来，他渐渐适应了这种政治气氛，觉得官场原本如此，所以对这样的中伤就习以为常了。在哥伦比亚市的一次演说中，杜鲁门有力地回击了对手。他说："2年前，为了获得密苏里州众议员的提名，科克伦和米利根先生也曾来堪萨斯城寻求财团或组织的支持。现在，谁能说得清圣路易斯大财团和参议员贝内特·克拉克支持这两位先生的真正目的呢？难道他们不想通过这两位先生来获取更大的权力吗？"

反击之后，杜鲁门就把演说的主题转到了罗斯福总统的身上。在赛林县的演说中，杜鲁门说："罗斯福总统是一位杰出的人，他是一个为普通人服务的总统。为了给全国的普通百姓享受美好生活的机会，他实施新政……"

在一次野餐会上，杜鲁门再次遭到了竞争对手的攻击。这次，除了竞争对手外，杜鲁门还遭到密苏里州的农民协会主席威廉·赫斯和参议员贝内特·克拉克的大肆攻击。米利根说："如果杜鲁门当选的话，他的耳朵一定会起茧，因为他必需每天给汤姆·潘德加斯特打电话请示。"威廉·赫斯说："杜鲁门只是汤姆家的一条狗，汤姆想让这条狗从一个地方官员跳上全国性的政治舞台，这显然是不可能的。"贝内特·克拉克说："在竞选中，哈里说的话都是虚假的，是一派胡言。他曾亲口告诉我，他希望退休后在县政府找份差事安稳度日。"

杜鲁门尖锐地回击道："贝内特·克拉克之所以能当上参议员，都是倚仗其父的声望，政绩糟糕透顶，而他支持的米利根利用职权之便任人唯亲。"

一向默默无闻的杜鲁门说出这样的话令贝内特·克拉克吃惊不已，他回击道："大家知道，竞选的花费是巨大的，而为杜鲁门的竞选奔走的政府职员所花的钱都是纳税人的。你们知道，这可是汤姆·潘德加斯特的一贯作风。"深谙政治之道的汤姆岂容贝内特·克拉克胡言乱语，在接受记者采访时，当记者谈起贝内特·克拉克的诋毁之辞时，他漫不经心地说："绝对不可能，一定是你们弄错了，克拉克参议员和我是多年的好朋友。几天前，我们刚见过面。"

为了争取农民票，杜鲁门自称是一个平凡的农家子弟。有一次，他在公路上看见一个农民在地里修收割机，他还上前去帮忙修理。对此事，当地报纸还有一则这样的报道：……哈里·杜鲁门二话没说就一边脱外套，一边走进农田去帮忙。不费吹灰之力，他就修好了收割机。当农民得知他就是杜鲁门时，非常吃惊。杜鲁门解释说，他曾当过10多年的农民。

8月7日，初选揭晓。杜鲁门得了276 850票，比竞争对手科克伦多4万多票，比米利根多出10万多票。在秋季决定性的选举中，杜鲁门轻松地打败了共和党竞争对手罗斯科·康克林·帕特森。汤姆还曾怀疑杜鲁门的实力，可最终他获胜了，当上了令人向往的参议员。

竞选结束了，在接受记者采访时，杜鲁门从来没有说起自己是如何努力奔走的，他只说了一句："没有朋友的帮助、选民的大力支持，我是不会当选的，我很感谢他们。"

在杜鲁门离开堪萨斯城前夕，他负责组建的21层的堪萨斯法院办公大楼顺利竣工。在落成典礼上，在杜鲁门的陪伴下，10岁的玛格丽特·杜鲁门为安德鲁·杰克逊的骑马铜像揭下帷幕。多年后，回忆起当时的情景时，玛格丽特说："那时，我觉得非常自豪。那段日子，我们一家也非常兴奋。"

1935年1月3日，在贝西、玛格丽特、汤姆的注视下，穿着晨礼服的杜鲁门宣誓就职。从此，杜鲁门的影响从杰克逊县扩大到华盛顿。

初到华盛顿的时候，人们都用异样的眼神看杜鲁门，甚至像躲瘟疫一样躲避他。来自内布拉斯加州的乔治·诺里斯说："他身上就像有毒一样，我从来不和他讲话。"来自内华达州的帕特·麦卡伦说："好多人都说，他是汤姆·潘德加斯特派来的参议员。我从不把他当参议员看，也不和他来往，否则就会有失身份，有损名誉。"连曾经支持过他的记者也说："哈里·S. 杜鲁门平庸、无知，几乎对一切都一无所知。"

作为参议员，杜鲁门的工作主要是让政府了解密苏里州的发展计划，为密苏里州争取更多的相关许可证和合同。然而因为潘德加斯特声名狼藉，连罗斯福总统也让别人来分配政府给密苏里州的拨款，而不让杜鲁门亲自处理。

为了给自己勇气，杜鲁门总对自己说："不要在乎别人的议论，一定要坚信时间能改变一切。总有一天，我的努力会让人们改观的。"尽管他在心里给自己打气，但是周围人的所作所为仍然深深刺伤了他。

在这段最困难的日子里，只要帮助过杜鲁门的人，他都一直铭记在心，并在适当的时候回报他们。像副总统约翰·纳斯·加纳、参议员卡尔·海登、汉密尔顿·路易斯、阿瑟·范登堡等人给了他莫大的支持和帮助。多年后，回忆起初到参议院工作的这段日子时，杜鲁门说："那时，工作让我一筹莫展，是卡尔·海登耐心地给我解释了参议院的一些细节和惯例。而路易斯则常常鼓励我说，哈里不必自卑，开始你会纳闷自己是如何混进来的，不久以后，你就会奇怪其他人是如何混进来的。"

来自得克萨斯州的加纳副总统很喜欢杜鲁门。和杜鲁门一样，加纳出身低微，没受过正规教育，他常常告诫杜鲁门要刻苦学习，努力工作，少说没把握的话。此外，他还常常让杜鲁门代替主持参议院的会议。有一次，他甚至还请杜鲁门到国会大厦和他一起共进午餐。

杜鲁门知道自己的弱点，所以他比别人都勤奋。每天，当别人来上班的时候，他早就看完了所有的信件和相关资料，分配好了当天的工作。此外，为了用知识来丰富自己的头脑，他还到夜校学习法律，到商学院进修。最终，杜鲁门从最初的尴尬中摆脱出来，逐渐适应了周围的环境，他凭借自己的勤奋、谦虚、随和，改变了大家对他的态度。

起初，杜鲁门想找一名助手。他说："找的人必须有能力，而且知道如何开展工作。"当在国会大厦工作多年的维克托·梅塞尔得知自己被派给杜鲁门做助手时，他说："杜鲁门是在汤姆的支持下来到华盛顿的，全国都在指责汤姆是个无赖。给杜鲁门当助手，岂不是自掘坟墓吗？"后来，因为租房子的事情改变了梅塞尔对杜鲁门的看法。一天，梅塞尔陪杜鲁门去找房子。杜鲁门看中了一套公寓，月租160美元。和房东商定好价格之后，杜鲁门并没有立即付款，而是去了银行。梅塞尔这才知道，杜鲁门是去银行贷款付房租、购买家具的。此外，他还每月花5美元租了一架钢琴。从此以后，梅塞尔很乐意为杜鲁门效力，而且非常忠诚。他说："哈里善良，乐于助人，善于交朋友。他真诚地对待每一个人，从没欺骗过谁。"

时间悄悄地流逝，杜鲁门发现人们对他不再冷若冰霜了，他在同事中的地位也逐渐提高。他的秘书米尔德里德·德赖登说："杜鲁门说话一贯心平静气，我从没见他发过一次火，从来没有对属下大声嚷嚷……他总是想方设法帮助别人，他那友善的微笑让你不得不喜欢他。"

有一天，共和党员博拉有意把一只胳膊搭在杜鲁门的肩上，公开表示他的友谊。此举令杜鲁门受宠若惊，因为博拉可是参议院德高望重的人。在一次谈论会中，参议员们还特意征询了杜鲁门的看法。当他说出自己的观点之后，会议的负责人对全体议员说："既然这位来自密苏里州的参议员都这么说了，我想没有再讨论的必要了。"这番话更是令杜鲁门终身难忘。

在华盛顿工作的日子，杜鲁门和妻子贝西过着两地分居的日子，所以他仍然像从前一样，继续给贝西写信，告诉她自己的生活和喜怒哀乐。有一次，他一个月就给贝西写了30多封信。其中，有一封信是这样写的：

亲爱的贝西：

我想做个有名望的参议员，也想多赚些钱让你过舒心的日子。你必须有极大的耐心，因为我绝不做权钱交易。我会永远按照自己的原则做事，只要我做得对，即使受到别人的诅咒我也不怕……不管以后如何，要是我的父亲知道我有今天，他会高兴死的。

……

闲暇之余，我常去看电影、听歌剧，可是没有你陪伴在身边，我觉得很没意思。偶尔，也和朋友们去玩扑克或出去兜风。你知道吗，有一次，为了去军事学院听一场精彩的演讲，我没有去参加预算委员会的会议。

晚上，为了打发日子，我常常看《纽约时报》、《华盛顿明星晚报》、《华盛顿邮报》和《巴尔的摩太阳报》。你知道威尔·罗杰斯吗？在我眼里，他就是马克·吐温转世，他给予我的理念比任何人都多。当我在报纸上看到他因飞机失事身亡的消息后，我悲伤了好久。

……

对我而言，你就是我的维纳斯，我实在无法忍受没有你的日子。此刻，在广播里，我听到两个孩子在唱新歌剧《犹他州来的女孩儿》里的插曲"他们永不会相信我"，我忍不住泪流满面。因为我想起了我们一起看这个歌剧，听男女主角唱这首歌的情景。无法克制对你的思念，所以我不得不给你写信来抑制我的泪水。

你忠实的哈里

1937年12月20日，为了攻击集体贪污舞弊的行为，杜鲁门参议员发表了一次比较激进的演说。他说："失业率高、社会不安定的根本原因就是大企业的垄断，是他们野性的贪婪……人们崇拜金钱，而不是荣誉。所以众人认为，一个富翁远比一个为公众利益服务的公务员伟大得多。即便他的财富是靠榨取童工和苦力们的血汗钱，也不例外。没有人去想，卡内基图书馆是浸泡在钢铁工人的鲜血之中的，没有人去想洛克菲勒基金是建立在矿工尸体之上的，但这些都是事实。"

此外，他还点名批评了几家大型的法律事务所利用职权之便，从委托人身上榨取钱财。他说："听了这些法律界自认为了不起的人所干的勾当，刑事法庭专办交通伤人案件的律师们都感到羞耻。"

杜鲁门的这次演说成了《纽约时报》的头版头条新闻。此后，他又发表了几次颇为激进的演说，引起全国劳工领袖的注意。在这次演说中，杜鲁门表现出来的勇气和认真令他的同事非常佩服。为了这次演说，杜鲁门作了大量的调查研究工作。在调查中，他面临的压力是巨大的。尽管常常受到威胁，但杜鲁门从不打退堂鼓。杜鲁门让人看到的是一个公正、无所畏惧的公仆形象，这为他今后的发展奠定了基础。

3 竞选连任参议员
HARRY S TRUMAN

1939 年 4 月 7 日，汤姆·潘德加斯特因贪污受贿、逃税罪遭到起诉。经查实后，仅其逃税金额就高达 80 多万美元。5 月 22 日，堪萨斯联邦法院判其 3 年的有期徒刑，后因考虑其患有冠状动脉血栓症，特减为 1 年。从此，潘德加斯特集团开始瓦解。因为汤姆·潘德加斯特的事情，杜鲁门也被卷了进去。尽管所有的调查表明，杜鲁门与潘德格斯特集团的非法活动没有任何瓜葛，但他仍然陷入了困境。在给贝西的信中，杜鲁门写道："从此以后，汤姆的事情将会像巨石一样压在我的心上。"

有一次，一名记者还在上班的路上拦住了杜鲁门，他说："参议员先生，请问你对汤姆·潘德加斯特事情有何感想？"杜鲁门很重情义，无论是谁，只要给过他帮助，他都会记着别人的情义。所以他如实回答说："虽然我对详情一无所知，但是我很难过。汤姆是我的朋友，我不会在这个时候落井下石。"

潘德加斯特集团垮了，密苏里州州长埃德·斯塔克却名声大振。因为是他负责调查汤姆·潘德加斯特，并摧毁了他。虽然是汤姆将他推上了州长的宝座，但在攻击他的时候，斯塔克总将其置于死地。他说："我的信念是忠于人民，而不是忠于政治集团。"1939 年 4 月 24 日，《生活》杂志载文说："毫无疑问，斯塔克是非法骗局的大敌。"密苏里州拥戴他的呼声更是不绝于耳，民众称他为"道德领袖"，还说他前途不可限量。

1939 年 9 月，斯塔克宣布："我将和杜鲁门竞选参议院的席位。"

在斯塔克宣布参加竞选后，为了表示自己的决心，杜鲁门给他写了一封信。他在信上写道："我决不会轻易低头认输的，因为我是一个对自己政治生涯负责的人。"

1940 年的选举开始了，杜鲁门的前途非常暗淡。虽然杜鲁门也有自己的优势，但是他的劣势也是明摆着的。第一，势单力薄，囊空如洗的杜鲁门没有竞选经费；第二，没有媒体的支持，在密苏里州，除了《堪萨斯城邮报》之外，没有一家报纸支持他。对杜鲁门来说，这是最具挑战性的一次竞选。

起初，杜鲁门以为罗斯福总统是支持他的。因为罗斯福不断在他面前说："我认为你们的州长不正派，他自我主义膨胀严重，而且很狡猾，是个骗子。"然而，罗斯福并没有给他任何帮助，连鼓励都没有。在"新政"的支持率不断下降的时候，杜鲁门一如既往地支持罗斯福总统。尽管如此，他却不愿支持杜鲁门竞选。有一次，他还对杜鲁门说："我非常乐意在州际商业委员会给你安排一个职务。"听了这话，杜鲁门知道这回他能依靠的只有自己。他在给贝西的信上说："什么州际商业委员会，让他见鬼去吧。哪怕只获得 1 张选票，我也要参加竞选。"

杜鲁门的竞选非常艰难，因为经费不足，他常常要露宿。一位工作人员说："在圣路易斯，我们租了一间办公室作为竞选总部。此外，我们还借了家具、帮手。没有人提供经费，我们连买邮票的钱都不够……因为住不起旅馆，堂堂的美国参议员居然要在自己的车上过夜。"为了给儿子筹集竞选资金，母亲抵押了自己的农庄。后来，农庄被迫拍卖。为了打击杜鲁门，竞争对手还在报纸上大肆渲染此事。

6 月 15 日，在密苏里州，杜鲁门的竞选活动正式拉开了帷幕。贝西与玛格丽特坐在讲台上，母亲和妹妹坐在第一排。在日记中，玛格丽特写下了这次演说的情景。她写道："这是我第一次感受到政治的迷人之处。为了让别人支持你，你就必须用你的想法去和群众的心交流……"

杜鲁门清楚地认识到，要想获胜必须得到各方面的大力支持。所以在竞选中，他想尽一切办法去争取各种可能支持他的力量。例如：为了让犹太人支持他，杜鲁门到处宣传他在部队的时候与犹太人一起共事的事情；为争取黑人选票，在演说的时候，杜鲁门声称自己是民主和人权运动的忠实拥护者；为了得到军人的支持，他还向人们讲述自己是如何支持为退伍军人争取津贴的事情，并不厌其烦地向他们讲述他在第一次世界大战中的事迹。杜鲁门凭借自己的努力和之前为劳工谋利的政绩，赢得了劳工阶层的支持。为了帮杜鲁门拉选票，铁路工会的《劳工报》为他出了专刊，并大量散发。专刊中说："杜鲁门是工人、农民的朋友，他为保护铁路工人的利益、关注农民的利益作出了巨大的贡献。请大家相信我，所以一定要支持我的朋友哈里·S. 杜鲁门。"为了支持杜鲁门，兄弟铁路公司还捐助17 000 美元。

虽然一开始杜鲁门就处于劣势，但斯塔克并没有因为自己胜券在握就放弃对杜鲁门的攻击。他抓住杜鲁门与潘德加斯特集团的关系大做文章。他毫不留情地说："杜鲁门是潘氏集团的'走狗'，是个欺世盗名的大骗子。他身居要职，却甘愿为赋予他权利的恶势力卖命……"

斯塔克和汤姆·潘德加斯特的相识是杜鲁门引荐的。虽然杜鲁门手中有斯塔克为此事感谢他的信函，但杜鲁门并没有公之于众。他对朋友们说："我要看到他自毁前程。"

在公共场合，斯塔克宣扬说："罗斯福总统支持我、信任我，而且我还是未来的副总统候选人。"对于他的这种行为，舆论界和多数政治家觉得可笑，甚至厌恶。

1940 年 8 月 6 日，初选结果揭晓了。自信的斯塔克输了，获胜的是杜鲁门。在日记中，玛格丽特记述了当晚的情景。她写道：

> 父亲很早就睡了，只有我和母亲一直在等结果。11 点左右的时候，斯塔克还领先 11 000 票。这一晚，太难熬了，我和母亲一直都非常紧张。
>
> ……
>
> 午夜时分，家里的电话铃响了，是母亲接的电话。我只听见

她说了一句"别开这种玩笑"就挂断了电话。可是几秒钟后,电话铃又响了。原来是圣路易斯竞选总部的工作人员打来的,他们是向我们道喜的。父亲赢了,他赢得好危险,仅仅比斯塔克多出了 8 000 票。

......

初选结束后,斯塔克的州长任期也快满了。罗斯福曾许诺让他到劳工仲裁委员会工作,但最后也没了音讯。正如杜鲁门之前所说,斯塔克自毁前程,结束了自己的政治生涯。莫里斯·米利根是杜鲁门初选时的另一位竞争对手,为了选举他辞去了公职。初选结束后,在杜鲁门的帮助下,他重新回到了原来的岗位。

在秋季决定性的选举中,杜鲁门很轻松地击败了共和党候选人麦维尔·戴维斯。

在初选中,杜鲁门后来居上,获得了胜利。在希望渺茫的情况下,为了争取选票,他走遍全州寻求资助。最终,杜鲁门从困境中走了出来,向人们显示了他的能力、勇气和毅力。

这次竞选给人留下的印象是深刻的,它是杜鲁门政治生涯中最有意义的胜利。因为没有所谓"后台老板的支持",他完全是凭借自己的力量和努力赢得了选举。

1939 年 9 月,在斯塔克宣布和杜鲁门一起竞选参议员的时候,第二次世界大战爆发了。1940 年,杜鲁门获得胜利的时候,大战的规模已经愈演愈烈。法西斯轰炸了英国的机场、港口,伦敦也遭到了大规模的轰炸。疯狂的希特勒扬言:"我一定要摧毁英国人的意志。"

纳粹德国想要奴役全世界,没有一个国家能幸免于难,美国也不例外,同样面临着巨大的威胁。

1941 年 1 月 6 日,罗斯福总统发表演说,主张支持那些为自由而战的国家。为了支持英国,罗斯福总统提出了"租借法案",即以信用贷款的方式向英国运送武器。这一法案在参、众两院引起了激烈的争执。贝内特·克拉克说:"我极力反对这一法案,它将让我国卷入战争,对我国有害无益。如果希特勒征服了欧洲,我们要做的事情是保卫美国,而不是送武器给他人。"杜鲁门反击道:"你真是鼠目寸光,我坚决支持总统先生。"

直到 3 月，这个法案才得以通过。

有人抱怨说，国防建设中存在牟取暴利和浪费现象。在对密苏里州南部的军区新建工程进行调查后，杜鲁门说："这些工业巨头如此贪婪，实在是太过分了，我一定要把我的调查公之于众。"为了彻底调查国防工程经费的使用情况，杜鲁门提议成立一个特别委员会。和"租借法案"一样，这个提议也遭到众人极力的反对。最后，经过十几位支持者的努力，成立了参议院调查国防计划特别委员会。该委员会一共有 7 名成员，其中杜鲁门任主席，因此，大家称该委员会为"杜鲁门委员会"。

4 月 23 日，他们来到坐落在马里兰州的米德兵营。调查人员发现，在得克萨斯的华莱士兵营，预计投资 48 万美元，结果却花掉了 250 多万美元；在宾夕法尼亚州印第安城沟的一座兵营，调查人员发现，其建造费用比预算高了 10 倍。诸多实例表明，军方在选择兵营场地的时候，判断能力极差。因此，导致了巨额浪费，仅租用卡车及购买施工设备上就浪费了 1 300 多万美元。杜鲁门说："政府给承包商如此优厚的条件，就像圣诞老人在散发礼物似的。建造一座兵营后，一个建筑工程师的收入会增加 1 000 倍。而承包商只需要短短几个月，就能赚取大把大把的钞票。"

一向以高效率著称的军需部长布里恩·B. 萨默维尔中将说："时间和金钱是不能同时节约的，这么简单的道理委员会都不懂吗？他们简直就是一群只追求政治目的的怪物。"虽然萨默维尔中将讨厌别人插手或干涉他所管辖的事务，但杜鲁门并不顾忌这些，坚持调查。后来，萨默维尔也不得不承认："通过调查，杜鲁门委员会的确为政府节省了开支。"

在一次调查中，杜鲁门委员会发现了一件令人瞠目结舌的事情：柯蒂斯赖特公司给战斗部队提供的飞机引擎全是次品。经过调查之后，惩处了涉嫌渎职的人。1943 年 1 月，在俄勒冈州的波特兰港，一艘名为"申纳克泰迪"的舰艇横断为两截。此事引起了杜鲁门委员会的重视，他们认为钢板质量有问题。为此，委员会对卡内基伊利诺伊钢铁公司进行了调查。杜鲁门委员会的调查人员发现，该公司每月生产的钢材至少有 3 000 吨不符合海军的标准。然而，这些次品仍然被视为合格品交了出去。

在 1943 年 3 月 23 日的听证会上，杜鲁门对卡内基伊利诺伊钢铁公司的总经理佩里说："佩里先生，我认为你没有积极配合我们的工作。在事情发生之后，你为什么不去查明原因？我想你应该向委员会说明理由。"

佩里说："杜鲁门参议员，我十分愿意配合你们，可是我无法解释此事，我也不想为自己辩护。"听了佩里的回答后，杜鲁门接着说道："你可以不辩护，这是你的权利。既然你说愿意配合我们，为何你不让调查人员进公司了解情况？"佩里小心翼翼地说："我当时并不知道情况很严重。我……"没等佩里说完，杜鲁门就厉声说道："你以为我没有事干了吗？"没等佩里开口，杜鲁门继续问道："对此事你都采取了哪些措施？是如何补救的？"佩里企图回避这个问题，但最后他不得不承认，自己还没有制定切实可行的解决方案。

后来的调查表明，那些不合格的钢材并不是公司的管理阶层授意生产的，而是由于高强度的劳动令工人不小心出了差错。佩里向杜鲁门保证："我一定会想尽一切办法进行补救。"此外，美国钢铁公司总裁本杰明·F. 费尔利斯还向杜鲁门许诺："我一定彻查到底，不管责任在谁，我都会'炒他的鱿鱼'。"

在调查的过程中，委员会的成员们都很辛苦，尤其是杜鲁门，他甚至常常抱病工作。有一次，他患了胆囊炎，痛得蜷在角落里无法动弹，但是痛劲儿过去之后，他依然坚持工作。无论身体多么难受，无论他觉得多累，他的工作表始终排得满满的。贝西说："哈里对我说，听证会上的证人令他烦躁不已。其实，我知道他很疲惫。但他从未在众人面前流露自己的感受，总是神采奕奕地出现在大家面前。"

在调查中，杜鲁门认真负责，谦虚随和，深得大家好评。报纸上，有关杜鲁门的报道几乎全是溢美之词。杜鲁门委员会的工作除了得到媒体的认可外，还得到了行政当局的尊重。杜鲁门在给贝西的信中写道："高层人物很尊敬特别委员会，这使我感到非常惊讶。在调查的过程中，如果我一直不犯错误，就能快速有效地帮将士们赢得这场战争。如此一来，可以拯救多少年轻人的生命啊。贝西，你必须为我祈祷，祝我步步走对，不犯丝毫错误。"

杜鲁门委员会的调查工作进行得很顺利，据统计，他们为国家节约了150多亿美元的经费。正像杜鲁门说的那样，他们的委员会的确拯救了不少人的性命。因为委员会的存在，许多企业、军政官员害怕犯错误被曝光，所以他们都严格按照要求办事，丝毫不敢马虎，军需品再也没有出过任何纰漏。此后，杜鲁门的名望蒸蒸日上。

4 竞选副总统
HARRY S TRUMAN

1944 年，又一个总统大选年到了，罗斯福总统决定竞选连任。这次，他仍想让现任副总统华莱士作为他的竞选伙伴，但遭到非常激烈的反对。早在 1940 年的大选中，罗斯福让华莱士作为竞选伙伴就曾遭到众人的反对。在那些反对者看来，华莱士是个头脑不清的人，所以不希望他当副总统。因为罗斯福总统的健康状况日益恶化，医生说他最多能活 1 年，所以这次当选的副总统随时都有变成总统的可能。若华莱士当选为副总统的话，极有可能成为总统，这是那些反对者更不希望看到的事情。正因为如此，这次民主党内副总统候选人的竞争非常激烈。像老资格的国会议员贝尔纳斯、大法官道格拉斯以及众议院议长雷伯恩、参议员谢尔曼·明顿等都想参加副总统候选人的竞选，他们还向人们暗示自己得到了总统的支持。尽管罗斯福有自己的打算，但是为了试探大家的态度，他让每位竞争者充分表演。此外，为了不得罪那些竞争者，他总是不露声色地应付着他们。罗斯福对贝尔纳斯说："华莱士没有希望获胜，选谁作候选人我没有倾向。"而他却对华莱士说："代表大会是开放性的，我会支持你竞选。"

1944 年 1 月，罗斯福在白宫召集相关人士举行了一次讨论，主要内容是华莱士是否适合做副总统候选人。埃德温·波利是加利福尼亚的百万富翁，民主党重要的资金来源大都依靠他。为了进一步推动石油业的发展，他才投身于政治。他说："我们非常拥护罗斯福总统，但对华莱士不感兴趣。我们应该选一位温和、稳重、务实的副总统，而过于激进的华莱士根本不适合。"他还向人们呼吁说，他们选的是美国总统，而不是副总统。

虽然罗斯福坚持自己的主张，最后，他不得不放弃华莱士。因为在作了一次全国性的调查之后，罗斯福发现反对华莱士的声音日益高涨，若他还坚持己见的话，将会影响自己在纽约、加利福尼亚和新泽西等州的选票。

1944 年 7 月 11 日，罗斯福总统邀请弗林、汉尼根以及波利等党魁到白宫去开会，这是确定副总统候选人的秘密会议。经过认真考虑、精心筛选之后，大家一致同意选择杜鲁门。杜鲁门一直拥护罗斯福的政策，工作非常出色；从没发表过任何"种族主义的"言论；与大商人、保守的政治家、劳工的关系良好。毫无疑问，杜鲁门很容易被各方面接受，是最合适的人选。

为了保险起见，支持杜鲁门的汉尼根还特意让罗斯福总统写了一张纸条，上面写着："我认为杜鲁门是最合适的人选。"当一心想当副总统的贝尔纳斯得知这一消息后，他立即对总统说："总统先生，如果我做您的竞选伙伴，会比杜鲁门争取的选票还多，可为什么您说要支持他啊？"听了贝尔纳斯这样说，精明的罗斯福说："你搞错了，这并不是我的本意，是他们要求我这样做的。你和哈里都是我的私人朋友，至于你们谁参加竞选，我是没有倾向的。"听了罗斯福的解释后，贝尔纳斯立即正式对外宣布："我将参加副总统竞选。"此外，他还声称得到了总统的支持。

当汉尼根把罗斯福同意杜鲁门参加竞选的纸条拿给他看时，杜鲁门说："我根本不想竞选副总统，而且我已经答应贝尔纳斯，支持他参加竞选。"其实，早在1943年的时候，就有传言说："杜鲁门很有可能获得副总统提名。"当参议员乔伊·盖菲和杜鲁门谈起此事时，杜鲁门说："我不会接受总统的提名，我希望继续留在参议院。"从此以后，这件事被提到的频率越来越高，但是杜鲁门始终没有改变自己的想法。

如果谁当上了副总统，就有成为美国总统的机会，这个诱惑实在是太大了。一直以来，杜鲁门的官运都不错。大家都说，他具有抓住机会的能力。难道杜鲁门一点也不想当总统吗？杜鲁门的助手梅塞尔说："我敢肯定地说，哈里是想当副总统的，但他必须装装样子。"有一次，在和朋友一起喝酒的时候，他还说："我最近见到总统的时候，他的身体状况不太好，估计很难坚持到下一届期。如果我当选为副总统的话，也许有机会成为美国总统，到时还需要在座的各位鼎力相助。"也许杜鲁门不是不想当总统，只是有些矛盾罢了。在给朋友韦斯顿的信上，他的犹豫和矛盾都表露无遗。他在信上写道：

韦斯顿：

……

他们说要我竞选副总统，可我一直犹豫不决。这么多年来，我一直在参议院工作，熟悉了这里的环境，而且也有一定的声望，所以希望继续干下去。我在参议院花了那么多时间，若半途而废我觉得很可惜。既然已经学会了如何做个参议员，我没有理由放弃，难道不是吗？

副总统是个很高的职位，我不知道自己是否胜任。万一无法赢得好名声，我和我的家庭将会受尽各种屈辱、遭遇种种麻烦。为了不让名誉受损，我有理由不参加竞选。

哈里

直到投票大会的前几天，杜鲁门还在说："我是支持贝尔纳斯的。"这可急坏了汉尼根这帮支持他的人。为了让杜鲁门宣布参加竞选，汉尼根说："我必须采取措施了。"当他把总统的亲笔信公布于众之后，杜鲁门仍然没有改变初衷。后来，汉尼根把杜鲁门不愿意竞选的事告诉了罗斯福总统。总统说："我会处理这件事情的。"

7月19日，汉尼根在"黑石"饭店7层的套房召开内部核心会议。其实，这次会议是参议员们对杜鲁门"采取行动"的会议，因为他迟迟不肯答应参加竞选。会议正在进行的时候，罗斯福打来了电话，他说："汉尼根，那家伙同意了吗？"

汉尼根接的电话，他说："总统先生，我还没有说服这个顽固的家伙。"

"既然如此，你告诉他，如果他不参加竞选，将会造成民主党分裂。到时候我也无能为力，所有的责任将由他来承担。"没等汉尼根说话，罗斯福就把电话挂了。

罗斯福说话的声音很大，汉尼根为了防止震耳朵把话筒拿得离耳朵很远。杜鲁门就坐在他的边上，显然他听见了总统的话。否则，他不会吃惊得合不拢嘴。过了好一会，他才说："既然如此，我只好同意。可他究竟为什么不先告诉我呢？"就这样趋于总统的压力，不愿背负"分裂民主党"的罪名，杜鲁门决定参加竞选。玛格丽特在日记中写道："副总统华莱士的力量如此强大，父亲能赢吗，他能获得民主党副总统候选人的提名吗？"

贝尔纳斯以为自己已经得到了总统的许可，所以做足了充分的准备工作。他曾胸有成竹地对杜鲁门说："我一定会赢的。"当他得知杜鲁门因参加竞选而不能支持他的消息后，非常震惊。贝尔纳斯不甘心，还打电话给罗斯福总统想问问是怎么回事。然而，罗斯福没有接他的电话。贝尔纳斯觉得自己被总统出卖了，于是他放弃竞选，满脸怒容地回家了。他说他之所以这样做，是因为尊重总统先生的选择。

7月21日，民主党全国代表大会召开了长达9小时的会议。在这次会上，杜鲁门赢得了民主党总统候选人提名。提名结果出来后，罗斯福总统说他非常满意，并致电祝贺杜鲁门。竞选失利的副总统华莱士除了向杜鲁门祝贺外，还表示会全力支持他。

会议结束后，在众多警察的拥簇下，杜鲁门才和妻女挤出人群，上了自己的汽车。夫人贝西不高兴地问杜鲁门："从今以后，我们都要像这样挤来挤去地过日子吗？"杜鲁门的心情不但激动而且很复杂，他不知道如何回答妻子的话，只好一声不吭地看着车窗外的人群。后来回忆起此事时，玛格丽特说："幸亏来了许多警察，否则我们不但无法顺利离开，而且有可能会被挤伤。"

无法像过去那样无忧无虑地生活令杜鲁门夫人很烦闷，但在记者招待会上，她还是以最大的耐心去回答记者们提出的各种问题，像杜鲁门的饮食起居、穿衣戴帽等问题。

1944年8月18日，罗斯福邀请杜鲁门在白宫共进午餐。午饭后，他们还在白宫的南草坪上合影，这是他们首次合影。在吃饭的时候，他们除了商量如何进行竞选活动的事情外，基本上很少说其他事情。杜鲁门主张坐飞机参加竞选，而罗斯福却不同意。他开玩笑说："哈里，坐飞机不行，我们俩必须有一个人活着。"

在记者问起总统的身体情况时，杜鲁门说："总统的身体很好，他吃得比我还多。"虽然杜鲁门这样说，其实他十分担心总统的身体状况。因为共进午餐的时候，他发现总统说话很吃力，而且手一直在发抖，很难把糖加到咖啡里。

杜鲁门在他的出生地，密苏里州的拉默镇开始了竞选活动。集会选举这天，人们从四面八方涌到这个小镇，使原本不大的小镇显得拥挤不堪。大会的主持人说："到处都被围得水泄不通，卫生设备和其他一些设备都被破坏了。我都快疯了，生怕发生什么大事情。"人们的热情之所以这么高，是因为他们觉得非常骄傲。在密苏里州的历史上，算上杜鲁门总共才出了3位总统候选人，而之前的2人都没有成功。

在这次的竞选中，罗斯福总统遭到了共和党总统候选人杜威的猛烈攻击。杜威说："我们应该结束一个老人的政府，建立新的政府。罗斯福年老多病，他应该把国家交给更有精力的人……"和以前的选举一样，杜鲁门也遭受到了对手猛烈的攻击。对手仍然抓住潘德加斯特家族的事情大做文章，已是官场老手的杜鲁门有准备，给了对手有力的回击。因为罗斯福的身体状况不太好，所以在这次竞选中，民主党很被动。最终，在大选中获胜的还是民主党。罗斯福赢了，杜鲁门赢了，他获得了副总统的职位。全国各地的祝贺信、卡片像雪片似地飞向杜鲁门，其中大多是素不相识者寄来的。为了帮助杜鲁门回信，贝西和玛格丽特忙得焦头烂额。

1945年1月20日，是新一届总统的就职典礼日。这天，雨雪交加，寒风刺骨。因为考虑罗斯福的身体状况，所以就职典礼只花了短短15分钟就结束了。就职典礼结束后，罗斯福没有参加自助午餐就回到了白宫，留下杜鲁门夫妇和自己的夫人在那里应付场面。

杜鲁门当上副总统之后，政府给他配了汽车、司机和保镖，专门负责接送他上下班。杜鲁门仍然住在花120美元租来的公寓里，所不同的是公寓里多了他的夫人、爱女以及岳母。和以前一样，杜鲁门仍然是每天7点准时上班。这位新上任的副总统看上去非常轻闲，因为在处理重大问题时，罗斯福从不与他商量，也不让他处理。杜鲁门不想让别人说自己在窥伺总统职位，所以他从不打听总统的身体情况，不过问白宫的工作安排以及重大决策，而是把精力放在了参议院的工作上。

杜鲁门就职后的第6天，也就是1月26日，汤姆·潘德加斯特死于堪萨斯城。在得知这一消息后，杜鲁门去参加了他的葬礼。因为身份特殊，所以他的一举一动都引起了媒体的关注。有报道说："杜鲁门即使当了副总统，也不忘记老朋友，他还亲自去参加汤姆·潘德加斯特的葬礼。副总统先生对朋友的这种情谊是令人感动的……"也有报道说："堂堂副总统，居然去参加逃税罪犯的葬礼，简直不可思议……"

3月1日，罗斯福总统在参众两院联席会议上作了关于二战的一系列报告。在作报告的时候，罗斯福显得非常吃力，在翻稿子或拿茶杯的时，他的手颤抖得很厉害。此外，他还第一次提到了自己是残疾人，说坐着念稿子他会轻松很多。报告结束后，罗斯福会见了杜鲁门，并告诉他自己将尽快去佐治亚州的温泉休息。杜鲁门说："您放心去吧。"

　　一直以来，杜鲁门都很担心罗斯福的身体。其实他的担心并不是多余的，罗斯福的身体状况着实令人担忧。早在罗斯福重新获得总统提名的那天，他就旧病复发了。除了他的儿子吉米之外，没有第二个人知道这件事情。后来，吉米回忆起父亲发病的情景时说："我一直陪在父亲身边。当他突然发病的时候，我都不知道他是否还能挺得过来。因为父亲的脸色突然变得像一张白纸，非常吓人，而且他的面部表情非常痛苦。"

　　3月19日，罗斯福前往佐治亚州。4月12日，传来罗斯福逝世的消息。

　　4月12日下午，杜鲁门在参议院主持一次关于水资源利用的会议。威斯康星州一位夸夸其谈的参议员正在发言，杜鲁门却提起笔给母亲和妹妹写信。他写道：

　　　亲爱的妈妈、玛丽：

　　　　现在，我正在参议院议长席位上给你们写信。此刻正在发言的是一位夸夸其谈的参议员，他对自己所讲的问题简直可以说一窍不通。

　　　　……

　　　　你们那里的天气还好吧？最近，我这里的天气一直都很好，可今天却是雨雾迷蒙。我不希望这种天气持续很长时间，因为最近我要飞往罗德岛普罗维登斯市。到时候你们一定要在9点打开收音机，我将向全国发表纪念杰斐逊的演说。

　　　　盼常来信，就此搁笔。

　　　　祝妈妈和玛丽健康快乐！

　　　　　　　　　　　　　　　　　　　　　　爱你们的哈里

　　凡是有重要的活动或自己要发表什么演说，杜鲁门都要通知他的母亲和妹妹，所以他提笔给他们写了这封信。

　　参议院的会议结束后，杜鲁门准备去找朋友雷伯恩，和他讨论一些问题。杜鲁门刚进雷伯恩办公室，雷伯恩就说："哈里，白宫新闻秘书史蒂夫·厄尔利曾来电话找你，让你立即给他回电话。"杜鲁门拨通电话后，话筒里传来史蒂夫紧张而奇怪的声音。他说："副总统先生，请你尽可能迅速而不显眼地赶来白宫，而且必须从宾夕法尼亚大街的正门进来。"放下电话后，脸色苍白的杜鲁门自言自语地说："我的上帝，肯定出什么事了！"听了他的话，雷伯恩问道："哈里，怎么了？史蒂夫说了什么，让你紧张成这样？"杜鲁门说："让我马上去白宫。我现在就走，你不要告诉任何人。"

从雷伯恩德办公室出来后，杜鲁门就从另一条路回到自己的副总统办公室。和秘书交代了一些事情后，他就去了白宫。一路上，杜鲁门不停地吩咐司机把车开得更快些。其实，他的脑子里非常乱。后来，在给母亲的信中，他说到了自己此刻的感受。他在信上写道："我尽力不去想其他事情，就想着是去见总统的。我想他提前从温泉回来了。那天，他的老朋友去世了，我想他可能是让我过去当面吩咐我做些事情。"也许杜鲁门已经猜到发生了什么事情，否则他为什么那么着急，而且还不让告诉任何人呢？

5点25分，当杜鲁门从宾夕法尼亚大街的正门来到白宫的时候，两名招待员已经在门口等他了。当他来到在家属区中的起居室时，罗斯福夫人正在等他。罗斯福的女儿、女婿也在，每个人脸上都写满了悲哀。见到杜鲁门来了之后，罗斯福夫人走上前，轻轻地把手放在他的肩上沉痛地说："哈里，4点35分，总统在佐治亚温泉去世了。"

虽然杜鲁门早就有思想准备，但这一切来得这么快，他还是感到很突然。听了罗斯福夫人的话之后，杜鲁门惊讶得一句话也说不出来了。良久，他才开口说道："夫人，我可以帮您什么忙吗？"

罗斯福夫人缓缓地说："哈里，现在有困难的是你，我们可以帮你什么忙吗？"

在听了对罗斯福夫人的话后，他非常真诚地说："夫人，谢谢您！"

随后，罗斯福夫人说："哈里，我希望可以乘飞机去佐治亚温泉，但是现在我不知道再使用政府飞机是否合适。"

杜鲁门毫不犹豫地说："夫人，除了飞机之外，您还可以用政府的其他设施。为了办好总统的丧礼，我会尽一切力量帮您的。"虽然杜鲁门和罗斯福在许多问题上有分歧，但他一直很佩服罗斯福。

HARRY S TRUMAN
第三章
"意外的总统"

在法西斯即将战败，世界大战接近尾声的时候，罗斯福总统去世了；在历史的转折关头，杜鲁门继任总统。有人说，他是个"意外总统"；有人说，杜鲁门不是政客，是一个高尚的人，他一定会把工作做得更好。面对外界各种不同的声音，杜鲁门用实际行动证明了他是一个怎样的总统。

1 继任总统
HARRY S TRUMAN

　　家不可一日无主，国不可一日无君。罗斯福总统因病去世之后，美国国务卿斯退丁纽斯等人一致同意立即召开会议，并尽快举行新总统的就职仪式。晚上 7 点整，国会领导人都到齐了。此外，杜鲁门还派人接来了夫人和女儿。

　　宣誓之前，白宫中出现了一阵小小的忙乱，因为工作人员还没有找到就职宣誓所必需的《圣经》。最后，他们不得不用一本廉价的、沾满灰尘的《圣经》来对付。尽管已经涮掉了灰尘，但是痕迹依然清晰可见。其实，杜鲁门的办公室里有一本，那是祖父留下的，他很想用这一本。后来，他在给母亲的信上写道："早知道他们没有《圣经》的话，我就会把祖父留下的那本带来。"

　　4 月 12 日 7 点零 9 分，最高法院首席法官哈兰·斯通为新总统主持了就职仪式。杜鲁门左手拿起《圣经》，站在自己崇拜的英雄威尔逊的画像下开始宣誓。他举起右手，跟着首席法官宣读誓词：

　　"我，哈里·S.杜鲁门庄严地宣誓，我将竭尽全力恪守、维护和捍卫美国宪法，忠诚地履行美国总统的职责。愿上帝保佑我！"

　　短短几分钟，庄严的宣誓仪式就结束了。仪式结束后，众人都默默地与新总统握手。摄影师还为杜鲁门拍摄了一些正式照片。为此，还耽误了不少时间。虽然杜鲁门知道这是必不可少的程序，但他仍然感到非常厌烦。

　　送走妻子和女儿后，杜鲁门请国会领导人留下来召开了会议。在会上，杜鲁门说："我打算继续实行罗斯福总统的纲领，希望各位全体留任。我很欢迎你们提出与我不同的意见，但最后的决定权在我，一旦决定作出，我希望能得到各位的大力支持。"

　　会议期间，秘书史蒂夫进来请示说："报界想知道，是否按原定计划召开有关联合国的旧金山会议。"

　　杜鲁门肯定地回答说："对，按原计划于 4 月 25 日举行。"

会议结束后，杜鲁门回到家已经快10点了。岳母、夫人和女儿都不在家，他们在邻居家和他们告别。邻居惋惜地说："天啊，这么可爱、善良的一家人就要搬走了。"

通过无线电波，罗斯福去世的消息传遍了全世界。在德国，纳粹宣传部长约瑟夫·戈培尔欣喜若狂，他亲自给希特勒打电话说："我的元首，罗斯福死了，祝贺你！我们的命运就要逆转了。"接到约瑟夫·戈培尔的电话后，希特勒兴奋地说："奇迹出现了，我们不会失败的！"在莫斯科，苏联外交部长莫洛托夫于凌晨3点到美国大使馆吊唁。他紧紧握着美国大使哈里曼的手说："罗斯福总统为反法西斯战争作出了巨大贡献，他是反法西斯的英雄。至于杜鲁门总统，我国政府信任他，因为他是罗斯福总统亲自挑选的接班人。"哈里曼被莫洛托夫的真诚所感动，他在发回华盛顿的电报上说："我从来没有听过莫洛托夫说过如此恳切的话。"

德高望重的罗斯福总统去世，仅仅当了82天的副总统杜鲁门登上了总统的宝座。对大多数美国人来说，这像大规模的地震一样，带来了巨大的冲击。

在杜鲁门就职的那个晚上，海军上将艾伦·柯克夫妇还议论着新上任的总统。柯克说："人不可貌相，虽然杜鲁门个子小，但他本事却大着呢。"而柯克夫人却不屑一顾地说："我的上帝，杜鲁门成了总统。他都能当总统，那我们邻居卖萝卜的也能当。一想到由一个杂货商接替罗斯福总统，就觉得心里不痛快。"

在欧洲比利时的战场上，士兵们议论纷纷。一位年纪稍大的士兵说："罗斯福总统去世了，现在的总统是杜鲁门参议员！"另一位年轻的士兵说，新总统是华莱士。在他们争论不休的时候，一位军官沿着队列快步走过来说："伙计们，告诉大家一个不好的消息，罗斯福总统逝世了。"

"什么？罗斯福总统？罗斯福总统他死了？"听了军官的话，吃惊的士兵们异口同声地问道。

那位军官继续说："是的，我想事情发生得如此突然，可能是中风。"

士兵继续追问道："现在，谁是总统？"

那位军官不耐烦地回答道："副总统杜鲁门继任总统啊。这都不知道吗？你们希望是谁？"

军官走后，士兵们又继续着自己的议论。有人说："杜鲁门很不错，他诚实爱国、胆气十足，他一定能胜任，而且他一定会和罗斯福一样是个好总统。"

另一个声音反驳道："一派胡言，就那小矮人，他怎么能和罗斯福总统相提并论？"

又一个声音响起："蠢货，你懂什么，谁说杜鲁门不行。你这……"

在德国马尔堡的一间屋子里，艾森豪威尔、布莱德雷和巴顿这三位美国将军几乎一夜未睡，一直在谈论罗斯福、杜鲁门。布莱德雷说："我觉得杜鲁门没有做总统的资格。"

巴顿则更尖刻，他说："让杜鲁门这样人去当总统，这是非常不幸的事情。"

艾森豪威尔看上去非常沮丧，毫无疑问，他和布莱德雷、巴顿的观点是一样的。其实，对这些军人来说，重要的不是杜鲁门是否有资格当总统，而是他们根本不知道杜鲁门是谁。

当参议员的时候，杜鲁门有能力和信心改变人们的看法。这次他面临的是罗斯福的巨大影响和威望，是领导美国同盟国一起结束世界大战的历史使命。他能否担起领导整个国家和军队的重任，这的确会让有些人产生怀疑。但了解杜鲁门的人都对他有信心，因为他们目睹了他的机智、胆略、履行职责的精神以及处理事情的能力。在接受记者采访时，杜鲁门的母亲说："罗斯福总统去世了，这让我感到非常难过。虽然我的儿子哈里当上了总统，但是我并不高兴。如果他是靠竞选获胜，并入主白宫的话，我会为他呐喊助威。尽管如此，但是我对哈里有信心，他一定会处理好白宫的所有事务。"

母亲如此回答记者，令杜鲁门感到非常高兴、自豪。他说："母亲的话非常珍贵，即使最好的顾问事先准备好的答案也不会比她讲得更好。"

毋庸置疑，杜鲁门的朋友是信任他的，像吉米·潘德加斯特、埃迪·麦金、特德·马克斯等人从来没有怀疑过他。吉米还特意发了一封电报说："哈里，好好干，你一定能胜任。"他的另一位朋友还对记者说，希望人们像他一样了解、信任杜鲁门。在杜鲁门家乡的《考察家》报上，有一篇关于杜鲁门成为总统的报道。其中，有一句这样的话：如今，我们的国家不是掌握在一个政客手上，而是掌握在一个高尚的人手中。就连一直支持华莱士的《民族》周刊的记者埃文·斯通也很直率地说："尽管我不愿意承认，但我不得不说罗斯福总统没有挑选华莱士，而是挑选杜鲁门作为其继任人是有远见的明智之举。值此关键时刻，杜鲁门能把工作做得更好。"

有记者问陆军部副部长约翰·J.麦克洛伊："部长先生，您对杜鲁门当总统有何感想？"约翰回答说："我敢向你们保证，上帝赐给了我们一位稳健干练的总统，因为我了解他。"

助理国务卿迪安·艾奇逊给在海军服役的儿子写信说："杜鲁门坦诚、率直、果断、朴实，我觉得他成为总统是件不错的事情。由于经验不足，他在判断力和才智方面还有一定的局限性，但是他学得很快。"

杜鲁门开始履行他的职责了，他的性格和工作作风与罗斯福总统截然不同。4月13日，杜鲁门任总统后的第一天，他仍和往常一样6点左右就起床，吃完早餐就去白宫上班。当他刚从公寓走出来的时候，美联社记者瓦卡罗就已经等在他家门外了。他对杜鲁门说："总统先生，为了在您开始工作之前看您一眼，所以我才在这里等的。"杜鲁门说："如果你想搭车的话，就请便吧。"在驶往白宫的路上，杜鲁门对瓦卡罗说："历史上几乎没有人能与罗斯福总统相比，所以我祈求上帝使我胜任这份工作。"

当杜鲁门和瓦卡罗达到白宫的时候，一群记者早等候在那里了。杜鲁门对记者说："诸位，请你们为我祈祷吧。这一切就像所有星球压在我的肩上一样，相信你们能理解一大捆东西压在肩上的滋味。"

4月13日中午，杜鲁门说："我想和朋友们聊天。"于是，在车队、军警和特工的护送下，杜鲁门驱车前往国会大厦，并和13位参议员、4位众议员共进午餐。席间，杜鲁门说："这是私人性质的，请大家畅所欲言，不要拘束。"杜鲁门之所以一反传统规定来国会和议员们进餐，仅仅是为了和朋友们聊天吗？有人说："这只不过是新总统做的一个姿态罢了。"其实不然，为了争取各方面的合作，依靠和团结周围的人，杜鲁门必须同国会搞好关系。共和党领袖阿瑟·范登堡是这样评论这次午餐的："这件事情，杜鲁门做得既明智又漂亮。"

在正常情况下就职的话，选举结束后，会在2个月以后就职。每一位选上的总统都可以利用这两个月来充分准备，适应新环境。然而，直接继任总统的杜鲁门没有这个过渡期。所以他一直感到十分不自然。4月13日下午，他在签发第一个官方文件的时候就觉得十分不自然。他觉得自己还是哈里·S. 杜鲁门，还无法适应在文件上签上"美国总统哈里·S. 杜鲁门"这样的署名。几个月后，他在给罗斯福夫人的信上这样写道："我仍然无法把自己看作总统，我觉得罗斯福还是总统。在我心中，他就是唯一的总统。"除了杜鲁门自己之外，像罗斯福的秘书格丽丝·塔利、财政部长亨利·摩根索等人也好像没有当他是总统。格丽丝对朋友说，她根本没有办法称呼杜鲁门为总统。

为了测试杜鲁门，奉命来白宫的财政部长亨利·摩根索打算先问他几个问题，可还没等他开口，杜鲁门就客气而果断地说："我不想耽误你的时间，就直接说重点吧。我希望你尽快送一份国家财政情况的综合报告给我。"

听了杜鲁门的话之后，摩根索才突然觉得自己是在接受考问，而不是他在问杜鲁门问题。事后，摩根索对朋友说："他是位政客，难怪如此果断。"

一天早晨，杜鲁门打电话给复兴金融公司的负责人杰西·琼斯说："约翰·斯奈德将出任联邦公债局局长，这是总统的任命。"

听了杜鲁门的话之后，琼斯问道："这是总统去世前作出的决定吗？"

杜鲁门厉声说道："不是，是刚才决定的。"

当上总统是十分荣耀的事情，但当总统也有不利的方面，会失去一些自由。继任总统后，杜鲁门深有感触。他说："当上总统除了给我自己的生活带来不便之外，也影响了我的家人和亲戚朋友的生活。女儿玛格丽特上学的时候，不管走到哪里，都会有一群记者紧随其后，常常弄得她不知所措。可怜的女儿敢怒而不敢言，因为她知道如果惹恼了记者，他们会让她出尽洋相，十分难堪。"

凡事杜鲁门都有亲历亲为的习惯，当上总统之后还是如此。可是，后来他不得不放弃了。一次他去银行，刚走了一半就造成了严重的交通堵塞，因为一大群人团团围住了他，里面还有很多老人和孩子。后来，在警察的帮助下，他才得以脱身。此后，他再没自己去过银行。

虽然住的地方到白宫也就100多米的路，可每天上下班也会令杜鲁门忧心。因为他发现只要他走到路口的时候，四面八方都会亮红灯。当他得知是特工和警察的特意安排时，他坚持说："不要为我搞特殊，我不想因为我引起交通堵塞。以后，我和其他人一样过马路。"杜鲁门原本以为这样就可以解决因他引起的交通堵塞，可是他错了。每当绿灯亮起的时候，他总被一大群人围住，还是引起了严重的交通堵塞。后来，杜鲁门不得不放弃普通人的生活，每天上下班都由特工人员带着绕路走。

不得已，杜鲁门不得不放弃一些普通人的生活习惯，但有些习惯他却一直坚持。在农庄的时候，杜鲁门养成了清晨散步的习惯。当了总统之后，他依然坚持每天清晨早起散步。起初，记者觉得杜鲁门的这种做法很可笑，说他是在装模作样。有记者对杜鲁门说："总统先生，我很想拍您散步的照片，不知是否可以？"

杜鲁门回答说："除非你和我一起走完全程，否则不可以拍一张照片。"

有个记者连续坚持了20多天，终于放弃了。他说："这的确是总统的习惯，他这样做并没有任何目的。每天早晨，总统从6点多开始散步，通常要走将近4公里，他称之为'真正的散步'。"其实，白宫记者大多没有早起的习惯，能坚持20多天的记者并不多。刚开始的时候，记者觉得新鲜，总有一些人跟着走。后来，就再也没人愿意与总统同甘共苦了。

4月16日下午，杜鲁门向国会两院发表了演说。众议院会议厅里座无虚席，连旁听席也坐满了人。当杜鲁门进来的时候，大厅里响起了经久不息的掌声。从掌声里，杜鲁门体会到了人们对总统职位的尊重。虽然经历了很多事情，但是第一次以总统的身份发表演说，杜鲁门难免有些紧张。为了缓解自己紧张的心情，他向四周扫视了一眼，还特意多看了妻子和女儿一眼。在他准备开始演讲的时候，议长雷伯恩低声说："哈里，请稍等，让我先向大家介绍你。"因为麦克风已经打开，所以大家都听到了雷伯恩直呼总统的名字。上午雷伯恩还对杜鲁门说以后必须改口，不能再叫他"哈里"了，可到了下午他就忘记了。也许是因为紧张，杜鲁门不仅忽视了刚才那个介绍他自己的环节，而且对于雷伯恩如何称呼自己也没有注意到。

1点零2分，演说开始了。杜鲁门说：

> 我向大家保证，一定继续奉行前总统的政策。我也要向美国同胞和全世界所有爱好和平、自由的人民保证，我将竭尽全力支持和捍卫和平与自由。对我来说，这是责无旁贷的。因为一个大国的责任不是统治世界，而是为世界服务。
>
> ……
>
> 为了和平，我十分谦卑地号召所有美国人帮助我维护国家的

团结和完整。我将为改善普通人的命运，实现真正的和平而努力奋斗。为了彻底粉碎希特勒统治世界的威胁，各国士兵正在浴血奋战……我要让全世界都知道我们一定会取得最后的胜利，而且没有什么能阻挡我们的胜利。我们只有一个要求，那就是让他们无条件投降。过去是，现在仍然是。

……

孤立主义已经成为过去，所以成立一个强大的、持久的'联合国组织'是非常有必要的。

……

我们大家都在祈求早日取胜，此刻我衷心祈祷：求主赐给我一颗睿智的心，让我能明察秋毫、判断是非，忠诚地为我的人民和上帝服务。

杜鲁门的演说持续了 15 分钟，议员们被他的真诚所感动，先后 17 次用掌声打断了他的演说。从人们的掌声中，杜鲁门感到了赞许、满意。

听了杜鲁门的演讲之后，他 90 多岁的老母亲逢人便说："我真为儿子的这次演说感到自豪，我相信他能行。同时，我也相信，所有听了他演说的人都会相信他的真诚和办事能力。"他的女儿玛格丽特说："的确，这是一次非常成功的演说。"有一位印第安纳州的蔡女士来信说："我已经听烦了东部人的口音……你的谦逊、热诚不仅赢得了我的心，而且赢得了所有美国人的心。"

在演说播出过程中，一位正在接生的医生还停下手中的工作和新生儿握手。他说："小家伙，祝贺你在如此吉祥的时刻来到人世。"在给杜鲁门的信中，这位医生称他是共和党人，说在他们那里所有的人都支持杜鲁门。

晚上，回到家里之后，杜鲁门立即给母亲写了一封信。他在信上写道：

亲爱的妈妈：

我是在与白宫一墙之隔的"总统宾馆"给您写信。今天下午我们搬进了这座房子，我们将在这里住到罗斯福一家有时间搬出白宫为止。本来我们不打算搬到这里来，想等罗斯福夫人搬走之后直接搬进白宫。但现在每天都有 20 多人跟着我走动，进出公寓不方便，所以我们只好先搬了出来。

......

对我而言，今天的演说是最大的考验。热烈的掌声表明，演说似乎还算成功。看来，我之前的努力没有白费。说实话，几天前，总统去世的消息还曾令我不知所措。但从今天人们的反应来看，我似乎看到了希望。

......

现在，我才意识到并不是所有的副总统都具备当总统的条件，选举副总统是选一位总统候选人，而不是选一位总统的从属。所以在当副总统的时候，就应该为当总统作好准备，即便不能当总统也应该如此。

......

请不用担心我，一切都会慢慢好起来的。为我祈祷吧，亲爱的母亲。

祝您幸福安康！

爱您的儿子　哈里

4月17日上午10点半，杜鲁门在白宫举行了第一次记者招待会。记者们非常兴奋，因为他们终于有机会正式向总统提问了。在记者提问之前，杜鲁门宣读了他制定的战时规则，和罗斯福所制定的基本上是一样的。他说："必须严守机密，任何人都不允许外泄所有不准记录的讲话，背景材料也是如此；不许说讲话的内容是总统提供的，除非得到特许，否则任何人都不可以直接引用总统的话。"此外，他还对记者说："由于要处理的事情非常多，所以我决定减少白宫记者招待会的次数，大概每周举行一次。"

杜鲁门宣读完规则之后，记者立即提出了各种各样的问题。有记者问到："总统先生，请问您有没有打算与斯大林、丘吉尔会晤？"

杜鲁门很干脆地回答说："暂时还没有。"

"总统先生，您会亲自去参加旧金山的会议吗？"一个大眼睛的记者问道。

杜鲁门说："不去。"

也许杜鲁门的回答太简单了，无法令记者满意，所以这位记者接着问道："既然您不去参加旧金山的会议，那您想在莫洛托夫前往旧金山前与他见面吗？"

杜鲁门毫不犹豫地说："是的。为了表示对美国元首的尊重，莫洛托夫会在华盛顿停留，所以我们会见面。"

一位高个子的记者问道："总统先生，田纳西流域管理局局长戴维·利连撒尔的任期将满，您将如何安排他？"

杜鲁门说："我暂时还没有考虑任命的事。"

此外，记者还问了关于种族、美苏关系等问题。与经验丰富、爱绕圈子的罗斯福相比，杜鲁门的回答简单得多。不想回答的问题，他会果断地给予拒绝；想回答的问题，他则非常明确地给予回答，从不绕弯子。海军上将李海亲眼目睹过罗斯福的记者招待会，当他看到对杜鲁门总统"直截了当"地回答记者的提问时非常高兴，因为这位70多岁的老水手说话也是直来直去。

记者招待会结束后，杜鲁门赢得了记者们热烈的掌声。对记者来说，杜鲁门干脆果断、直来直去的性格令他们非常惊喜。新闻助手埃本·艾尔斯说："新总统没有回避记者向他提出的任何质疑，总是直截了当地回答他们的提问，给人留下了非常好的印象。"

5天过去了，杜鲁门觉得自己像过了5个世纪一样。在回忆录中，他详细描述了这5天来的感受。这几天里，杜鲁门除了处理琐事之外，还更换了内阁阁员。为了强化内阁，维持与国会的关系，杜鲁门选择的国务卿贝尔纳、农业部长安德森等人都是国会议员。

2 肩负重任
HARRY S TRUMAN

杜鲁门继任总统的时候，全世界都处在历史的转折关头。法西斯即将战败，世界大战已接近尾声。如何结束在欧洲及太平洋的战争，如何确立战后美国的地位，如何处理与盟国之间的关系都成了亟待解决的问题。迫在眉睫的问题就是接待苏联外交部长莫洛托夫的来访，即将召开的旧金山会议。虽然杜鲁门当了 82 天的副总统，但这些重要的事情他一点都不了解。他甚至没进过白宫那间秘密地图室；不知道美国在研制原子弹；没接触过一个苏联人，更不知道罗斯福与丘吉尔、斯大林的会晤情况。为了全面掌握情况，便于开展工作，杜鲁门不得不一切从零开始。为了弥补不足，填补空缺，他如饥似渴地阅读着各种文件和资料。白天没有时间阅读，晚上他就在家里看，如果不完全理解其中的内容他就不会睡觉。杜鲁门说："这对处理问题是有很大帮助的。"

在白宫底层，有一个罗斯福设计的秘密地图室。那里挂着很大的世界地图、欧洲地图以及亚洲地图，而且地图上还标明了军事力量的分布情况。白宫官员中只有少数人可以进出这间地图室，杜鲁门也是当了副总统之后才知道有个地图室的，但他从未进去过。

一天下午，在海军上将李海的陪同下，杜鲁门走进了秘密地图室。这里的通讯设施非常完善，各种情报不分昼夜地从各地汇集到这里，让决策者随时都能掌握最新的军事情报。此外，在这里还可以同各盟军首脑直接通话。为了研究、分析背景材料，杜鲁门在那里呆了很长时间。他原本对重大事情知之甚少，可是从地图室出来之后，他对总的军事战略和世界形势就有了初步了解。李海说："杜鲁门熟知全球军事历史、地理知识的程度令我非常惊讶，但最令我吃惊的是他接受新知识的速度。"

据报道，美国军队已经推进到柏林，仅与苏联红军相距 75 英里。很快，柏林战役就要进入最激烈的阶段了。在太平洋，美国步兵已在保和岛登陆，这是菲律宾中部最后一个控制在敌军手中的据点。在一次大规模的空袭中，美军在东京上空轰炸了 2 个多小时。迄今为止，美国死、伤、失踪、被俘者高达 899 390 人。胜利的代价越来越大，尤其是在太平洋战场。在这场可怕战争的最关键时刻，罗斯福倒下了，杜鲁门成了全权为战争负责的人。

随着战争的发展，各国之间的矛盾越来越多。美苏之间的关系正在急剧恶化，苏联甚至拒绝派外交部长参加旧金山会议。自雅尔塔会议以来，苏联政府几乎在每一个重大问题上都采取毫不妥协的强硬态度。现在，苏联竟不顾美国的感受，公然派兵占领了波兰，这令美国政府很不满意。尽管如此，杜鲁门不想使美苏关系恶化。因为他很清楚，一旦战争结束，在处理重大问题的时候必须依靠苏联的合作。为了处理好美苏之间的关系，

HARRY S TRUMAN

哈里·S. 杜鲁门在研究战争的相关资料

杜鲁门除阅读和分析大量的资料外，他还虚心地向哈里曼、波伦、凯南等有名的苏联问题专家请教。

得知罗斯福去世的消息之后，驻苏联大使哈里曼非常忧心，急切盼望回国帮助新总统杜鲁门。多少年来，他一直为罗斯福总统效力，现在杜鲁门很可能需要帮助。虽然哈里曼不了解杜鲁门，但他知道杜鲁门是国际问题方面的新手，缺乏经验。最重要的是，他很可能对如何处理大国间的关系，对苏联发生的一切一无所知。

虽然哈里曼回国的要求一次次遭到国务卿的拒绝，但经过不断努力，他不仅顺利回到美国，而且还说服了斯大林派苏联外交部长莫洛托夫参加旧金山会议。

为了让杜鲁门总统尽快了解情况，哈里曼赶在了莫洛托夫抵达美国之前回国了。回国之后，哈里曼立即向杜鲁门作了一个关于苏联问题的报告。他说："苏联人有两个政策，一方面，他们力求扩展对东欧邻国的控制权；另一方面，他们希望继续与英美合作。若美国软弱，苏联就会达到这两个目的。自雅尔塔会议后，苏联的态度已经恶化，欧洲面临着危险。但我个人认为，美苏之间仍有合作的可能，苏联不会冒险和我国决裂，因为战争结束后他们还需要我们提供经济援助。尽管如此，但我们不能抱有任何幻想，而且在重要问题上，我们要坚持自己的立场。"

　　听了哈里曼的报告后，杜鲁门说："我不怕苏联人，我准备采取强硬态度。不管怎么说，我们对苏联人的需要远比他们对我们的需要少得多。在考虑问题的时候，苏联政府只从自己的利益出发。他们若一味地坚持违背雅尔塔协议，不听取我国的意见，在波兰建立傀儡政府的话只会让问题复杂化。我会直接向莫洛托夫挑明，波兰问题一定要按雅尔塔方针解决。"听到杜鲁门说出这样的话，哈里曼放心多了，因为杜鲁门并不是像他想象中的那样不了解国际局势。于是，他对杜鲁门说："总统先生，得知我们对形势的看法完全一致，我放心多了。说实话，我匆匆忙忙赶回华盛顿，就是怕您没有时间读我最近发来的电报，不了解相关情况。"

　　听了哈里曼的话后，杜鲁门说："非常感谢你的帮助，以后继续给我发电报吧。"

　　见总统这样说，哈里曼受宠若惊，他立即回答说："请总统放心，我会和以前一样努力的。"

　　4月22日，莫洛托夫抵达华盛顿，住在"总统宾馆"。和莫洛托夫共进晚餐之后，杜鲁门和他进行了短暂的会晤。杜鲁门对莫洛托夫说："在战争中，斯大林元帅和苏联人民作出的贡献非常令

斯大林元帅像。杜鲁门总统对斯大林元帅的评价非常高。

人敬佩。我会继续执行罗斯福总统订立的一切协议，希望美苏两国能继续保持罗斯福总统建立的友好关系。"

莫洛托夫说："我代表斯大林元帅真诚地向您祝贺。"

这次的会晤只是礼节性的，所以两人非常友好，谈得很愉快。

4月23日下午，杜鲁门在总统办公室召开了一个重要会议。与会人员除了杜鲁门自己外，其他的人都是罗斯福的原班人马。在会上，斯退丁纽斯、史汀生、哈里曼、马歇尔等人就苏联问题发表了自己的看法。

斯退丁纽斯说："苏联会坚持在波兰建立傀儡政府，他们根本不会把我国放在眼里。"

杜鲁门说："如果苏联没有诚意的话，就让他们去见鬼吧。"

史汀生忧心忡忡地说："问题到了如此严重的地步，的确很不幸。但我们没有必要太急，还是要谨慎行事。如果与苏联决裂，很可能会影响对日作战计划。"

马歇尔说："对于史汀生的观点，我深表赞同。我也担心，我们会因此而在战争中付出惨重的代价。若苏联一味地拖延，迟迟不肯参加对日作战，我们就得把吃力不讨好的事情全部干完。"

哈里曼说："真正的问题是，美国是否是苏联统治波兰计划的参与者。"

李海说："根据在雅尔塔的经验，我确信苏联不会允许在波兰举行自由选举。若因波兰问题与苏联闹翻的话，后果将不堪设想。"

听了大家的意见之后，杜鲁门郑重地说："我会按照多数人的意见去办的。"

后来，史汀生在日记中写道："我非常同情总统，因为他是刚上任的新手，竟然遇到这样棘手的问题。我认为这些情况原本不该出现，因为雅尔塔会议并没有从苏联很强大这一严峻的现实出发……"

23日下午5点半，莫洛托夫到白宫回访杜鲁门。陪他一同前来的有翻译官帕维洛夫和苏联驻美国大使安德烈·葛罗米柯。这次没有了客套，杜鲁门直截了当地说："苏联违反了雅尔塔协定中有关改组波兰政府的规定。今天，我希望在波兰问题上能达成共识。否则，将严重影响苏联同美、英两国的关系，今后可能无法顺利合作。此外，战争结束后，苏联不会得到美国的经济援助。因为在很大程度上，美国的外交政策取决于公众的支持，战后美国的经济援助计划需要国会投票表决。若波兰政府不搞自由选举的话，它将不会得到美国承认，国会当然无法通过援助苏联的计划。"

听了杜鲁门的话之后，莫洛托夫说："盟国合作的唯一基础是美英苏三国政府平等相待，而不是波兰问题。况且波兰一直在与苏联红军作对，其反苏势力将威胁到我们的安全，这势必会影响到盟国的利益。"

"我对宣传一点也不感兴趣。既然在波兰问题上已经达成了协议，苏联政府就应该履行协议。"杜鲁门毫不留情地打断了莫洛托夫的话。

莫洛托夫脸色惨白，试图转移话题。还没有等他开口，杜鲁门就接着说："其实，我很愿意和苏联保持友好关系，可波兰是个伤感情的问题。美国准备履行在雅尔塔达成的所有协议，我非常希望苏联政府也这样做。请你转告斯大林元帅，我对苏联政府不能履行雅尔塔协议而感到忧虑。"

莫洛托夫气愤地说："还从来没有人对我这样说话。"

杜鲁门不紧不慢地说："履行协议就没人对你这样说话了。"

"莫洛托夫先生，就这样吧。如果你向斯大林元帅传达我的意思的话，我将不胜感激。"没等莫洛托夫开口，杜鲁门就接着说道。

会晤就这样不欢而散，莫洛托夫转身离开了杜鲁门的办公室。

整个谈话期间，波伦一直在旁边。他说："听了杜鲁门总统如此强硬的话之后，我高兴得想大声为他呐喊。战争期间，美国总统对苏联高级官员说出如此尖锐的话还是第一次。在同样的情况下，罗斯福总统也会说这样的话，只是他会更圆滑些。"

在得知杜鲁门和莫洛托夫会晤的情况之后，有人为杜鲁门的强硬态度拍手叫好，但也有人担心。参议员范登堡说："罗斯福对苏联的绥靖政策终于结束了，这是几个月以来最好的消息。"哈里曼说："总统如此有力地抨击莫洛托夫，我都有些吃惊……遗憾的是杜鲁门说得太狠了，这也许是个错误。"

虽然杜鲁门不想和苏联彻底闹翻，但他的做法已使美苏两国关系严重恶化。这引起了不少人的议论，其中有指责，也有赞同。有人说："苏联是伟大的盟国，他们还在为战胜法西斯而努力，杜鲁门总统怎能如此强硬呢？"也有人说："如果不强硬，任凭苏联人耀武扬威的话，他们更不会把我们放在眼里。"

本来苏联问题就已经令杜鲁门很头疼了，如今人们众说纷纭，他都有些不知所措，不知道该听信哪一派的观点。忧心忡忡的杜鲁门想找个人诉说自己的苦衷，他的老朋友戴维斯也为美苏关系的现状深感焦虑，想和他谈谈。于是，他俩约好了共进晚餐。

戴维斯是温和派的主要代表，是 20 世纪 30 年代的驻苏大使。他一边喝酒一边对杜鲁门说："我发现如果我们采取友好态度，苏联人也会如此。而我们采取强硬的做法，他们则会迅速反应，而且会比我们更厉害。"

杜鲁门回应道："是啊。这个问题很棘手，而我又是最不适合处理这件事情的人。要不是国务院主张对苏采取强硬态度，要不是该死的新闻界歪曲事实也不会有今天的局面。"

在和朋友的谈话中，杜鲁门把自己的责任推得干干净净。此外，他还对罗斯福的女儿说了意思差不多的话。他说："虽然我不应该对苏联采取强硬政策，但我不得不这么做。因为顾问们迫使我这样做。"

1945 年 4 月 25 日，联合国成立大会在旧金山如期举行。2 个月后，杜鲁门飞往旧金山参加会议闭幕式。在闭幕式上，杜鲁门发表了热情的、充满希望的演说：

在联合国成立大会的闭幕式上，杜鲁门发表了热情的、充满希望的演说。

你们刚签的联合国宪章是一个坚实的基础，在此基础上我们可以建立一个更美好的世界。

……

如果几年前我们就有了这个宪章，特别是有实行这个宪章的决心，那就不会有这么多人在这场战争中牺牲，他们今天将仍活在世上。如果将来我们不坚决实施这个宪章，将会面临战争的威胁，会有千百万还活着的人死亡……有了这个宪章，世界就有望进入一个崭新的时代。

……

因为这个宪章，你们实现了 30 年前那位伟大的政治家伍德罗·威尔逊的理想；也是因为这个宪章，你们走向一个目标，即第二次世界大战中伟大领袖罗斯福为之奋斗，并献出宝贵生命的目标……我们千万不能错过机会，一定要在上帝的领导下创造持久的和平。

几天后，美国参议院顺利通过了《联合国宪章》。为此，杜鲁门特意给新闻界发了感激参议院的声明，说它促进了世界和平。

杜鲁门十分重视建立新国际组织，他希望在他的领导下建立这一举世瞩目的机构。为此，在大会召开前，他作了充分的准备工作，仔细阅读了大量有关国际联盟的材料。在美国代表团前往旧金山之前，杜鲁门对国务卿说："所有的问题都一定要和参议员范登堡、康纳利商量，争取他们的同意。一旦和他们发生分歧，就立即给我打电话，我会和他们商量。记得随时和我联系，每天会议结束时一定要向我汇报。"此外，杜鲁门还召开了代表团会议，他语重心长地对代表们说："为了防止另一次世界大战，我们应当努力建立一个机构，而且这个机构的宪章必须是美国参议院可以接受的。"

随着时间的推移，第二次世界大战在欧洲已接近尾声。5 月 7 日凌晨 2 点 40 分，德军在艾森豪威尔将军的指挥所签署了投降书。至此，德军向盟军无条件投降。在宣布德军投降的时候，又发生了令杜鲁门不愉快的事情。德军投降后，丘吉尔一再催促杜鲁门立即宣布这一消息。但杜鲁门不想失信于苏联人，因为德国投降后，他和斯大林已经商定好在 5 月 8 日上

HARRY S TRUMAN

午9点发布德国投降的消息。虽然杜鲁门打算遵守承诺，但斯大林却以苏联方面的战斗尚未平息为由让杜鲁门推迟一日发布消息。最后，杜鲁门没有接受任何人的要求，他在8日上午9点发布了胜利的消息。在给母亲的信上，杜鲁门说："与丘吉尔、斯大林的纠葛令人恼火，可不得不和他们友好相处，因为取得世界和平还需要他们的支持。"

在德军投降的这天，杜鲁门一家搬进了白宫。一想到要在自己生日的时候向全国人民宣布欧洲战争胜利的消息，他就兴奋得无法入眠。他在给母亲和妹妹的信上写道："我收到了一件最有意义的生日礼物。明天，我要向全国宣布德国已经投降的消息。"

第二次世界大战中的英国首相丘吉尔

8日上午9点整，广播里传来了杜鲁门清晰而低沉的声音："这是庄严而光荣的时刻，我是多么希望罗斯福总统能看到这一天啊，我相信他能够感应得到。虽然德军已向盟军投降了，自由的旗帜已在欧洲上空飘扬，但我们还需继续努力，因为战争还没有全面结束，真正的胜利还没有到来……"

在另一项声明中，杜鲁门说："我呼吁日本尽快投降，否则受苦的将是日本人民。我们会不断增加攻击力度和轰炸频率，直到日本投降。"

8日晚上，为了给杜鲁门庆祝生日，白宫的厨师长伊丽莎白·穆尔特意为他做了一个蛋糕。晚餐过后，杜鲁门还亲自去厨房向她道谢。伊丽莎白说："我觉得总统并没有把我当服侍他的人看，而是将我当做一个人，一个与他平等的人。"

欧洲战争结束后，如何进行太平洋战争，如何处理战后德国等一系列的问题都摆在了杜鲁门的眼前。杜鲁门知道要解决这些问题必须依靠英国和苏联的支持，所以他非常希望能与丘吉尔和斯大林这两位盟国领袖会晤，商讨解决办法。美国一直都与这两个盟国友好相处，可前不久杜鲁门的强硬态度令美苏关系出现了裂痕。虽然杜鲁门相信苏联是希望和美国保持友好关系的，但现在他不得不想办法弥补之前的过失。

为了和苏联重修旧好，杜鲁门特意派哈里·霍普金斯前往莫斯科与斯大林会晤。因为哈里·霍普金斯是位资格很老的外交家，曾参加过罗斯福与盟国首脑举行的许多重要会谈。此外，他还是罗斯福总统的心腹，是维系美苏关系的纽带，派他去能让斯大林看出美国的诚意，看出美国继续执行罗斯福政策的决心。虽然哈里·霍普金斯身患重疾，但形势紧迫，杜鲁门除了派他之外别无选择。

在哈里·霍普金斯的努力下，斯大林说："不论何时何地，我都非常愿意和杜鲁门会面。"最后，美英苏三国首脑达成协议，一致同意在柏林郊区的波茨坦会晤。在给母亲的信上，杜鲁门还提到了三国首脑会晤的事情。他说："妈妈，我将去和斯大林、丘吉尔会面。出访是件很烦人的事，我不得不带上黑色大外套、燕尾服以及各种各样的帽子。此外，我还必须带上所有的资料，像建议我该怎么决策的文件、以前的会议记录等等。真希望我不用跑这一趟，我痛恨这次旅行！"

在前往柏林之前，发生了一件令杜鲁门很不愉快的事情。财政部部长亨利·摩根索希望能随杜鲁门一同前往柏林，可当他发现自己不在随行人员之列时非常沮丧。他对杜鲁门说："波茨坦之行我非去不可，否则，我就只好辞职。"

听了这样的话，杜鲁门说："既然如此，我只好接受。"

当天，杜鲁门就公布了亨利·摩根索辞职的事情，并提名弗雷德·文森接替他的职务。弗雷德·文森是个财政专家，在众议院工作了14年，他勤奋、谨慎，杜鲁门非常欣赏他。在日记中，杜鲁门简单地提到了这次人事变动的事情，但他并未提及波茨坦会晤。他只说："我一直无法决定是否让亨利·摩根索任职到第二次世界大战结束。"

7月7日早晨6点，在官兵们简单的欢送仪式中，总统乘坐的"奥古斯塔号"巡洋舰徐徐驶出码头。随行人员有国务卿贝尔纳斯、助理国务卿邓恩、海军上将李海、驻苏联大使哈里曼、苏联问题专家波伦记者等，一共52人。此外，一起出发的还有为总统护航的"费拉德尔菲亚"号重型巡洋舰。

这次会议要解决的问题主要有3个：第一，是东欧未来的政局，特别是波兰的政局；第二，是关于德国的分治和占领问题；第三，是让苏联承诺打败日本。其中，第三点尤为重要，可以说是杜鲁门此行的主要目的。为了这次会晤能取得成功，杜鲁门在航行中将大多数时间用来阅读文件、研究会议议程，并与随行顾问商讨各种问题。海军上将李海说，总统几乎时时都要向他们"榨取"情况和意见。此时，杜鲁门已经和刚上任的时候大不一样了。短短两个月，他就让人刮目相看，连曾经怀疑过他能力的人都成了他忠诚的拥护者。

3 波茨坦会晤
HARRY S TRUMAN

7月15日，杜鲁门一行顺利抵达柏林。会议期间，杜鲁门、丘吉尔、斯大林三巨头住在柏林近郊巴培尔斯堡的三栋别墅里。与其他地方相比，巴培尔斯堡受战火的影响较小。为了安全起见，苏联派了2万士兵日夜站岗。

7月16日中午11点，丘吉尔前来拜访杜鲁门了，这是他们第一次正式会晤。因为杜鲁门是接替罗斯福的位置，所以起初丘吉尔对他并没有什么好印象。经过2个多小时的交谈后，丘吉尔改变了对杜鲁门的看法。回到公寓后，丘吉尔对陪他前来的女儿玛丽·丘吉尔说："杜鲁门总统是个脚踏实地、意志坚强的人。我非常喜欢他，我确信能和他共事。"在给母亲的信上，玛丽·丘吉尔写道："听了父亲的话之后，我高兴极了。我看得出来，父亲的心情非常轻松、愉快。"

在给贝西的信上，杜鲁门提到了他和丘吉尔的这次会面。他写道：

亲爱的贝西：

今天，我和丘吉尔首相正式见面了，他是个非常聪明且极具魅力的人。

……

他对我说，美国是一个伟大的国家，罗斯福是一位伟大的、值得敬佩的总统。此外，还说了他和我的感情将如何紧密发展的话。

你知道，我不是一个喜欢别人阿谀奉承的人。倘若丘吉尔没有对我这些好听的话，我想我们会相处得更好。

尽管如此，我们谈得非常愉快。我相信，在大多数问题上，我们一定能够达成共识。我想，我算不虚此行了。

哈里

这天，杜鲁门和丘吉尔都没有见到斯大林，会议不得不往后顺延一天。有人说："斯大林早就来了，只是为了凸现自己的重要地位才故意不出现，并将会议后延的。"也有人说，斯大林是因为身体不好才晚来的。具体什么原因，就不得而知了。

7月17日中午，杜鲁门见到了斯大林，并和他一起共进午餐。他们一边吃，一边交谈。杜鲁门说："我一直期待着与您见面。"

斯大林笑着说："我也是。像这样的私人见面是非常必要的。"

显然杜鲁门想要的并不是这样的结果，他继续说道："我希望我们能像朋友一样交往，有话就直说，而不是像外交家那样拐弯抹角。"

听了杜鲁门的话之后，斯大林笑了。看得出，他的表情轻松了很多。斯大林主动说："我们会按照雅尔塔协议的规定立即向日本宣战，8月中旬，我们将向中国东北的日军发动进攻。你放心，东北是中国的领土，我们不会干涉中国政府的内政。"

知道了斯大林的立场，杜鲁门非常高兴。他从来没有见过斯大林，初次见面就对他的印象非常好。杜鲁门说："斯大林谨慎、坦率，我对他的印象非常好，我们之间的聚会非常成功。我相信，苏联一定会信守承诺，我们一定能达成令彼此满意的协议。"

其实，斯大林并不仅仅只给杜鲁门留下了极好的印象，几乎所有的外国人都对他印象很好。直到死前，罗斯福还说："我相信，我能和斯大林相处得很好。"和杜鲁门一起来参加会议的戴维斯说："斯大林极其聪明、和善，连小孩子也会满心喜欢地依偎在他的怀里。"就连一直警惕苏联的丘吉尔也说，他承认自己的确喜欢斯大林。

7月17日下午5点，波茨坦会议在塞西林宫开幕。塞西林宫曾是普鲁士皇太子威廉的王宫，战争中被苏联人、德国人当作了战地医院。为了召开这次会议，苏联将宫殿装饰一新，还特意从莫斯科运来了家具。

会议开始后，斯大林首先发言说："与会者只有杜鲁门是国家元首，所以我建议由他来主持会议。"对于斯大林的提议，丘吉尔表示赞同。于是，杜鲁门提出了美国的4个提案。第一，建议由英、美、苏、法、中五国外长召开外长会议；第二，德国管制问题；第三，履行雅尔塔协议问题；第四，意大利问题。

斯大林和丘吉尔都对中国参加外长会议提出了疑问。斯大林说："在欧洲和平问题上，为什么要让中国参加讨论？"

丘吉尔说："我认为，中国实在没有必要参加。如果中国参加的话，问题会变得更复杂。"杜鲁门说："如果外长们同意将中国排除在外的话，我并不反对。"

丘吉尔说："我主张让艾登、贝尔纳斯和莫洛托夫去解决问题。"

虽然杜鲁门和斯大林都同意这一看法，但斯大林还是开玩笑说："如果问题都交给外长们去解决的话，我们就没有事情可做了。"

听了斯大林的话，丘吉尔立即说："那就让外长们每天准备几个问题，我们来讨论。如此一来，我们就不会闲着了。"

杜鲁门说道："空口讨论有什么用，我要的是结果。"

"你希望每天都有明确的结果吗？"丘吉尔立即反问道。

"是的。"杜鲁门毫不犹豫地回答说，"而且我希望以后的开会时间更早一些。"

丘吉尔说："悉听尊便。"

听了丘吉尔的话，斯大林抓住机会对丘吉尔说："首相先生，您今天如此好说话，所以我想问问，德国的军舰到底打算如何处置，是分给我们还是……"

斯大林、丘吉尔、杜鲁门会晤

"要么销毁，要么平分。"丘吉尔毫不犹豫地回答。

斯大林说："既然如此，我主张平分。如果首相先生愿意销毁英国所得的那一部分，我也没有意见。"

丘吉尔说："我还是主张销毁。"

"你为什么总是拒绝分给我们呢？"斯大林继续追问。

丘吉尔毫不犹豫地回答说："战争武器都很可怕，所以应该将它们销毁。"

除了德国的军舰问题之外，斯大林还提出了苏联最关心的赔偿问题、西班牙政权问题、波兰边界和政府改组问题等。

第一天的会议结束的时候，杜鲁门非常诚恳地说："主持这次会议让我感到不胜荣幸，能参加这次会议我十分高兴。说实话，我是怀着惶恐的心情来开会的，因为我必须继承罗斯福总统的工作，而他又是无人能替代的。非常感谢两位领袖，所以我希望从两位这里获得罗斯福总统曾经得到的友谊。"

听了杜鲁门的一席话之后，丘吉尔说："我代表英国代表团感谢您来参加这次会议，感谢美国所作出的努力。我相信，两国之间的关系会更友好，而且我们一定能建立融洽的私人关系。"丘吉尔说完之后，斯大林立即表示他和丘吉尔有同感。

虽然杜鲁门、丘吉尔、斯大林嘴上都这样说着客套的话，其实他们都心知肚明，因为他们都有各自的目的。美国最关心的是让苏联履行对日作战的承诺，实现雅尔塔会议中得到的好处，并确立自己在战后的领导地位；英国希望维持自己在地中海的利益，得到美国的支持，抑制苏联影响，并复兴经济；而苏联最希望确立其在东欧的势力范围，并巩固周边的安全，同时还想得到大量的赔款。既然如此，他们之间的争夺、针锋相对是不可避免的。

第二天，整个会场弥漫着一股紧张的情绪。一开始，三国代表就为划定德国疆界的问题吵得不可开交。第三天，代表们重提德国的海军问题，会议的气氛异常紧张。在讨论西班牙的政权问题时，斯大林和丘吉尔展开了激烈的争论。因为杜鲁门并不关心西班牙问题，所以他说："这个问题一时解决不了，所以我建议以后再讨论。"后来，在谈到南斯拉夫问题的时候，杜鲁门无法忍受丘吉尔冗长的发言。他打断丘吉尔，严肃地说道："我之所以率美国代表团来出席会议，是因为我们是来讨论世界大事的，而不是来这里审议一件已经解决或最终将由联合国解决的事件。坦率地说，我不愿意浪费时间，我想讨论的是实质性的问题，是 3 国首脑必须在这里解决的问题。与其在这里讨论些无关紧要的问题，还不如收拾行装回国。"

听了杜鲁门的话，斯大林笑着说，他也想回家。每当丘吉尔像这样在与自己有关的问题上大做文章的时候，杜鲁门和斯大林就会同时向他施加压力。每当美苏两国都同意某一提案，而英国不同意的时候，斯大林就会静静地坐在那里看杜鲁门和丘吉尔辩论。实在无法忍受的时候，他会非常幽默地说："首相先生，你为什么不同意呢？我们同意了，美国人也同意了，你终究是要同意的，为什么不爽快一点现在就同意呢？"

杜鲁门认为自己和斯大林有默契，所以觉得在有些问题上他能改变立场。其实不然，斯大林和西方联盟之间仍然有隔阂。在谈到斯大林最关心的东欧、德国赔偿等问题的时候，斯大林的态度尤为坚决。

在谈到是否允许意大利、附庸于德国的巴尔干诸国加入联合国的时候，英美两国主张让意大利加入，巴尔干诸国要等到建立民主政府之后才可以加入。而斯大林却不同意英美两国的主张，他说："意大利没有进行民主选举，为什么可以享有特权加入联合国？"

杜鲁门立即解释说："意大利和巴尔干诸国不一样，盟军无法自由进出巴尔干诸国，但能自由进出意大利。"

"一个政府不是民主政府，那它就是法西斯政府。"斯大林毫不留余地地回答。

丘吉尔说："在意大利，英国的外交人员能自由进出洽谈业务，而在巴尔干诸国他们就像囚禁在牢笼里一样，像……"

"一派胡言。"没等丘吉尔说完，斯大林就毫不留情地打断了他。

丘吉尔也毫不客气地回敬道："如果愿意的话，政治领导人大可大放厥词，说别人在胡说八道。"

也许是一直也没有讨论出结果，杜鲁门对这些争论越来越厌烦。尽管激烈的争论令人生厌，但领导人们也有自己的乐趣。第三天的会议结束后，杜鲁门特意为斯大林和丘吉尔举办了酒会。酒会的负责人是杜鲁门亲自请来的，他们是美国小提琴演奏家图尔特·肯尼和钢琴家尤金·里斯特。在给贝西的信上，杜鲁门说："这是唯一一个令我轻松的晚上。丘吉尔很喜欢音乐，他听得如痴如醉。"

酒会上，三巨头频频举杯敬酒。杜鲁门说："能与元帅、首相这样的伟人交朋友，我这个密苏里来的农民感到非常荣幸。"

听了杜鲁门的话后，斯大林、丘吉尔笑着说："总统先生，你太谦逊了。"

为了助兴，杜鲁门还亲自演奏了少年时代所学的作品《G大调小舞步曲》。听了杜鲁门的曲子后，有人称赞说："杜鲁门总统的钢琴弹得真好。"

杜鲁门咧着嘴笑着说："我少年时代学过一段时间的钢琴，差点就把它当成了终身职业。"

来而无往非礼也。丘吉尔和斯大林也分别为其他两位领导人举行了宴会。丘吉尔喜欢军人、军服、军乐队，所以他调来整个皇家空军乐队。而斯大林则为杜鲁门和丘吉尔举行了国宴，准备了伏特加酒、鱼子酱、香槟、熏鱼、鹿肉等，真是应有尽有。此外，他还专门派人从莫斯科带来了两位最出色的小提琴家和钢琴家为他们助兴。在给母亲的信上，杜鲁门写道：

> 亲爱妈妈：
>
> 虽然很紧张，但我还是度过了一段快乐的日子。今天晚上，斯大林为我们准备了丰盛的晚宴。每隔几分钟，我们就会互相敬酒。整个晚上，我没有喝多少酒，菜也吃得比较少，但是玩得非常愉快。
>
> ……
>
> 斯大林还特意请来了两位年轻漂亮的小提琴手和两位著名的钢琴家，他们演奏了李斯特、肖邦、柴可夫斯基的作品。我非常佩服他们，因为他们极具天赋，表演得非常出色。
>
> 哈里

7月25日，会议宣告暂停，因为丘吉尔要回国参加选举。这天晚上，在给贝西的信上，杜鲁门写道：

> 亲爱的贝西：
>
> 丘吉尔回国了。我希望苏联能尽快加入对日本的战争，希望能有令人满意的方法解决德国问题，希望巴尔干诸国、波兰、东欧能进行自由选举。除了对日作战有具体结果之外，其他问题都暂时没有明确的结果，因为斯大林无法接受任何可能对苏联造成威胁的协议。我不知道如果罗斯福还在的话，他是否会使事情取得更大的进展。
>
> 在讨论波兰和西部边界的赔款问题上，我们发生了严重的分歧。到现在我才知道，和苏联人谈判必须步步为营，因为他们都在为自己争取每一份利益。此时，我才完全了解斯大林政权的真面目，而他本人则像极了汤姆·潘德加斯特。尽管如此，我很喜欢斯大林，因为他个性直率，总想把事情做好。
>
> ……
>
> 在斯大林举行的宴会上，我和他的关系更进了一步。席间，我们谈得非常投机，只有丘吉尔一再向我表示他想回去。斯大林答应，在反对日本方面给予我支持。他甚至还告诉我，100万苏联军队已经集结在满洲边界。我相信，事情将会进展得很顺利。

在有些事情上，也许我们不可能达成一致，但我已经达到了此行的目的。虽然花了一些时间，不过还是达成了部分协议，这证明我至少没有白浪费时间。

......

对了贝西，我忘了告诉你一件有趣的事情。那天，开完会后，我准备乘车离去，一名陆军公关人员叫住了我。我以为他是想坐我的车一同离开，所以我毫不犹豫地让他上了车。可谁知道上车后，他对我说："如果总统有什么需要的话，尽管开口，我一定会为您办到的。"我还没来得及说谢谢，他就接着说道："我是指任何需要，当然包括女人，她们……""听着，我已经结婚了。我太太对我很忠诚，我对她也如此。你要明白一点，就是再也不许在我面前提起这种事情。"没等他说完，我就毫不客气地打断了他。我下车的时候，连再见也没有和那人说。虽然柏林黑市像娼妓这样的交易很猖獗，可是他怎可以把生意做到我头上来呢，实在令人气愤。何况我是个从一而终的人，这你是知道的，我从几岁的时候就喜欢你，而且矢志不渝。

......

哈里

7月26日，英国的选举结果出来了。丘吉尔落选，艾德礼成为英国新任首相，他接替丘吉尔继续未完的讨论。

26日晚，中、美、英三国发表了《中美英三国促令日本投降之波茨坦公告》，要求日本立即投降。公告内容如下：

美、英、中三国政府领袖公告：

第一，美国总统、英国首相、中国国民政府主席代表亿万国民同意给日本一次机会，以结束此次战事。

第二，德国无效果、无意识的抵抗激起全世界人民的抵抗，其结果可为日本人民之借鉴。现在，以我们的军力和日本较量，毫无疑问，日本必将全军覆没。

第三，美国、英国、中国的陆、海、空三军兵力非常强大，由西方调来的军队即将给日本以最后之打击。我们鼓励对日作战，直至其停止抵抗为止。

第四，现在，日本必须决定，是继续一意孤行使日本帝国陷于完全毁灭之境，还是选择理智的道路。

第五，以下是我们的条件，我们既不会更改，也没有其他方式。

第六，必须永久剔除欺骗及错误领导日本人民，企图征服世界的势力，我们坚持将穷兵黩武主义驱出世界。否则，世界和平将是一纸空文。

第七，日本制造战争的力量彻底毁灭，盟国占领日本领土之后，我们的基本目的也就完成了。

第八，日本军队在完全解除武装以后，允许其返乡。

第九，日本的主权将限于九州、北海道、本州及其他小岛之内。

第十，我们无意奴役日本民族或消灭其国家，但我们将依法处置战犯。

第十一，日本可以维持其经济所必须及偿付货物赔款的工业。

第十二，上述目的达到后，日本成立和平政府之后，同盟国占领军队将会撤出日本。

第十三，我们通告日本政府，立即宣布所有武装部队无条件投降。否则，日本即将遭到覆亡的命运。

8月1日，贝尔纳斯将未解决的老问题合并在一起，提出了一项方案。经过一番讨价还价后，直到第二天凌晨3点，美英苏才在一些主要问题上达成了协议。在赔偿问题上，苏联接受了美国的方案，即赔偿费由每个占领国从各自的占领区征收，西方占领区拆迁的德国工业设备有25%归苏联所有。其中，15%通过用粮、煤交换取得，另外10%是无偿获得。在波兰边界和附属国问题上，美国满足了苏联的要求，即确定了波兰的疆界问题，并承认新成立的波兰全国统一临时政府。关于重建德国问题，主张肃清纳粹主义，消灭垄断集团，使德国非军国主义化、民主化，重建德国经济。在建立外长会议问题上，会议一致决定设立苏、美、英、法、中五国外长会议，并由他们负责准备同战败国的和约。至于其他遗留下来的问题，英美苏一致同意提交有关机构解决。最后，三国签订了《柏林（波茨坦）会议议定书》，并于第二天统一发表了《柏林会议公报》。

杜鲁门宣布会议闭幕，他说："下次，希望我们能在华盛顿见面。"斯大林回答说："如果情况允许的话，一定会的！"

8月2日，杜鲁门踏上了归国之路。

4 "曼哈顿"计划
HARRY S TRUMAN

8月6日早晨，杜鲁门乘坐的"奥古斯塔"号巡洋舰行驶在墨西哥湾。中午时分，他收到了从华盛顿陆军部发来的电报。电报上写着："8月5日晚上7点15分，我国在日本广岛上空投掷了原子弹。据报告显示，结果空前成功，投掷效果比之前预测的还要好。"

看了电报之后，杜鲁门非常高兴地说："这是世界上最了不起的事情，是举世震惊的消息。值得震惊的是科学智慧的成就，是将各种领域里许多人复杂的、零星的知识融在一起来形成的伟大计划，是前所未有的工业设计和工作效率……在短暂的时间内，在发展人类科学智慧这一复杂的问题上，它取得了惊人的成就。这不得不让人怀疑，世界上是否还能获得另一次同样的成功，因为我们所实现的是历史上最伟大的成就。"

与杜鲁门的评价相比，舆论界的评价就没有这么高。芝加哥《论坛报》报道说："也许，在原子弹投下的一瞬间，他就毁掉整个城市，乃至人类文明。"《纽约时报》报道说："在太平洋战场，我们尝到了胜利的滋味，但总有一天我们会自食恶果。"华盛顿《邮报》上写道："原子弹带来的后果和科幻小说中描述的恐怖情节是一样的。"

杜鲁门所说的伟大计划就是"曼哈顿"计划，即美国陆军部利用核裂变反应来研制原子弹的计划。为了先于纳粹德国研制出原子弹，该计划就像杜鲁门说的那样十分庞大，集中了科技、工业、军事等各方面的科学家，动员了10万多人参加，耗费了大量的人力物力。1945年7月16日，该计划取得圆满成功。美国不仅成功地进行了世界上第一次核爆炸，而且还按计划造出了 2 颗原子弹。

早在 1942 年 6 月，此计划就已经开始实施了。该计划的全权负责单位是陆军工程署，而实际领导人则是莱斯利·格罗夫斯少将。在他的率领下，一支由英美科学家组成的"曼哈顿"工兵特种队分散在美国各地进行研究。所有工作都是在极秘密的条件下进行的，很少有人知道原子弹的情况，就连副总统杜鲁门也是当了总统之后才知道的。其实，在他还是参议员的时候就知道有个秘密计划，但他并不知道具体是什么计划。为此事，他还和陆军部长史汀生发生了不愉快。

杜鲁门任参议院调查国防计划特别委员会主席的时候，主要负责调查各地军工厂的费用问题。在田纳西，调查员发现了一些奇怪的大型建筑。当他们准备进一步调查的时候，史汀生特意来到杜鲁门的办公室对他说："参议员先生，你必须停止在田纳西的调查。"

杜鲁门惊奇地问道："为什么？"

"你要调查的东西是世界上最伟大的计划，这是非常秘密的事情，很多从事这项工作的人都不知道这个计划的具体内容。"史汀生解释说。

杜鲁门说："我知道了。"

史汀生接着说道："全世界知道这件事情的人也只有 3 个，我是其中之一，但是我现在不能告诉你到底是什么计划。如果你们取消那里的调查计划，我将感激不尽。"

杜鲁门笑着说道："部长先生，我明白你的意思，但我还是必须搞清楚一个问题。"

史汀生毫不犹豫地说："参议员先生，您请说。"

杜鲁门说："你是否确定这个计划有明确的目标，而且敢保证不会出任何纰漏。"

史汀生信誓旦旦地说："这个您尽管放心。我向您保证，该计划是一个有明确目标的伟大计划。"

杜鲁门说："既然如此，那就没有什么可说的了。"

史汀生感激地说："参议员先生，谢谢您理解。"

史汀生以为和杜鲁门之间已经达成了共识，他不会再去调查了。然而令史汀生生气的是，杜鲁门并没有就此罢手。杜鲁门对史汀生说："你必须允许一名调查员去参观那些建筑里面的东西。"

史汀生毫不犹豫地回绝道："这是不可能的事情。"

杜鲁门丝毫也不示弱，他威胁道："除了这样做之外，我别无选择。如果你坚持不答应的话，后果会很严重。"

事情过去之后，史汀生在日记中写道："杜鲁门这家伙言而无信，真令人讨厌。看起来温文尔雅的一个人，怎么蛮横得像头牛啊。"

继任总统的那天，杜鲁门召开了内阁会议。会议结束后，所有的阁员都离开了，只有史汀生没有离去，因为他有重要的事情要告诉杜鲁门。就在那天，杜鲁门从这位陆军部长那里得知了原子弹的一些情况。为了领导原子弹的研制工作，杜鲁门特意成立一个临时委员会，由史汀生担任该委员会的主席。其成员还有陆军部长特别助理乔治·哈里逊、助理国务卿克莱顿、海军副部长巴德、杜鲁门的私人代表贝尔纳斯、哈佛大学校长、马萨诸塞理工学院院长等人。

不久以后，史汀生交给杜鲁门一份关于原子弹的备忘录，上面写着："不出4个月，我们就能造出人类历史上从未有过的、最具威力的武器。只需要一枚炸弹，就可以摧毁整座城市。"

看了这份备忘录以后，杜鲁门和史汀生等人讨论了这个问题。史汀生说："这一武器一旦研制成功，它将缩短战争的进程。不管是在军事上，还是在政治上都会产生不可估量的影响。同时，它也许会摧毁人类文明，因为这种炸弹是碰不得的危险物。"

李海冷笑着说："这个炸弹永远不会爆炸，研制这一永远不会成功的武器，是我们干过的最愚蠢的事情。"

后来，史汀生在日记中写道："总统好像对原子弹的事情很感兴趣……他还对我说，他能够理解我当时坚持不让他去田纳西调查的事情了。"

4月25日，格罗夫斯将军在交给杜鲁门关于原子弹的报告时说："如果一切进展顺利的话，不久以后，我们将进行一次爆炸试验。"

看了格罗夫斯长达25页的报告之后，杜鲁门沉思良久才说："我现在一下子无法消化这么多东西。"

格罗夫斯说："这是一个大计划，我已经写得很简单了。"

杜鲁门说："我知道。我会全力支持该计划的，花多少钱也在所不惜。"

经过几年的努力，原子弹的研制工作取得了突破性的进展。在杜鲁门

美国研制的核弹

前往波茨坦开会的时候，原子弹的研制工作已经进入了最后的阶段。7月16日，即杜鲁门到达波茨坦的第二天，他收到了乔治·哈里森从华盛顿发来的电报。电报上说："今天早晨进行了手术，诊断书尚未出来，结果似乎令人非常满意，比预期的还要好。格罗夫斯医生很高兴，他明天回来。等他回来之后，我再向你汇报具体情况。"在这份电报里，哈里森用手术的成功巧妙地比喻了试验的成功。

7月18日上午，波茨坦美国通讯中心的值班人员收到了从华盛顿发来的电报。电文上写着：

哈里森致陆军部长。医生已经返回，他信心百倍，非常高兴，小男孩非常健壮结实。在我的农场都能听见他的哭喊声，看见他两眼发出的光亮。

翻译电报的工作人员还以为70多岁的史汀生部长又当上了父亲。史汀生笑着向总统解释说："在美国新墨西哥州的阿拉莫戈多沙漠里，原子弹试爆非常成功。很远的距离之外，都能听见其声响，看见其光亮。"

听了史汀生的话之后，杜鲁门高兴地说："实在是太好了。"后来，在回忆试验成功的事情时，杜鲁门说，他们拥有的那种战争武器不仅能扭转整个战局，而且能扭转文明和历史的方向。

　　7月21日中午，史汀生收到了格罗夫斯发来的关于这次试验的书面报告。和马歇尔将军一起研读了3个多小时之后，史汀生才把报告呈给杜鲁门。为总统念这份报告，史汀生花了将近1个小时的时间。报告的内容大致是这样的：

　　　　这次试爆比预期的还要成功。它爆炸的时候，产生的能量相当于2万吨炸药所产生的能量。

　　　　这是历史上首次核爆炸。在爆炸的瞬间，它发出的声响可以传到100英里以外；它发出的亮光在180英里以外的地方都清晰可见；方圆20英里内，其光亮的强度就像几个太阳同时出现在正午一样；爆炸时形成的大火球可以持续好几秒钟，在它变暗消失之前，可以达到1万英尺的高度。

　　　　……

　　　　试爆成功后，大家都很兴奋，因为大家都有一种亲眼目睹新时代到来的感觉。对我们来说，这次成功的试验的确很重要。虽然我们成功了，但我们的真正目标是把它用在战场上，到那时才能知道到底威力如何。

　　听史汀生读完报告之后，杜鲁门非常高兴地说："这使我信心倍增。"
　　为了研制这一武器，美国投入了巨大的人力、物力，耗费了许多时间、精力。现在，终于成功了，杜鲁门当然没有不高兴的理由。因此，接下来在波茨坦的议程中，他的精神非常好，而且也硬气多了。当苏联要求美国正式邀请它对日作战时，杜鲁门表现得满不在乎。其政治顾问罗伯特·默菲说："总统先生比以前更有信心、更果断了，我想一定是发生了什么重大事情。"杜鲁门的女儿玛格丽特在回忆录中这样写道："我父亲从未考虑用原子弹来威吓苏联。有了原子弹之后，苏联是否对日参战就变得不重要了，这是明摆着的事情。所以，在谈判的时候，父亲可以更大胆，更直率。"得知原子弹试爆成功的消息后，杜鲁门说："毫无疑问，美国现在根本不希望苏联履行对日作战的承诺了。"多年后，杜鲁门回忆起这时的情景时说："尽管我们迫切需要苏联参加对日作战，但波茨坦的经验告诉我绝对不能让苏联控制日本的任何领土。战胜日本后，我决定立即派麦克阿瑟将军全权管制日本。这是我仔细分析国际形势，经过慎重考虑之后作出的决定。"

7月24日，史汀生收到了一封绝密电报。电报上写着："从8月1日起，原子弹可以在任何一天使用。"得知这一消息后，杜鲁门立即召集史汀生、贝尔纳斯、马歇尔等人开会。他将电文的内容告诉大家之后，说他并不想使用这种武器。

马歇尔率先发言说："如果使用原子弹的话，可以减少伤亡。"

"登陆日本大概要付出多大的代价？"听了马歇尔的话后，杜鲁门立即问道。

马歇尔说："最保守的估计，也会有25万人伤亡。"

杜鲁门曾经参加过战争，他曾经为了挽救弟兄的生命而不惜违抗军令。对他来讲，士兵的生命比什么都宝贵。所以在征得众人的同意之后，杜鲁门写下了使用原子弹的声明。事后，在谈起使用原子弹的想法时，杜鲁门说："我们希望原子弹能掩护士兵们顺利在日本登陆……高层军事顾问建议我使用，丘吉尔也毫不犹豫地告诉我使用原子弹对战争有好处。虽然是否使用的决定权在我，但是我希望自己的决定是正确的。"

当决定使用原子弹之后，史汀生对杜鲁门说："总统先生，现在又有一件事情很为难。"

杜鲁门笑着问道："说说看，什么事情居然会让你觉得为难？"

史汀生说："是否把原子弹的事情告诉斯大林啊。目前，苏联仍然是我们的盟国，若不说今后在控制原子能方面恐怕难以合作；要是说的话，我觉得很危险。"

"我有一个好主意，那就是点到为止，轻描淡写地告诉他这件事，既不引起他过多的注意，又让他知道一点儿。你说，这岂不是两全其美的好办法？"杜鲁门笑着说道。

史汀生说："总统先生，这的确是妙招。"

和史汀生商议好之后，杜鲁门决定立即把原子弹的消息告诉斯大林。24日下午，会议结束后，杜鲁门对斯大林说："现在，我们拥有了一种破坏力非常大的武器。"

斯大林说："听到这个消息我很高兴，你可要好好利用这种武器对付日本啊。"

斯大林表现得漠不关心，这令杜鲁门非常吃惊。连丘吉尔也说："很奇怪，他怎么一点也不惊讶。如果知道这种武器会对世界产生多大影响的话，他的表情应该有明显的变化啊，可他却如此轻松、镇静。"研制原子弹的保密工作做得非常好，连美国的高层领导都没有几个人知道。可他们哪里知道，斯大林早就得到了有关方面的情报。当天晚上，他就给莫斯科发去电报说："美国已经研制出了原子弹，你们必须加快研制这种新武器的速度。"

8月7日，杜鲁门回到华盛顿。

遭到原子弹轰炸之后，日本没有任何投降的表示。8月9日，美国又在日本的长崎投下了一枚原子弹。这天，苏联也对中国东北的日本军队发起了进攻。在长崎遭到原子弹的轰炸之后，裕仁天皇才决定接受《波茨坦公告》，向盟军投降。日本政府提出的投降条件是，天皇必须作为国家元首继续留任。

8月10日，为了讨论日本问题，杜鲁门在白宫召开了会议。会上，史汀生说："我觉得应该答应日本的条件，因为这是最保险的做法。"

李海说："我同意这个观点。"

杜鲁门说："为了让日本投降，难道我们就应该作出如此大的牺牲吗？"

"我强烈反对接受日本的条件，日本必须无条件投降。"贝尔纳斯非常激动地说，"我确信，这是美国人民的愿望。在波茨坦会议上，'三巨头'就曾呼吁日本无条件投降。现在，我们有了原子弹，苏联也对日本宣战了，难道我们还要退缩吗？"

最后，杜鲁门说："日本想保留天皇的位置不是不可以，但他必须服从盟军最高统帅的指挥。"作出决定之后，杜鲁门给盟国政府发出通告，表明了他的意思。此外，他还说："再摧毁一座城市实在是太可怕了，尤其是屠杀儿童。所以不准再使用原子弹，除非得到我的命令。"

接到美国政府的公告后，苏联外交部长莫洛托夫对哈里曼说："我国政府同意美国的做法。在谁来管制日本的事情上，我们是否应该达成协议。"

听了莫洛托夫的话，哈里曼非常生气。因为美国的麦克阿瑟将军将是管制日本的最高统帅，所以苏联除了接受之外，根本无权过问此事。虽然哈里曼没有得到华盛顿的任何指示，但他非常强硬地拒绝了莫洛托夫。

哈里曼表达了美国政府的态度，这令杜鲁门非常满意。他说："在日本问题上，我们不能重蹈覆辙。为了不给苏联人机会，我不想划分占领区或者是分割管制。"

8 月 14 日下午 4 点，传来日本投降的消息。杜鲁门非常愉快，当记者们涌进来的时候，他笑着与他们挤在一起。

得知日本投降的消息之后，许多人涌上白宫外的街道。人们不停地大声喊着杜鲁门的名字，说要见他。听到喊声后，杜鲁门在阳台上不停地向人们挥手致意。后来，他还发表了即兴演说。他说："今天，是一个伟大的日子，是我们期待已久的日子。法西斯宣告失败，民主制政府获得了最后的胜利。从今以后，我们的任务是建立自由政府，重建和平。因此，需要大家一起努力。"

9 月 2 日上午，日本在东京湾的"密苏里号"战舰上签署了投降书。至此，中国人民的抗日战争胜利结束，第二次世界大战也胜利结束。

受降仪式结束后，杜鲁门充满激情地向全国人民发表了演说：

美国同胞们：

刚才，在东京湾的"密苏里号"战舰上，日本签署了无条件投降书。今天，"密苏里号"战舰载满了我们的希望，载满了全世界的希望。

4 年前，日本突袭珍珠港。在这块土地上，聚集了整个世界的恐惧。从恐惧到希望，我们经历了怎样的磨难？从珍珠港到东京湾，我们走过了一条漫长的路，也是一条血腥之路。

……

我们会永远记住珍珠港，日本军国主义也会永远记住我们的"密苏里号"战舰。

上任仅 100 多天，杜鲁门遇到了许多突发的重大问题。面临挑战，他作出了伟大而具深远意义的决策。在写给母亲的信中，杜鲁门说："过去的这段日子就像令人眩晕的漩涡一样，我努力在漩涡的中心做事情；过去的这些日子，每个人都不得不以极快的步调行走。今天，我们大家终于可以昂首挺胸，可以轻松地散步了。"

战争结束了，杜鲁门轻松了许多。他不用再担心战争，可以轻松地治理国家了。未来的日子，杜鲁门真能像他说的那样轻松地散步吗？

HARRY S TRUMAN
第四章
和平时期的总统

惊心动魄的世界大战结束后，杜鲁门还没有来得及喘气，就投入到新的战斗中去了。他要面对许多重大问题，像军队复员、就业法、控制物价、抑制通货膨胀等等。虽然困难接踵而至，但杜鲁门仍然充满信心地说："为了达到目的，我会和以前一样奋力拼搏，绝不会被困难吓倒。我坚信会处理好一切……"

1 施政纲领
HARRY S TRUMAN

惊心动魄的世界大战结束后，要处理的事情非常多，杜鲁门还没有来得及喘气，就投入到国内治理的新战斗中去了。困难接踵而至，杜鲁门的任务并不轻松。战争结束了，国内问题日益突出。在战时经济向和平经济转变的时候，杜鲁门不得不面对许多重大问题，像军人复员、就业法、军事生产转向民用生产、控制物价、抑制通货膨胀等。在这些问题上，他与共和党之间存在严重分歧，这是最令他头疼的事情。杜鲁门在给母亲和妹妹的信上写道：

亲爱的妈妈、玛丽：

几个月以来，处理外交、领导作战等问题占据了我所有的时间和精力，使我无暇顾及国内问题。随着法西斯的战败，将战时经济转入和平经济成了首要任务。

每次我都是突然掉进这个震动世界的史诗中的人，所有这一切突然而至，让我措手不及。对一位在职多年的总统来说，面临这些问题的时候也会需要几个星期的准备和协商。而我除了应付当前的事情、计划将来的事情之外，还要学习过去的经验。所以，我总是觉得时间不够用，觉得对国内事情进行长远规划的时间实在太少。

……

我迫不及待地想在国内事务上大展宏图，想把我所有的计划都付诸实践。虽然我知道推行一项政策必定会遇到来自各方面的反对，但请你们放心，我会努力的，我不会被困难吓倒的。我会和以前一样充满自信，奋力拼搏，直至达到目的。

哈里

日本签署投降书后不久，杜鲁门就向国会发表了第一份战后咨文。该咨文有 16 万字之多，总统顾问塞缪尔·罗森曼法官称之为"自由主义的、进步主义的"纲领。其实，这份咨文就是杜鲁门的"公平施政"纲领。9

月 6 日，杜鲁门将它交给了国会。

从波茨坦回国的途中，杜鲁门就已经开始考虑这个关于内政的咨文了。那天晚上，他对罗森曼说："罗森曼，我觉得该腾出点时间忙国内事务了。等写完波茨坦会议的相关报告后，我要做的第一件事就是赶快拟定一个关于内政的纲领。本来，我应该在明年 1 月的国会演说上提出这个纲领，但是我等不及了。同时，我想将这个纲领的内容一次性全部写到位。罗森曼，回国后你帮我收集材料写初稿如何？"

"太好了，您主要想涉及哪些事情呢？"罗森曼一边愉快地回答，一边拿起笔和记事本，准备记录。

于是，杜鲁门口若悬河地说了起来。他说了对罗斯福新政、20 世纪 30 年代初美国经济的看法，详细描述了自己的构想和战后美国经济以及社会的发展趋势。罗森曼对杜鲁门所说的事情非常感兴趣，他一直聚精会神地听着，并认真作着记录。

罗森曼不仅是罗斯福的顾问，而且还是他的私人好友，所以他对罗斯福的思想、政策了如指掌。在听完杜鲁门的话之后，他激动地说："总统先生，这实在是太出人意料了，我已经好久没有像今天这样兴奋、愉快了。"

杜鲁门不解地问到："为什么？"

罗森曼如实回答道："有人说您上台之后，罗斯福的新政就彻底完蛋了，但您刚才的话击破了这些谣言。您的纲领的确是一个自由主义的行动纲领，是一个进步的政治哲学。现在，您作为党的领袖，提出这类纲领并为之去努力，这与之前您投票拥护这类纲领完全是两回事。"

在咨文中，杜鲁门提出了"21 点战后复兴计划"。主要涉及士兵复员、失业津贴、提高最低薪资、清理战时工厂、限制物价、制止通货膨胀、设立永久性的公平就业委员会等。杜鲁门说："9 月 6 日，象征着我用自己的权力来行使总统职权的日子。正是这天，我在咨文里第一次提出了我的自由主义和进步主义的纲领。它确定了我今后的工作作风和方向，并明确指出了国家将要实现的目标。毫无疑问，这一纲领是我的施政基础。"

提出"21 点战后复兴计划"之后，杜鲁门又陆续抛出了一系列计划，像健康保险、扩大社会保障、政府支持科研和教育、公共住房等许多方面。虽然最终国会通过的计划很少，但杜鲁门还是赢得了不少人的高度赞扬。人们说："为了实现这些目标，杜鲁门总统努力奋斗，其精神是值得称颂的。在民权、公众权利等方面，他开辟了进步主义的新边疆；在维护和发扬美国进步传统方面，他就是威尔逊总统、罗斯福总统真正的继承人。"

正如杜鲁门所说，9月6日是杜鲁门"公平施政"的开始，是他为实现目标奋力斗争的开始。对保守的民主党人和共和党人来说，"罗斯福新政"荒诞无稽。毫无疑问，杜鲁门弄出的这么多计划当然会遭到这些人的反对。仅制定就业法的事情，国会就一味地拖延，迟迟没有通过。

欧洲战场结束战争后，美国的复员工作就开始了。日本投降后，复员军人越来越多。战争结束，不得不停止大量军事生产，再加上有几百万复员的军人需要安置，所以就业问题成了美国政府亟待解决的事情。在1944年的大选中，罗斯福曾向人民作出了战后"充分就业"的保证。现在，杜鲁门把这个口号提了出来。他说："政府有责任鼓励、帮助实现充分就业，我们应该尽快在这方面的立法。此外，我还建议把战时的公平就业实施委员会变成一个常设机构。"

为了敦促国会尽快制定这方面的法律，他说："在复兴计划中，充分就业是最迫切需要解决的事情。"在给众议院多数党领袖约翰·麦考马克的信中，杜鲁门写道：

亲爱的约翰：

充分就业的立法对我们国家的未来具有最为迫切、最重要的意义，我非常盼望众议院行政部门经费委员会对这个问题提出报告。仅仅得到暂时的繁荣是远远不够的，我们不能再重复第一次世界大战后所犯的错误。这一次，我们必须建立在更牢固的基础上，即应该坚定不移地走充分就业的道路。

有人说，等一等，看看情况再说。其实，这是一种极不负责任的态度。我们如果不向前看，在这里等待大批人长期失业的日子到来，那我们将会遭受另一次浩劫。对1920年至1921年间的通货膨胀，人们仍然记忆犹新；一直持续到1939年的"经济大萧条"就像无法摆脱的噩梦一样，仍令人心有余悸。我们不能重蹈覆辙，所以对目前这一重大问题我们必须采取措施，防患于未然。

......

政府反对失业，赞成尽量增加生产、保持繁荣、充分就业。现在，正是国会向人民兑现承诺的时候了。如果众议院有关部门能尽快提出并通过这项立法，我想我们一定不会再遭遇通货膨胀、经济危机。在感恩节那天，国会如果能通过这项立法的话，美国千百万家庭都会感到这个节日的特殊意义。对于经济不景气时代的艰苦日子，这些家庭的记忆是深刻的，所以他们希望获得保证。

……

哈里·杜鲁门

10 月 29 日

1946 年 2 月，杜鲁门签署了就业法。该法规定由参众两院成立一个联合委员会，以方便向总统和国会提供有关就业的建议和报告。就业法是各派妥协的产物，它没有确立一种充分就业、实现繁荣的固定办法。虽然法案肯定了政府有责任促进繁荣，有责任利用自己的职权、资源为失业者提供就业机会，但杜鲁门的许多切实可行的意见并未被采纳。尽管如此，人们认为，这个就业法是进步主义的里程碑，因为它建立了第一个系统调查、规划美国福利的机构。

除了就业问题遇到阻力外，在士兵复员问题上，杜鲁门也遇到了很大的困难，遭到许多人的批评。

在经历了战火的洗礼之后，归来的美国军人盼望尽快回家过上和平安定的生活。这是任何人都可以理解的事情，参加过第一次世界大战的杜鲁门尤其理解这种渴望和亲人团聚的心情。按理说，杜鲁门应该加快复员速度，可他非但没有加快反而放慢了复员速度。杜鲁门解释说："我能体会到许多家庭的焦虑和不安，但作为美国总统我不得不最先考虑整个国家的安全和幸福。战后世界仍然充满危机，加快复员速度将会削弱我国与苏联和共产主义抗衡的力量，削弱我国领导世界、称霸世界的力量。作为一个占世界领导地位的国家，我们有义务和责任为世界和平与未来建立一个巩固的基础。若加快速度的话，带给我们的将不是和平，而是灾难。为了能够担负我们对世界的新义务，我们必须放慢军队的复员速度。"

1946 年 1 月，美国政府放慢复员速度的时候，各种团体、军人家属纷纷来信，要求国会和总统执行复员计划，加快复员速度；美国国内，群情激愤，甚至出现了大规模的抗议；驻扎在海外的士兵还发生了骚乱。在巨大的压力下，复员工作不得不加速。1946 年夏，复员工作基本完成的时候，战时庞大的陆海军已经锐减。陆军削减到了 150 万人，而海军也仅剩 70 万人。杜鲁门沮丧地说："这是瓦解我们的军队，哪里是什么复员计划。"

从某种意义上讲，处理好和平时期的各种问题比处理战时问题更复杂、更困难，一不小心也许就会引起内乱。在所有的问题中，住房和物价问题让杜鲁门颇费周折。尤其是物价问题，让他伤透了脑筋。杜鲁门说："物价就像一个顽皮的孩子，不管我用什么方法，总是管不好。"

战争中，国家集中精力忙军事建设，没有顾上住房建设。战后，大批复员军人需要安置，很多年轻人结婚也需要房子。闲置的房子远远无法满足需求，解决住房迫在眉睫。为了解决住房问题，政府除了拿出 32 万套临时住房外，还出售了 3.6 万套可用汽车拉着走的活动房子。为了防止不合理的出租营业和投机，杜鲁门还建议限制房价和租金。此外，他还提出对房屋建造者在材料供应上给予优惠；呼吁政府尽快出售手中的剩余建筑材料和房屋；要求各部门竭尽全力扩大建筑材料的生产，尽快解决住房问题。虽然杜鲁门采取了一切可以采取的措施，然而对急需房子的人来说，这些措施是远远不够的，只不过是杯水车薪而已。

为了照顾退伍军人和他们的家属，1946 年初，杜鲁门向国会提出了一个紧急住房计划。该计划主要有 5 个方面的内容：

第一，要求政府限制房价；

第二，10 年内，政府必须建造 1 500 万套住房；

第三，政府拨款 4 亿美元生产建筑材料，并在 2 年内为退伍军人建造 270 万套住房；

第四，政府必须提高私人投资建房的贷款保证；

第五，政府帮助清理贫民窟，为低收入者提供廉价住房，并向他们提供建房贷款。

国会除了没有通过前两个方面的内容之外，其他几项内容都顺利通过了。杜鲁门说："住房越来越困难，这一切都应归罪于国会，它是加速房屋建设的绊脚石。"

为了恢复自由竞争，杜鲁门主张逐步减少政府的战时管制，让政府放开对物价、工资等的管制。政府一放手，物价就像脱缰的野马失去了控制。价格突飞猛涨，出现了严重的通货膨胀。1946 年 7 月，物价放开后短短的十几天里，其指数就上升了将近 30%。

1946 年 6 月 30 日，物价管制法到期了。看到物价上涨得如此厉害，于是杜鲁门建议国会将此法延期。他说："若不延期的话，物价仍会一路飙升。"起初，国会并没有理会杜鲁门的建议。在白宫举行的记者招待会上，记者问道："总统先生，物价上涨是否证明你的预测是正确的。"

"是的，完全证实了我的预测。我们必须尽快通过一个物价管制的法案，否则，价格还会持续上涨。"杜鲁门回答说。

7 月 25 日，国会通过了将物价管制法延长 1 年的新法案。虽然国会按照杜鲁门的意思签署了此项法案，但杜鲁门很不满意地说："这项法案是国会勉强批准的，根本没有确定稳定物价的必要措施，它无法发挥任何作用。"

一切都如杜鲁门所言，国会通过的这项法案没有起到丝毫作用，物价依然持续上涨。为了牟取暴利，商人居然把没长好的牲口和没有成熟的水果拿到市场上出售。杜鲁门生气地抱怨道："这笔账还是应该记在国会这帮自私自利的家伙头上。如果他们早一天同意将物价管制法延期的话，就不会出现这种局面。"

8 月 20 日，物价管理局恢复了对肉类的最高限价。于是，出现了严重的肉荒，人们出高价也买不到肉。因为物价管理局最高限价的举措使那些牲口商不再急于出售牲口，而是留在家里，待价而沽。共和党抓住物价造成的肉荒，大肆攻击杜鲁门。为了保证肉类的供应，杜鲁门不得不下令取消对牲畜及牲畜产品的限价。

因为许多商品的物价已陆续放开，若继续控制物价也无济于事了。无奈之余，杜鲁门不再坚持控制物价。1946 年 11 月，他宣布取消对物价的特种管制。在给朋友的信上，杜鲁门这样写道：

亲爱的米尔：

的确，物价让我伤透了脑筋，费尽了心思。不管你是管还是不管，采取何种方法去管，总是不遂人愿，无法控制它。其实，事情并不是一开始就无法控制的，都是因为国会不配合。其实，国会里全是一帮自私自利的家伙。不管是在哪里，他们都破坏物价管制，鼓励投机取巧。如果他们既合作又动脑筋的话，我就不至急于放松对这些商品的管制了。

......

我的提议是，不能草率取消限价。在物价管制法到期前9个月，延长其有效期，并在某些商品的供应满足需求的时候，逐渐取消该项商品的限价。如果国会按照我的要求去做，那么情况就要好得多，也不至于这么糟糕。至于肉类，那只是一个特例罢了。

......

烦闷的哈里

在国内事务上，杜鲁门还对美国宪法和总统继承法做了改动和修正。按照惯例，美国总统任期为两届。在特殊情况下，罗斯福总统打破了这一惯例。为了避免让某一个人无限制地重新担任总统职务，杜鲁门对美国宪法做了如下修改：

第一项　任何人不得任总统之职两届以上；在另一人任总统期内代行或接任总统职务两年以上者，不得再任总统之职一届以上。当本条开始生效时，并不妨碍正接任或代行总统职务者在该任期期满前继续任职；不适用于当国会提出本条时正在担任总统的人。

——《美国宪法修正案》

该法案于1947年通过，1951年生效。杜鲁门之后的任何总统，都不得在任满两届后再担任总统。杜鲁门当然例外，因为这是在他任期内对宪法作出的修改。

自从杜鲁门继任总统以后，副总统的职位就一直空着，因为要等4年之后才能选出新的副总统。一旦杜鲁门发生意外的话，继任其职位的将是一位未经过选民选举的人。因为1886年的总统继任法规定，总统的继任顺序是副总统，国务卿和其他内阁成员。杜鲁门说："这个继任顺序是极不合理的，因为所有阁员都是由总统选的，而不是选民选的。这就意味着总统选择了自己的继承人，但是任何总统都不应具有这种权力。"于是，杜鲁门建议修改总统继任法。在他看来，众议院议长最接近民选条件，所以在修改总统继任法的草案中，杜鲁门列出的总统继任顺序是这样的：首先是副总统，其次是众议院议长和参议院临时议长，最后才是内阁成员。经过讨论，国会通过了杜鲁门提出的新总统继任法。

1947年5月19日，杜鲁门将一份医疗保健方案的特别咨文交给了国会。反对者说："这不是搞社会主义的那套医疗制度吗？"

杜鲁门反驳道："这绝不是实行社会主义医疗制度，因为社会主义的医生是国家的雇员，而美国的并不是。我真不明白，为什么有些人看到政府为人民健康做点事情，就大惊小怪地说是搞社会主义。"

罗斯福任总统的时候，就曾大力推动医疗保健计划。杜鲁门曾亲眼目睹过很多穷人因交不出医疗费而被赶出医院，所以他十分同情低收入阶层。早在他担任法官的时候，就试图改善这种状况。为了帮助进不起大医院的人治疗，他还曾协助建立了一所医院。那时，他就认为公民应享有适当的医疗权利，联邦政府必须给予帮助。在当了总统之后，杜鲁门坚决执行罗斯福提出的医疗计划，并以实现这一目标为己任。在1945年的时候，杜鲁门就向国会提出了医疗保健方案，但是遭到拒绝。那时，有报道说："截止到1945年4月为止，在应征入伍的500万青年中，有150万人不符合条件。"当时，杜鲁门就是把这条报道作为重要依据的。他说："这个在世界上，我们是走在别人前面的最伟大的国家。然而，在保护人民身心健康方面，我们却落在别人后面。对我们来说，这是莫大的耻辱。"

1945年，杜鲁门遭到国会拒绝后，他并没有灰心。经过深思熟虑之后，2年后，他才再次提了出来。然而这次，杜鲁门精心设计的保健计划依然宣告失败了。直到20年后，这项计划才被国会通过。

第二次世界大战之后，为了实现自己的治国举措，杜鲁门在不停地奔波。在给母亲的信上，他这样写道："妈妈，原本以为战争结束了我可以轻松一些，谁曾想到肩上的担子比以前更重，我几乎没有片刻的闲暇。其实，这些都不重要，重要的是像国民健康保险、普遍军训制等计划都落空了。最令我痛心的就是，无法击败国会里那些阻碍实现国民健康保险计划的反对者。"

2 权系谁手
HARRY S TRUMAN

密苏里州独立城，贝西和玛格丽特已经做好了过圣诞节的所有准备工作，等待着杜鲁门的到来。华盛顿白宫的地图室里，杜鲁门在焦急地踱步，一点也没有启程回独立城的意思。杜鲁门生气地自言自语："也不知道和苏联人谈得怎么样了？这么重要的事情，为什么迟迟不向我汇报，这分明是对我的蔑视和抗拒。一直以来，这个可恶的家伙就不把我放在眼里，我实在是不能再容忍了。等这可恶的家伙回来之后，我一定要好好教训他一顿，让他知道谁是总统。"原来，杜鲁门是在等国务卿贝尔纳斯从莫斯科给他发电报，向他汇报苏联之行的情况。

1944 年前，杜鲁门和贝尔纳斯的关系一直不错。但在 1944 年的选举之后，他们的关系发生了微妙的变化。因为在竞选的时候，杜鲁门答应支持贝尔纳斯竞选副总统，后他改变主意，自己参加竞选，并当上了副总统，进而又当上了总统。当上总统之后，杜鲁门让贝尔纳斯做了国务卿。他之所以这样做，也许是因为他觉得失信于人，心里过意不去吧。尽管如此，他们的关系并没有恢复到从前。个性极强的贝尔纳斯喜欢自己拿主意，很少向总统请示汇报。有传闻说，贝尔纳斯看不起杜鲁门，从不把他当总统看，还说是杜鲁门抢走了本该属于他的总统职位。贝尔纳斯解释说："其实，我对杜鲁门总统并无恶意。"后来，在谈起父亲和贝尔纳斯的关系时，玛格丽特说："父亲上台以来，作出的第一个错误决定就是任命贝尔纳斯为国务卿。贝尔纳斯先生高估了自己，低估了我的父亲，所以他们的关系总是很别扭。"在回忆录中，杜鲁门写道："在第二次世界大战的时候，罗斯福总统任务繁重，就把许多事情交给贝尔纳斯处理。罗斯福总统的这一做法，使贝尔纳斯在行政工作中享有很大的权力和自由。这让贝尔纳斯觉得自己比总统还高明，可以自由行事，所以贝尔纳斯养成了目无总统的习惯……当了国务卿之后，他越来越觉得自己是一个具有全权决定外交政策的总统助理。我国宪法的规定：总统要担负外交事务的全部责任，这是总统不可推卸的责任，既不能放弃，也不能将它转给其他人。显然，贝尔纳斯忽视了这一点，所以他总是越俎代庖。"

HARRY S TRUMAN

1945 年 9 月，为了讨论对意大利、罗马尼亚、保加利亚、匈牙利等国的和约问题，贝尔纳斯率领美国代表团赴伦敦参加第一次美、英、苏、法、中五国外长会议。会上，五国之间分歧很大。贝尔纳斯率先说："这样僵持下去也没有任何意义，我建议宣布会议结束。"会谈没有任何结果，贝尔纳斯就这样回国了。起初，他还害怕引起国内的反对，怕人们指责他断送了世界和平的机会。后来，他放心了，因为新闻界对他的举动赞赏有加。虽然贝尔纳斯的行为没有引起太大的波澜，但是他的做法却令哈里曼大使、波伦等人不高兴。哈里曼说："贝尔纳斯在伦敦会谈的时候，我提出去伦敦和他协商有关苏联问题，但他拒绝了我。后来，当我不顾一切地到伦敦之后，他一直忙着同苏联外长莫洛托夫会谈，根本就不见我。在他眼里，哪里还有我这位驻苏大使啊。"

贝尔纳斯的做法不仅令外交大使不高兴，同时也激怒了总统。杜鲁门生气地说："在作决定的时候，他依然和以前一样自作主张。他既没有征求我的意见，也没有和身边的顾问商量。"

这次，为了打破五国外长会议的僵局，贝尔纳斯没有和任何人商量就自作主张地带领人马去和苏联人谈判。此外，他还通知了英国人。英国外长贝文在莫斯科一见到贝尔纳斯，就责问道："为什么事先不和我们商量一下？"随行人员波伦说："英国人不高兴是有道理的，因为举行这次会谈是国务卿突然想出来的主意。匆忙上阵，准备得一点都不充分，有些议程还是临时添加的。"

虽然贝尔纳斯私自行动令杜鲁门很生气，但更令他生气的是从参议员那里听来的消息。几位参议员对杜鲁门说："总统先生，国务卿前往苏联之前和我们见过面了。"

杜鲁门惊讶地问道："是吗？我怎么一点也不知道。"

原来，贝尔纳斯没有经过总统的同意，私自会见了几位参议员。参议员们感到了事态有些严重，所以才决定向总统汇报。他们忧心忡忡地说："国务卿告诉我们，他将接受苏联人有关联合国原子能委员会的建议。我们以为是您的意思，看来是他个人的主意，我们担心国务卿会向苏联人泄露有关原子弹的秘密。"

听了参议员们的话之后，杜鲁门既吃惊又生气，但强压怒火对参议员解释说："你们放心好了，政府绝对不会泄露任何关于原子弹的情报。"

其实，杜鲁门心里和参议员们一样担心，他命令副国务卿艾奇逊给贝尔纳斯发电报。艾奇逊在给贝尔纳斯的电报中说："总统明确表示：在这次任务中，你不应发表任何科学的情报，因为总统目前无意公开任何有关原子弹的情报。此外，在达成协议以前，你提出的所有建议都必须向国内汇报。"

12月17日，杜鲁门收到了国务卿表示同意的回电。直到25日杜鲁门才等来了贝尔纳斯发来的第二封电报。电报上写着："在同意大利和巴尔干国家恢复和约方面，我们已经达成完满的协议。中国表示同意，法国暂时还没有表态。在下午的会谈中，我希望能够得到法国的同意……"

还没有看完电报，杜鲁门就气急败坏地说："这些情况和记者从莫斯科发回的报道有什么两样？这是一个阁员在向总统汇报工作吗？这分明是一个做生意的人在告诉他的同伙，说不用担心，生意进展得不错，我预计……"

回国之后，贝尔纳斯并没有让杜鲁门看会议结果的文本，就私自在华盛顿公布了会议内容。会议内容一公布就引起了参议员们的不满，他们说："原子能管理的协议含糊不清，而且对苏联人作的让步太多了。"

参议员们纷纷要求总统承诺，他在位期间，除非达成有关监督的国际协定，否则不得泄露原子弹的秘密。迫于无奈，杜鲁门只好按照参议员们的要求做了，他对报界作出了公开承诺。无疑，这刺伤了杜鲁门的自尊，让他没有面子。于是，杜鲁门决定狠狠地训斥贝尔纳斯一顿，并决定让马歇尔接替他的职务。

12月28日，杜鲁门提笔给贝尔纳斯写了一封长信。在信中，杜鲁门说贝尔纳斯没有主动向他汇报工作，没有让他看会议的文本就私自公布于众等等。此外，还说了一些信任贝尔纳斯的客套话。

收到杜鲁门的信之后，贝尔纳斯并没有立即辞职。直到1946年4月，他才对杜鲁门说："总统先生，由于身体欠佳，我恳请辞职。"

杜鲁门并没有立即批准贝尔纳斯辞职，他说："既然如此，那就请你留任到年底吧。"

后来，在参加国际会议的时候，贝尔纳斯每天都打电话向杜鲁门汇报情况，表现得非常积极。虽然杜鲁门有些同情贝尔纳斯，但最终他还是毫不犹豫地让马歇尔接替了他的职务。

除了国务卿贝尔纳斯之外，商务部长亨利·华莱士也令他伤透了脑筋。华莱士是个充满理想、热情奔放、精神饱满的人，深得罗斯福的喜爱，曾在罗斯福政府里担任过农业部部长和副总统的职务。在 1944 年的大选中，他落选了。后来，杜鲁门投了关键的一票，他才顺利当上了商务部长。

第二次世界大战结束后，美苏矛盾日益加剧。美国领导人大都主张对苏联采取强硬措施，而华莱士却不主张采取强硬措施。他说："我认为，美苏之间还存在继续合作的基础。美国应该相信苏联，不应用强硬手段去刺激苏联，而应该和它友好相处。"

华莱士经常发表一些亲苏的言论，这令杜鲁门很生气。他说："我已经厌倦了笼络苏联人，不想再作任何妥协，所以我决定对苏联采取强硬态度。既然知道了我的态度，华莱士还在唱反调，这让我很气愤。何况处理外交事务本来就不是商务部长应该做的事情，他这是在扮演总统和国务卿的双重角色。"

虽然杜鲁门很不满意华莱士的做法，但是他一直都能忍耐。之所以如此，是因为华莱士在民主党内有一定的影响力，杜鲁门还指望他为中期选举出力。最终，华莱士还是彻底激怒了杜鲁门，没有等到中期选举结束他就被解除了职务。事情的经过是这样的：

1946 年 9 月 10 日，华莱士如约来白宫和杜鲁门讨论一些商务部的事情。谈完事情临走的时候，华莱士说："总统先生，我打算过几天在纽约发表一次演说，主要是攻击苏联的。这是演说稿，你是否看一看？"

杜鲁门见华莱士一反从前的做法，不再发表亲苏言论，所以他并没有仔细看演说稿的内容，就对华莱士的演说表示赞同。

9 月 12 日，华莱士发表了演说。

9 月 13 日，杜鲁门举行了记者招待会。

会上记者问道："总统先生，请问您是否赞同华莱士昨天的讲话？"

"是的。"杜鲁门笑着回答。

对于总统的回答记者很惊讶，所以接着问道："您是通篇都赞同，还是赞同部分观点。"

"当然是通篇。"杜鲁门毫不犹豫地回答说。

当记者如实报道了总统的意见之后，国内外一片哗然。一封封电报、信件像雪片一样飞往白宫。当杜鲁门收到驻国外的外交官们的来信时，他非常惊讶，根本不知道发生了什么事情。原来，杜鲁门收到的信几乎全是这样写的："尊敬的总统先生，您是不是已经改变了对外政策？如果您继续让华莱士干扰外交，我将立即辞职……民主党的外交政策前后矛盾、毫无价值，使美国成了全世界的笑柄。"

这时，杜鲁门才知道上了华莱士的当。在9月12的演说中，华莱士强烈批评了美国的外交政策。他删掉了对杜鲁门讲的那些攻击苏联的话，取而代之的全是狂热亲苏的话。此外，他还对外大肆宣扬说："我的演说是经过总统同意的，他完全赞同我的观点。"

被华莱士弄得如此狼狈，杜鲁门不得不向记者澄清事实。他对记者说："你们误会了我的意思，我的意思是同意华莱士发表演说，而不是同意他的观点，因为我根本没有看演说稿的全文。"除了向记者解释外，杜鲁门为了平息议论，挽回影响，他对外发表声明说："我绝对不会改变外交政策。"事后，玛格丽特笑着打趣道："爸爸，看来你犯了轻信人的错误。否则，你也不会被华莱士欺骗。以后说话可要小心啊，一句大度却不够缜密的话给你惹了多大的麻烦。"

在外交政策上，华莱士一如既往地与总统唱反调。杜鲁门把他找到白宫，严肃地说："在公开场合批评美国外交政策就是攻击总统，你想想这样做的后果。"

华莱士唯唯诺诺地应道："我知道。我保证，以后不再发表这样的言论了。"

华莱士口头上答应得好听，但他并没有遵守自己的承诺，依然故我。私下里，他甚至还说："如果不谈外交政策，那我还有什么可谈的。"

杜鲁门再也无法忍受了，9月20日上午，他直截了当地对华莱士说："华莱士，非常遗憾。现在，你必须辞职。"

当日下午，杜鲁门召开了记者招待会。在会上，他对大家说："今天上午，我已经要求华莱士先生辞去了内阁职务，哈里曼将接替他的职务。我这样做并不是剥夺美国人民的言论自由，你们依然可以就任何问题自由地、公开地发表不同意见，但是任何人的言论都不许危及我们在国际关系中的地位。"

在外交问题上，贝尔纳斯、华莱士胆敢挑战杜鲁门的权威。最终，他们都逃脱不了被解职的命运。在国家情报机构的问题上，威廉·杜诺万想在美国建立"盖世太保",他的命运又将如何呢?是得到了总统的支持,抑或是遭到了和贝尔纳斯、华莱士一样的命运?

权欲极强的杜诺万是美国战略情报局的领导,他热衷于谍报工作,擅长安插耳目,一心想成为超级谍王。第二次世界大战中,他的战略情报局破译了敌人的很多密码,向罗斯福总统提供了大量的有用情报,颇得总统赏识。

为控制情报大权,杜诺万向罗斯福提出了建立统一的中央情报机构的计划。在交给罗斯福总统的计划书中,杜诺万写道:"该情报机构既不受军方控制,也不受制于国务院,而是直接受总统控制。该机构将负责战略情报局的常规任务,像反谍报、情报分析、特别情报、特别行动等。其工作的重点将放在涉及美国国家安全的长期战略情报上,并负责协调政府一切情报部门的工作。此外,在与美国安全有关的对外政策上,该机构拥有最后的评估、发送等专权。"然而,在和其他人谈起这个的时候,杜诺万说:"目前,总统的负担已经够重了,不能让总统来领导这样庞大的机构。如果可能的话,就不要再给他增加负担了,还不如我……"显然,杜诺万是有野心的。当新闻界得知这一计划后,纷纷谴责杜诺万,说:"杜诺万是想建立'超级盖世太保机构',其真正目的就是控制国家的情报大权。"

罗斯福总统去世后,杜诺万的计划不仅没有人支持,反而还遭到政府各部门的反对。尽管如此,但他并没有灰心失望。为了实现自己的目的,在交给杜鲁门的两份备忘录中,杜诺万曾婉转地提到关于战后情报工作的计划,但没有回音。

杜鲁门对李海将军说:"我不喜欢任何秘密的政府机构,不想在美国建立'盖世太保',我也不喜欢杜诺万那样的人。美国的情报机构杂乱无章,我想尽量砍掉一些秘密机构。"

李海说:"海军部的几位将军正打算筹建一个既不超出总统控制,又能让陆海两军都能接受的情报机构。"

听了李海的话之后,杜鲁门点头说:"太好了,那就建立一个中央情报机构。"

杜鲁门召开了几次会议之后,达成了协议,即建立一个既不属于军方,也不受制于国务院,而是直接对国家安全委员会负责的中央情报机构。

为了建立中央情报机构，杜鲁门决定先拿杜诺万开刀，解散战略情报局。在总统发布解散令之前，杜诺万进行了最后的挣扎。为了让世人知道他是怎样的一位风云人物，战略情报局曾作过多么伟大的贡献，他精心编写了大量的故事来进行宣传。然而，杜诺万的努力并没有换来媒体的同情，也没有换来民众的支持。最重要的是，他的努力根本改变不了杜鲁门解散战略情报局的决心。

得知杜鲁门决心已定，而且还准备将战略情报局的财产分给其他部门时，杜诺万大发雷霆，强烈抗议杜鲁门的做法。他气急败坏地给杜鲁门打电话说："不管从你的个人利益出发，还是国家利益出发，都不应该瓜分战略情报局的资产。你这样做，未免太过分了。"

杜鲁门根本不理会杜诺万的强烈抗议，签署了解散战略情报局的命令。他说："没有人能阻止我，必须执行我的命令。即使杜诺万不同意，也必须把战略情报局的资产分别移交给陆军部和国务院。"

在签署解散令的时候，杜鲁门致函向杜诺万解释说："政府已经决定建立统一的情报机构，解散战略情报局只是这项工作的开端。以后，国务院会负责战略情报局的情报研究工作。"

在同贝尔纳斯、华莱士、杜诺万等人的较量中，杜鲁门丝毫不含糊，采取强硬态度，树立了自己的威信。此外，为了原子弹的问题，他还和军人之间展开了一场激烈的争论。

第二次世界大战结束后，国会收到了两种不同的控制和利用原子弹的方案。第一种方案主张由文官组成的委员会控制原子弹，这一主张得到进步派、科学家、教育界以及杜鲁门的大力支持，但遭到军方的强烈反对；第二种方案主张由军人控制并负责原子弹的管理和开发，这一主张得到军方的大力支持，但是杜鲁门坚决反对。

为了阐述自己的理由，杜鲁门分别给了陆军部长和海军部长一份备忘录。在这份备忘录里，他写道：

我之所以反对由军人控制原子能，而坚持由文官控制主要有以下两个方面的原因：

第一，原子能关系到整个国家的安全，为了保证国家安全，为了最大限度地利用原子能造福人民，政府必须垄断其设备、原料及生产；

第二，美国法律规定，现役军人禁止在政府内担任任何其他职务。所以，文官控制原子能既有法律依据，也符合美国的传统。

密执安州参议员阿瑟·范登堡提出了对第一个方案的修正案，修正案否决了文官的最后决定权力，给予军方在原子问题上充分的权力。后来，参议院原子能委员会通过了范登堡的修正案。杜鲁门强烈反对这一修正案，他在记者招待会上说："虽然军事部门至关重要，但是并非只有军事部门能够保卫国家安全。为了利于保护国家安全，维护世界和平，我认为直接对总统负责的文官应当担负起发展原子能的全部责任，因为总统作为美国武装部队的最高统帅，他直接管辖的文官委员会决不会妨碍国家安全。"

最后，再次修改了第一个方案之后，杜鲁门签署了原子能法，并根据规定建立了原子能委员会。原子能法规定：

> 总统有下令使用原子弹的特权，政府拥有对原子能的控制权。

> 原子能委员会由5人组成，他们必须经参议院同意后由总统任命。在原子能委员会之上，还有2个由总统直接任命的机构：

> 一个是军事联络委员会，它由国防部指派的陆海空三军代表组成。在与军事有关的原子能问题上，原子能委员会要向该委员会通报情况，并同该委员会进行协商。

> 另一个是总顾问委员会，它由9位工程师和物理学家组成。主要负责向原子能委员会提供技术支持。

显然，控制原子能的权力基本上转到了文官手中。

为了维护和平，杜鲁门坚持自己的外交政策，不向苏联妥协；为了完善和加强美国国家的安全建设，他成立了中央情报局、原子能委员会等。在内政外交方面，杜鲁门向人们展示了他的治国才能。

3 罢工风潮
HARRY S TRUMAN

在杜鲁门为国会反对他的治国计划而烦恼的时候，更令他烦心的事情接踵而至。其中，工人掀起的罢工运动，使杜鲁门陷入了进退两难的境地。在纽约，就有1.5万名电梯工人举行了罢工。此外，像建筑业、石油业、铁路业等工人也举行了大罢工。

在当参议员的时候，杜鲁门与劳工阶层一直保持着非常友好的关系。在竞选副总统的时候，他们还给了杜鲁门莫大的支持。然而，战争结束后，本该享受和平生活的工人为何要举行大罢工呢？难道杜鲁门的治国举措危及到了他们的既得利益吗？其实不然，资本家和工人之间的矛盾原本就是不可调和的，进入 1945 年后，劳资间的各种矛盾激化了，工会希望继续保持或者扩大战时已经得到的各种利益，劳工要求降低劳动强度、提高工资。1945 年 3 月，矿工联合会主席约翰·路易斯与矿主谈判失败后，他下令 7.2 万名无烟煤矿工人举行大罢工。此举使欧洲出现了煤荒，严重影响了战争，威胁国家安全。于是，杜鲁门下令政府接管有关煤矿。

煤矿工人的罢工只是个开始，到战争结束后，各种矛盾都浮出水面，罢工运动也随之风起云涌。1945 年秋天，杜鲁门几乎每天都接到不好的消息，像铁路运输业面临威胁、汽车工业停产、钢铁工业危机等。面对工人们的大罢工，杜鲁门十分不解地说："战时勇于牺牲、全心全意奉献的人，现在为什么变得如此自私自利？"

罢工运动不断蔓延、滋长，10 月底，分布在 19 个州的 17.5 万名工人正在策划更大的罢工运动。有消息说，这次罢工将持续 3 个月之久。国会主张采取严厉的措施限制劳工，而杜鲁门的立场却摇摆不定。为了给国会一个说法，同时又不刺激劳工，杜鲁门想采取温和的折中手段。一方面，出于两党的压力，他让国会禁止工人罢工，成立调查委员会对劳资纠纷进行为期 30 天的调查，在此期间的罢工运动是非法的；另一方面，他又呼吁通过协商提高劳工的待遇。面对这种情况，人们议论纷纷说："杜鲁门既不能治理，又不能领导。"

最终，杜鲁门采取的措施并没有达到目的，而且令国会和工会双方都非常不满意。国会说："总统的手段不够强硬。"而工会则说："我们强烈反对总统的做法，因为它限制了我们罢工的权利，是强制性仲裁。"

为了制定一个解决罢工的办法，11 月初，杜鲁门举行了一次研讨会。与会人员有美国劳工联合会主席、产业工会联合会主席、全国制造商协会主席、美国商会主席以及 36 名劳资代表。在会上，杜鲁门提出了 3 项原则：

第一，用和平的方式解决争端；

第二，真正地集体议价，议价失败时由公证机构来裁决；

第三，以适当的方式替代工会管辖的罢工。

会议进行了 3 个星期，依然没有达到预期的目的，因为各方面的分歧很大。面对继续扩大的罢工，杜鲁门感到有些手足无措。他说："罢工问题真让我苦恼，和苏联人谈判也没有这么棘手。"

1946 年 1 月，钢铁工人大罢工即将席卷美国。由菲尔·莫里领导的钢铁工人工会要求把每小时的工资提高到 19.5 美分，而资方美国钢铁公司只愿意增加到 15 美分。1 月 12 日，双方代表在白宫会谈。虽然会谈并没有取得实质性的进展，但莫里答应将罢工暂缓 7 天。1 月 17 日，在杜鲁门的调解之下，双方仍然没有达成协议。1 月 19 日，1 000 多家钢厂的 80 万名工人参加了这次大罢工。

在白宫的记者招待会上，杜鲁门被迫回答了关于这次大罢工的一些问题。记者说："总统先生，请您对这次罢工发表一些自己的看法。"

杜鲁门说："我个人认为，政府有必要维护主权在民的事情，因为劳资双方掌握的权力都太大了，怎么谈判也无法解决问题。"

"政府打算如何做呢？"记者追问道。

杜鲁门说："我们会竭尽全力做好每一件事情。"

对于杜鲁门的这种回答，记者并不满意。当记者再次穷追不舍地问这个问题的时候，杜鲁门说："我能告诉你的只有这些了，总之，我们会竭尽所能的。"

杜鲁门在日记中写道：

> 没有人能理解我，就算我最亲近的人、最知心的朋友也无法理解我。作为国家元首，我背负的责任重大，而且是无法推卸的。
>
> 我之所以能坚持到现在，是因为我相信人性本善，就算有恶，也是恶少于善。然而持续高涨的大罢工、国会的态度、工会的表现，让我不得不怀疑我一直信奉的信念。国会和工会太令我失望了……

杜鲁门的境况的确很糟糕，因为罢工问题，他的支持率从 87% 下降到了 63%。一些佩服他的华盛顿记者们说："对于总统目前的处境，我们深感惋惜。"

4月，联合煤矿工人协会的约翰·路易斯命令40万矿工罢工。在工人们持续高涨的罢工浪潮中，杜鲁门迎来了就任总统1周年的纪念日。毫无疑问，媒体抓住这一机会纷纷报道、评价杜鲁门这一年来的表现。纽约《先驱论坛报》的记者报道说，作为总统，最重要的就是在工作中成长。《生活》杂志上写道："随着时间的推移，我们发现总统不是掌舵的船长，而是一名助手或导游。"《星期六晚邮报》报道说："也许每位总统都会有学习的过程。对杜鲁门而言，只是他的环境比其他人更艰苦一些罢了。"《纽约时报》驻华盛顿首席记者阿瑟·克罗克在报道说："虽然杜鲁门没有丰富的学识和卓越的领导才能，但他勇气十足，为人正直，而且判断力出众。"在所有的报道中，《时代周刊》的报道最为尖刻、直接。其编辑在文章中写道："事实表明，杜鲁门只是一个平庸之辈。对他来说，总统职位根本不适合。也许，他更适合做县里的小法官。"

除了对杜鲁门褒贬不一的报道之外，在华盛顿还有这样一则关于杜鲁门的笑话：

甲说："杜鲁门是皮尔斯以来最软弱的总统。"

"皮尔斯是谁？他做过什么事情？我怎么不知道啊。"听了甲的话之后，乙惊讶地问道。

甲说："这你就问对了！"

说完，甲乙两人哈哈大笑。

在政府的干预下，钢铁工人的大罢工终于解决了。因为政府通过提高钢铁价格、增加工人工资解决了大罢工，所以不可避免地引发了通货膨胀。

路易斯领导的煤矿工人大罢工影响了各方面的生产，许多公司还被迫关门。路易斯说："必须从每吨煤中抽出5%的资金作为矿工的福利金。"

看到路易斯那幅傲慢、自大的嘴脸，杜鲁门说："你的要求合法吗？"

事后，路易斯不以为然地对朋友说："杜鲁门这个密苏里来的农民，居然和我谈是否合法。他哪里知道什么合法，什么不合法。"

5月，除了矿业的罢工困扰杜鲁门之外，铁路工人即将爆发的罢工也搅得他寝食难安。表面上，杜鲁门看上去还是和以前一样笑容可掬，可是他非常沮丧。在给母亲的信上，他写道：

亲爱的妈妈：

　　我从来没有如此沮丧过，那些家伙几乎将我的斗志消磨殆尽了。我真是恨透了这帮只顾自己的利益、不顾国家死活的家伙。

　　……

　　工会的势力无处不在，金钱的诱惑力大无比，这两者都让我感到厌烦。

　　最近，我烦躁极了，总是无法控制自己的怒火。有一次，我居然在白宫对记者们发火了。那天，白宫记者例行会上，一位记者问我："总统先生，请问在召开内阁会议之前为什么没有通知我们？"

　　当时我就烦躁地对问话的记者说："你是谁，会议由你决定吗？何时召开内阁会议由我决定，我不需要向你报告。"

　　记者从来没有见过我发这么大的脾气，站在一旁莫不吭声。我以前从来不会乱发脾气的，都是可恶的罢工让我情不自禁。

烦闷的哈里

　　虽然与铁路工会打交道是件非常棘手的事情，但是为了阻止即将出现的铁路大罢工，为了不让全国铁路陷入瘫痪而引起恐慌，杜鲁门不得不在20多个工会之间周旋。在和工会领袖进行谈判的时候，杜鲁门提出将煤矿工人的工资提高到每小时18.5美分，但是除了少数工会接受这一条件外，其他的工会都不接受。后来，杜鲁门发现是2个大工会坚决不接受谈判条件，所以其他工会才不接受的。令杜鲁门生气的是，这2个工会的负责人是他的好朋友约翰斯顿和惠特尼。

　　5月23日下午5点，铁路工人的大罢工就要开始了。杜鲁门将约翰斯顿、惠特尼这两位工会领袖召到白宫，单独和相关官员进行谈判。白宫的情形非常紧张，而杜鲁门在下午4点的时候，还轻松地主持了一场慰问老兵的欢迎会。

　　这次，谈判仍然无果而终。当约翰斯顿、惠特尼再次拒绝接受杜鲁门提出的条件时，代表资方进行谈判的官员约翰·斯蒂尔曼说："你们怎么可以对总统说不呢？"

　　约翰斯顿和惠特尼异口同声地说："现在，没有人会听这个总统的话了。"

5点整，工人按照预定的时间开始了大罢工。很快，全国铁路陷入瘫痪。美国从未发生过全国性的铁路罢工，记者描述罢工的情景说："画面十分壮观，数以百计的火车停在铁轨上，各大城市火车站的行李堆积如山，到处都是人……"

有报道说："大罢工开始后，堪萨斯城的水果、蔬菜持续腐烂。全国各地没有人不受到这次罢工的影响，人们都在疯狂地抢购食物、汽油……若在2个星期之内，囤积的谷物无法运出去的话，成千上万的人将会被活活饿死。"

各种电报，信件潮水般地涌向白宫。人们在电报和信件中，毫不隐讳地写道：

总统先生：

危急时刻谁将统治我们的国家？是国内各个的集团？还是政府？请记住工会领袖之外的其他人需要吃饭，要生存，忘掉自私的政治吧。

……

你是我们的领导人，为何在如此紧急的时刻还不采取行动？只有立即采取行动才能解救我们的国家。少说话多做事，拿出实际行动来拯救大众吧。别再玩政治游戏了，是到了该强硬的时候了。总统若对铁路罢工无能为力的话，就应该提出辞职。

……

杜鲁门承受了有史以来最大的压力，他再也无法忍受了，拿起笔就开始写演说稿。杜鲁门夫人说："写演说稿的时候，哈里的眼睛里闪着怒火，手在不停地颤抖，紧闭的双唇成了一条细线。"

一口气，杜鲁门写出了长达7页的讲话稿：

根据宪法赋予总统的权力，我要号召志愿军来维护宪法。

……

在国内有三种人，第一种人为了国家安康没日没夜地工作；第二种人白天黑夜都不做事；第三种人试图全盘破坏别人的辛勤劳动成果，像约翰·路易斯、约翰斯顿、惠特尼之流就属于这种人。对他们的行径，我比任何人都清楚。在战时，约翰·路易斯为满足私欲，发起了两次罢工。与从背后射击战士的子弹相比，这两次罢工就是刺向心脏的尖刀，因为他把枪口对准了政府。和他一样，铁路行业的约翰斯顿、惠特尼也干了同样的勾当。他们这些人拿着高昂的报酬，干的却是龌龊可耻的勾当。在第二次世界大战结束的那天，正是他们这些人对我说："为了让国家恢复到和平时期的生产，我们会百分之百地同您合作，同政府合作。"大家看看，他们都做了些什么？实事摆在眼前，他们全对我撒了弥天大谎。

为了平息罢工，我求助于立法机关对形势进行评估，然而缺乏决断力的国会却没有做到。

……

政府遭到的蔑视、诋毁和歪曲已使我非常厌倦。现在，我要求你们，我的战友们为挽救国家而英勇奋战。让我们一起消灭路易斯、约翰斯顿、惠特尼之流，重新恢复生产和交通。让我们把国家交还给人民，让政府真正做到民有、民治、民享，使我们的国家因民主而得以稳定。

来吧，小伙子们，让我们一起行动吧。

5月24日，杜鲁门在白宫召开了内阁会议。会上，杜鲁门向与会人员询问了解决罢工问题的建议，然而没有人说话。于是，杜鲁门宣读了之前写好的7页演说稿，并告诉了大家一个惊人的决定。他说："我决定，召集这批参与铁路罢工的工人入伍。今天晚上，我就对全民发表广播演说。明天，我就到国会去演说。"

听了杜鲁门的话之后，司法部长汤姆·克拉克说："总统先生，此举无疑是不合法的。在我国征兵法中，不包括征召职业团体。"

"现在，我关心的是如何结束罢工，而不是原则问题。至于是否合法，等解决了罢工问题再去考虑。"杜鲁门坚定地说。

杜鲁门的顾问塞缪尔·罗森曼法官说："我反对召集铁路工人入伍。"

罗斯福夫人也写了一封措辞委婉的信给杜鲁门，她在信上说："千万不要进行军事化的思考，否则将会造成无法弥补的过失。"

在众人的纷纷劝说下，杜鲁门不得不同意修改演说稿。

24 日晚上 10 点，杜鲁门发表了广播演说。他说：

> 今晚，值此危急时刻，我要向美国人民发表讲话。
>
> 珍珠港的危机刚过去，现在我们又面临新的危机，这次，不是外国敌人引起的，而是国内一小撮人为了自己的私欲而引发的危机。
>
> 现在，是到了开诚布公的时候了。其实，劳资双方并无争夺、矛盾，而是两个固执的家伙同政府之间的对抗。他们始终把自己的利益放在国家利益之上，所以他们以罢工来威胁政府，期望以此获得更大的私利。而我是劳工的朋友，我首先考虑的是大家的利益，是整个国家的利益。
>
> ……
>
> 在民主国家中，两个可恶的家伙居然能够完全扼杀我们的经济乃至最终毁坏我们国家，他们拥有这样的力量简直是不可思议的。我相信，国家遭到破坏，大家不会坐视不管的。
>
> ……
>
> 正在罢工的铁路工人们，不要受居心叵测之人的摆布，尽快回到自己的工作岗位去履行对国家的义务吧。明天下午 4 点之前，若还没有足够数量的人返回工作岗位，我将调集军队或采取其他一切必要措施中止这场罢工。

在这次演说中，杜鲁门并没有提到召集罢工的工人入伍的事情，因为他打算第二天在国会演说中提出来。

在回忆这次演说时的情景时，杜鲁门的女儿玛格丽特说："父亲发表演说的这天，我去纽约和朋友一起看戏。因为铁路工人罢工，我不得不借了一辆车开回华盛顿。一路上，交通拥挤不堪，等我到达白宫的时候，早已累得疲惫不堪了。我回来的时候，父亲的广播讲话即将开始，看起来父亲和我一样疲惫。"

25 日上午，约翰·斯蒂尔曼和约翰斯顿、惠特尼再次进行谈判。大概下午 3 点的时候，他打电话向杜鲁门汇报说："事情有了进展，1 个小时之内应该可以解决。"

4 点整，杜鲁门走进国会大厅进行演说的时候，斯蒂尔曼来电话说："协议基本达成，就差签字了。"

在国会演说中，杜鲁门说："过去的2天，铁路工人的罢工让人们都生活在恐怖之中。为了防止全国陷入瘫痪，我们必须尽快想办法停止罢工。所以，我建议国会以紧急修改宪法的方式，赋予我征召罢工的铁路工人入伍的特权。"听了杜鲁门的这番话，很多人都大声鼓掌，表示赞成。

此外，杜鲁门还要求国会赋予他以下权利：

为了解决危机，杜鲁门向美国人民发表了演说。

第一，若发生危害国家安全的罢工，总统有权宣布紧急状态；

第二，参加反政府罢工的工人将失去工龄津贴和就业机会；

第三，禁止工会领袖煽动会员罢工，如果有违反将会受到刑事处分。

杜鲁门说："虽然这些措施违背了我的原则，但在紧急情况下，我不得不把它作为最后的处理方法提出来。现在，不能再拖下去了，我们的行动一定要快。否则，……"

"总统先生，事情解决了。"参议院秘书长打断了杜鲁门的演说，"您看，这是斯蒂尔曼刚才送过来的便条。"

杜鲁门看完便条之后，大声说道："我刚得一个好消息，他们终于接受了我们的条件，罢工事件解决了。"听到这个好消息之后，国会议员们全都站起来欢呼、鼓掌。

虽然事情解决了，但是杜鲁门还是神情严肃地读完了演说稿。

杜鲁门的果决得到了两党领袖和新闻界的称赞。有人说："过去，在人们眼中，总统先生是个优柔寡断的人。现在，人们终于看到了他强悍、果断的一面。"费城《记录报》报道说："有史以来，这是美国总统所经历的最严峻的一次勇气考验。显然，杜鲁门出色地经受住了考验。"《亚特兰大宪法报》报道说："总统的精神境界提高了。"《纽约时报》上有文章说："其实，杜鲁门也是一位能挺身应付困难的人。只要形势需要的话，他一样可以采取强硬措施。"

罢工结束后，惠特尼扬言说："杜鲁门这么做只会断送他的政治前途。1948年，杜鲁门胆敢竞选连任，我将不惜花光所有的钱击败他。"约翰斯顿说："杜鲁门居然敢破坏罢工，他是工会的叛徒，是不折不扣的法西斯主义者。"

面对这样的威胁，杜鲁门毫不在意地说："我必须为所有美国人服务，即使为此而断送了政治前途我也在所不惜。"

铁路罢工解决，煤矿工人的罢工仍在继续。杜鲁门再次进行调节，但劳资双方仍然没达成协议行。于是，杜鲁门命令司法部颁布临时禁令，制止路易斯领导的煤矿工人罢工。此外，他还宣布："矿工联合会和路易斯蔑视临时禁令，我决定罚矿工联合会350万美金，罚路易斯个人1万美金。"

5月29日，资方满足了煤矿工人提出的将小时工资增加到18.5美分，每周工作5天，假期补助100美元等要求。于是，路易斯在白宫签署了一份协议。至此，煤矿工人的罢工也宣告结束。对杜鲁门来说，这场危机为他提供了坚守阵地的机会，其锐气丝毫也没有被损伤。尽管如此，有人不禁要问："在解决工人的罢工运动中，杜鲁门表现出来的强硬会像工会领袖惠特尼说的那样儿断送他的政治前途吗？"

4 1946年的中期选举
HARRY S TRUMAN

成功解决罢工运动令杜鲁门的声望大幅度攀升，但是并没有持续太久。原本，杜鲁门希望在处理罢工问题的时候谁也不得罪，结果却适得其反。在劳工问题上，民主党内的自由派人士对杜鲁门的做法极为不满，而他与劳工的情谊也因罢工运动而彻底丢失了。至于民主党内保守派人士，早就在他实施"21点战后复兴计划"的时候，就粉碎了对杜鲁门的幻想。民主党的团结成了问题，和劳工的关系紧张，整个夏天，国会的不满、媒体的批评此起彼伏，所有这一切都弄得杜鲁门苦不堪言。

《时代周刊》载文说："如果这个世界依靠杜鲁门和他的政府来拯救的话，麻烦就大了。他和他的同僚，这些具有中部人行事作风的人能干成什么大事情？"《芝加哥太阳报》上登出一幅这样的漫画：画中，杜鲁门喝得烂醉，两眼鼓出，一只手放在疼痛的脑门上问道："还要什么？"这副漫画还被其他杂志和报刊广为转载。据说，还有一则关于杜鲁门的笑话广为流传。笑话的内容大致如下：

有一次，杜鲁门参加内阁会议迟到了，因为他醒来时感到关节疼痛。后来，他才发现是自己想把脚放到嘴里所致。

在美国历史上，像这样攻击总统还是少有的事情。此时，就连杜鲁门侍奉母亲的孝心，也成了人们攻击的把柄。人们窃笑着说："白宫里每天都是母亲节。"原来，杜鲁门的确是个大孝子。母亲节的时候，杜鲁门特意派绰号为"圣牛"的总统座机把92岁高龄的母亲接来白宫住了1个多星期。因为有1年多没有和母亲见面了，所以在母亲节那天，杜鲁门特意陪母亲乘坐总统游艇徜徉在波多马克河，观赏河岸的风光。

6月6日，杜鲁门宣布了两项重要任命。第一项任命是，宣布财政部长弗雷德·文森接替刚去世的最高法院首席法官的职务；第二项任命是，约翰·斯奈德接替财政部长文森的职务。在杜鲁门看来，文森和斯奈德知识渊博、精明强悍、值得信赖，所以他希望自己的这两项任命能获得广泛的赞同。但是大多数人认为，杜鲁门的这两项任命并非明智之举。有媒体报道说："斯奈德只是圣路易斯的一个小银行家，显然他无法胜任财政部长。毫无疑问，总统有任人唯亲之嫌。"还有报道说："文森对行政体系运作娴熟，并不表示他能胜任最高法院首席法官；而且斯奈德是个平庸的人，让他担任财政部长未免太低估了行政工作的难度。"

8月，国会正式休会。为了散心、排解烦闷，杜鲁门决定去休假。在给母亲和妹妹的信上，他写道：

亲爱的妈妈、玛丽：

昨天，是我过的最糟糕的一天。每15分钟就要见一个人，商讨不同的事情。最令我生气的是，为了讨论巴勒斯坦问题，我花了足足2个小时和内阁阁员们共进午餐，然而没有谈论出任何结果。

今天几乎同样糟糕，但又不完全是那样。为了缓解压力，我去游泳了，这可是我今年第一次去游泳，感觉非常好。

……

这个夏天，一直令人烦闷。8月，国会就要休假了，我也该休息休息了。为了放松心情，我决定出去度假。由于贝西和玛格丽特回独立城避暑了，所以我只好和朋友们一起去了。

爱你们的哈里

7月31日

看来，真像杜鲁门说的那样，他确实需要休息。总统顾问塞缪尔·罗森曼法官说："这个夏天，倒霉的事情接连不断，就连总统的健康状况也受到了影响。他多年未发的胃痛复发，耳朵好像也受了感染。虽然他看起来很健康，但他确实需要放松心情，缓解压力。"

8月初，杜鲁门决定乘"威廉斯堡号"游艇出去休假。他说："不出10分钟，'威廉斯堡号'就会把我带离这个烦恼的鬼地方。"和老朋友相聚最轻松、最愉快，所以杜鲁门邀请了他的老朋友罗斯、斯奈德、克利福德、马特·康内利、乔治·艾伦、格雷厄姆上校等人一起去休假。

在搭乘游艇旅游的时候，杜鲁门等人最有意思的活动就是玩扑克。杜鲁门说："迄今为止，打牌是我最喜欢的消遣活动之一。一副扑克在手，其他的烦恼统统都可以抛到脑后。所以，对我来说，输赢无所谓。我喜欢的是玩牌本身的乐趣，是和朋友们在一起轻松、愉快的感觉。"

在回忆起这次和总统一起出游的情景时，克利福德说："以前，我根本没有机会玩扑克，出来旅游我还随身带着一本扑克秘籍。"马特·康内利说："总统的确很喜欢打牌，他的牌打得相当不错，但他绝不是高手。打牌的时候他喜欢作弄人，当他算出某人需要某张牌后，嘴上说把那张牌给别人，可发出来的却是另外一张牌。总统打牌的时候有一个缺点，就是他得了好牌的时候嘴角总会露出笑意，这样人家一看就知道是怎么回事了。"

除了玩牌之外，就是喝酒、聊天。杜鲁门没有架子，这帮朋友和他在一起也不必拘束。

而他也不必对这帮朋友存有戒心，所以他们想喝多少酒就喝多少。偶尔，他们还会讲一些在白宫听不到的笑话，每个人都乐不可支。乔治·艾伦说："喝了酒之后，总统看起来轻松多了，而且说的话也有趣多了。烦闷的时候总统会喝好多酒，不过他通常都只喝一杯酒……其实，我们都能感觉到总统身上的压力，但他总是装得非常轻松，常常笑着告诉我们他睡得很好。"

这次旅行，多少令杜鲁门轻松了许多。他在给贝西的信上写道："贝西，这里是个好地方，我可以无忧无虑地享受这里的一切。这次旅行除了回来的时候遇到风暴之外，其他一切都非常顺利。现在，回来之后我觉得比以前轻松多了。"

1946 年，为了赢得中期选举，美国共和党、民主党两大主要政党展开了激烈的竞争。

美国宪法规定，美国国会由参议院和众议院组成。国会选举每 2 年举行一次，一次是同 4 年一度的总统选举一起举行，另一次是在两次总统选举之间举行。两次总统选举之间举行的国会选举，通常称为中期选举。中期选举是两党政治实力的体现，也是两党选举策略、选举能力的较量，所以它历来被视为 2 年后大选的预演。如果某党派在中期选举中失败，毫无疑问会给 2 年后的大选蒙上阴影。

10 月，即中期选举的前一个月，民意调查的结果出来了，杜鲁门的支持率仅为 40%。几个星期后，他的支持率下降到了 32%。与 1945 年 10 月的支持率相比，这次少了 50 多个百分点。

选举越来越近，两党间的竞争也越来越激烈。共和党人抓住杜鲁门和汤姆·潘德加斯特的关系大做文章，杜鲁门再次被说成是密苏里州的小仆人，是潘德加斯特集团的应声虫。此外，物价问题也成了共和党人攻击杜鲁门的把柄。因为政府限价造成了肉荒，共和党抓住这一问题大肆攻击他。民主党主席鲍勃·汉尼根告诫杜鲁门说："如果不取消肉类限价，在即将临近的选举中，共和党将会取得压倒性胜利。"

杜鲁门无奈地说："无论我采取什么措施，都会遭到指责。如果维持现状，人们会继续说所有的麻烦都是由我引起的；一旦我取消限价，人们又会指责我屈服于压力。"

随着时间的推移，共和党的呼声越来越高，选民们对杜鲁门的不满越来越强烈，连他的名字都没有办法提。民主党参议员哈里·基尔格在寻求连任的时候发现，在演说的时候只要一提到杜鲁门的名字，就会引来人们纷纷议论和讥笑。作为杜鲁门的好友、崇拜者，基尔格不得不为杜鲁门辩护。他说，杜鲁门的确工作得很出色，但是面对人们那样的举措，他只能采取幽默的方式为他的朋友辩护。

事情发展到了这个地步，民主党人非常绝望。在竞选国会议员的演说中，为了提高当选的机会，很多民主党人都尽量避免提起杜鲁门的名字。为了唤醒人们对新政的回忆，有人甚至还在演说中一遍遍播放罗斯福总统的演说录音带。然而，这一切努力都无济于事。

汉尼根对杜鲁门说："既然情况这么糟糕，你最好不要发表政治性演说，也不要在竞选活动中露面。"

杜鲁门无奈地说："看来只有这样了。"

一连几天，杜鲁门一直呆在办公室，没有出去参加任何活动。

10月23日，杜鲁门飞往纽约参加了联合国大会。会上，他发表了一篇十分合乎情理的演说："历史发展到今天，我国已经成了世界上比较强大的国家之一。同时，历史也赋予了我们特殊的责任。为了维护世界和平，我们应该维护我们所拥有的力量，并适当地运用它。"听了这样的演说，连苏联人也不得不赞美他。然而，正是这样一个人，在国内的处境却非常尴尬。

当政治家的一个首要条件，就是在遇到麻烦和困难的时候，要能始终保持微笑。杜鲁门深谙此道，他始终表现得愉快和乐观，很关心他人；他从不抱怨、垂头丧气，也不责怪别人。以前，在困难时期，他做到了；现在，他的脸上也没有写满愤怒和沮丧。在参加完联合国举行的大会之后，杜鲁门始终保持沉默，微笑着和人们握手。在乘火车前往独立城老家参加投票的途中，一群天真烂漫的小学生热情地邀请杜鲁门发表演说。虽然盛情难却，但杜鲁门始终都是满脸笑容地向人们挥手，紧闭双唇没有说一句话。因为他知道，自己此刻必须沉默。

中期选举的结果出来了，共和党人在选举中取得了压倒性胜利，共和党控制了国会参众两院。参议院的选举结果是，共和党获得51票，民主党获得 45 票；众议院的选举结果是，共和党获得 246 票，民主党获得 188 票。除了参众两议院以外，在州长职务的选举中，共和党人也取得了多数。在许多城市，民主党纷纷被共和党击败。在堪萨斯城，参与竞选国会议员职务的候选人伊诺斯·阿克斯特尔是杜鲁门亲自挑选的。最终，他以 6 000 票之差输给了共和党对手。玛格丽特说："独立城的选举结果传来的时候，我爸爸只瞟了一眼结果，就摇摇头微笑着对我说，何必费心呢？让我别为他担心，他知道事态会如何发展。其他地方的选举结果也不断送来，但是爸爸连看也不看一眼。其实我知道，这次惨败令他很没面子。"

毫无疑问，从这次的选举结果来看，2 年后的总统选举对共和党非常有利。所以民主党人的士气十分低落，个个都心灰意冷。人们说："现在，民主党在国会是一个少数党，杜鲁门也成了'少数党'总统；在白宫，他成了一位没有威望的领袖。"来自阿肯色州的年轻民主党众议员威廉·富布赖特对杜鲁门说："总统先生，对于民主党的失败我非常难过。为了避免华盛顿将出现 2 年的僵持状态，我个人认为您最好是任命一位共和党的国务卿，然后自己宣布辞职。也许，这样做选民会满意。"后来，对杜鲁门夫人说起此事的时候，杜鲁门笑着说："看来，富布赖特还算得上半个聪明人。"

中期选举之后，共和党和民主党的保守派联合通过了一项限制劳工运动的法案。该法案包括以下几个方面的内容：

第一，禁止工会封闭工厂；

第二，禁止工会纠察或非法联合；

第三，允许雇主控告工会破坏合同；

第四，工会必须向劳工部长提供年度财政报告；

第五，工会基金不能用于政治活动，不能用于向政党捐钱；

第六，禁止工会与资方签订雇佣工会会员的合同；

第七，允许一个工厂同时存在若干工会；

第八，工会在取得证书之前，其领导人必须说明他们是否是共产党员。

为了 1948 年的大选，为了重新树立民主党的形象，杜鲁门站出来捍卫劳工权利，否决了限制劳工运动的法案。杜鲁门之所反对这个法案，主要有四个方面的理由：

第一，该法案与民主社会的原则发生冲突，它将改变美国劳工政策的基本方向，使政府陷入私人经济事务；

第二，该法案只会给国家带来灾难；

第三，该法案只会使工人罢工增多，而不是减少；

第四，该法案不利于工业界的安宁，同时，对经济的发展也没有丝毫好处。

后来，国会推翻了杜鲁门的反对理由后，杜鲁门无可奈何地说，为了使国家的劳工得到公平的、合理的待遇，他已经尽了最大的努力。其实，通过反对国会的这一法案，杜鲁门不仅有力地抨击了共和党的国会，而且还挽回了他个人的声望，重新获得了劳工的支持。此外，杜鲁门的这一行为还大大鼓舞了民主党党员。

HARRY S TRUMAN
第五章
与苏联较量

为了和苏联对抗，杜鲁门先后抛出了"杜鲁门主义"、"马歇尔计划"；为了实施这些计划，杜鲁门和国会之间进行了一场较量。他对国会议员说，如果不通过他提出的计划，就会面临共产主义的威胁，就会葬送美国和世界的繁荣。正是通过这种耸人听闻的演说，杜鲁门达到了目的。

1 "杜鲁门主义"
HARRY S TRUMAN

虽然中期选举让杜鲁门成了"少数党"总统，但他也因此摆脱了罗斯福的阴影。就像当年竞选参议员连任的时候一样，汤姆·潘德加斯特倒台后，他自己面对一切一样；就像父亲去世后，他自己一人承担农场的重任一样。在1947年1月6日发表的国会咨文中，杜鲁门说："虽然过去的1年工人罢工不断，但国家的经济却空前繁荣，国民收入比以往任何一个和平时期都高。在就业方面，几乎没有一个人失业。对于这样的成就，我非常满意……"在这篇咨文中，杜鲁门从头到尾都没有提到罗斯福的名字。他的老朋友罗斯说："11月的大选之后，才有了一个真正的杜鲁门政府。现在，总统是一个真正自由的人了。"显然，杜鲁门同意罗斯的观点。他对外宣称："未来的2年，我会努力做好每一件事情。说实话，我接受选民的选择，而且任何人都应该接受公平选举的结果。虽然民主党籍的总统和共和党掌握的国会之间会存在冲突，但是我有自己的处事原则。做任何事情的时候只要考虑全民的利益，不考虑政治因素就可以了。"

就像杜鲁门说的那样，国会的变化并没有影响国家的内政外交，尤其是外交事务。杜鲁门主张对苏联采取强硬态度，这一点始终没有改变。在给妹妹玛丽的信中，杜鲁门写道：

亲爱的玛丽：

......

这里的一切瞬息万变，尤其是外交事务。每天，我都要和国务卿马歇尔研究外交事务，共商大计。眼前的情况并不理想，来自苏联的威胁始终存在，为了获得真正的和平，我不得不采取强硬态度……

不久以后，马歇尔将前往莫斯科参加他的第一次外长会议，我也将飞往墨西哥访问。

......

保重！

哈里

HARRY S TRUMAN

正像信上写的那样，杜鲁门此刻正为外交事务忙得不可开交。此时，困扰他的是伊朗、土耳其、希腊问题。其实，这一切问题的根源都来自于美国和苏联之间的争夺。第二次世界大战结束后，许多国家内战不断。各大国尤其是美苏两国，为了扩张各自的势力在中东地区的伊朗、土耳其、希腊进行激烈的争夺。

早在二战还没有结束的时候，为了打击德国在伊朗的势力，英国和苏联军队占领了伊朗。当时，伊朗政府和英苏两国签订了协议：英苏两国必须保证尊重伊朗的主权、领土完整，并在战争结束后的 6 个月内全部撤军。后来，美国以保护战时运输为由也派兵进驻伊朗。

战争结束后，英苏两国并未就如何撤军达成一致。尽管伊朗政府一再敦促，他们也未能按协议撤军。后来，伊朗西北部少数民族发生暴乱，成立了阿塞拜疆民主党。1945 年 12 月，建立了亲苏的阿塞拜疆共和国。伊朗政府以苏联干涉其内政为由，在联合国控告苏联，并要求联合国调查处理此事。于是，美英苏三国在安理会展开了激烈的辩论。为了解决这一问题，苏联还同伊朗政府进行了谈判。在谈判的时候，苏联提出了 3 个条件：第一，伊朗政府承认北方自治政府；第二，停止敌视苏联的活动；第三，成立苏伊石油公司。

苏联政府非常坚决地说："如果伊朗政府答应了这 3 个条件，苏联政府将从 1946 年 3 月开始撤军。否则，我们不会撤军。"伊朗政府拒绝了苏联的要求之后，美国开始大力支持伊朗政府抵制苏联。此后，美国逐步对苏联采取强硬态度，开始了和苏联在伊朗的争夺。

1946 年 8 月 7 日，苏联向土耳其发出照会。同时，苏联还将照会抄送了一份给美国。在照会中，苏联说："我国政府要求，土耳其政府必须归还我们在 1921 年割让的两个地区。为了防止居心巨测的国家利用海峡，我国政府要求得到控制黑海的某些权利。即在海峡管理上，由土耳其和黑海沿岸的国家负责；在海峡防御上，由苏联和土耳其联合防御。"

毫无疑问，苏联的建议是排斥一切非黑海国家。因为美国和英国在海峡问题上得不到任何权利，所以美国坚决反对苏联的建议，并表示会全力支持土耳其政府。于是，土耳其拒绝了苏联的要求，并准备抵抗苏联的进攻。接替哈里曼任美国驻莫斯科大使的沃尔特·比德尔·史密斯将军来电说："我认为苏联很可能会侵犯土耳其，如果土耳其得不到美国和英国长期可靠的支持，土耳其政府很快就会垮台。"

此外，希腊问题也时时困扰着杜鲁门。美国驻雅典大使林肯·麦克维来电说："有传言说，英国打算从希腊撤军。一旦英国撤军，我建议美国立即向希腊提供援助。否则，希腊将落入苏联之手。"

2月21日，星期五，英国驻美国大使馆秘书西奇尔带来的两份文件证实了英国将从希腊撤军的传言。第一份文件上写着：

> 目前，估计希腊还需要近3亿美元的外汇援助，今后需要的数目也许会更大。因为我国已经无力继续援助希腊，所以决定在一个月后撤出希腊，同时中断所有的经济援助。

第二份文件上写着：

> 与希腊相比，土耳其的情况稍微好一些，但也很难维持。为了不让苏联人坐收渔翁之利，我国希望美国能援助这两个国家。

原来，在反法西斯的战争中，希腊共产党领导游击队抵抗德军，成立民族解放阵线，组织了人民解放军。德军撤走后，英国军队占领了希腊首都雅典。在英国的支持下，希腊政府残酷地镇压共产党。希腊共产党人奋起反抗，到1947年初，他们已控制了很多地方。而此时，英国确实无法再给希腊提供任何援助了。除了战争给英国造成巨大的损失外，罕见的低温和风雪也严重影响了英国的经济。《泰晤士报》的头版头条上写着：

> ### 天气严重威胁英国
> 为了节约用电，伦敦的各办公室中点上了蜡烛……持续不断的暴风雪已经袭击了英国大部分地区，许多学校、工厂等都被迫关闭。积雪阻碍了公路、铁路运输，使成千上万的城镇与外界断绝了联系。
>
> ……
>
> 一辆公共汽车在一条主要的海岸公路上行驶，不小心开进了一个10英尺的大雪堆里。一辆扫雪车为了营救这辆公共汽车，结果也被埋进了雪堆。
>
> ……

收到英国的文件之后，美国的决策者们主张援助希腊。他们说："如果美国不去填补英国的空缺，苏联的势力很快就会渗透进去。一旦苏联人控制了这些地区，带给美国和西方国家的将会是灾难性的后果；如果我国接受英国的建议，抵制住苏联的势力，西方世界的领袖，乃至世界霸主就会是美国，而不是苏联。"

21日下午，杜鲁门命令副国务卿艾奇逊必须在24日，即星期一之前，交给他一份关于希腊、土耳其问题的完整报告。领命之后，整个周末艾奇逊等人都在研究如何进行援助的报告。星期一上午，艾奇逊向马歇尔作了汇报，马歇尔同意援助计划，并让他去草拟一个具体建议给总统。26日上午，国务院、海军部长、陆军部长召开了一次会议。会上，他们一致通过了由艾奇逊负责起草的建议。当日下午，建议书送到了杜鲁门手中，得到了他的批准。其实，杜鲁门早就向希腊政府明确地表示美国很关心希腊的未来，只是他没有把自己的意思告诉国民罢了。

大家都同意了，剩下的任务就是说服国会拨款。战后美国削减军费的呼声一直很高，民意测验表明，多数人反对美国与苏联对抗。况且国会刚否决了国务卿马歇尔提出的增加国防开支的要求，他们会同意拨款援助外国吗？艾奇逊早就考虑到了这一点，所以在起草报告的时候，他用共产主义来说服国会，因为他知道这是国会最担心的问题。

2月27日，为了讨论援助问题，杜鲁门在白宫召开了一次会议。与会者除了正副国务卿马歇尔和艾奇逊之外，还有参众两院有影响力的议员。在这次会上，杜鲁门第一次向与会人员介绍了英国政府给美国的那两份文件，即所谓的"蓝皮书"。杜鲁门说，他已经决定向希腊、土耳其提供援助，希望国会能使援助计划及时有效地实施。

会上，马歇尔发表了讲话，他平静地说："这是我们面临的第一次挑战，今后，我们还将遇到许多挑战。因为这些挑战，苏联人有可能将它的势力范围扩大到中东、亚洲，乃至欧洲，这绝对不是危言耸听。所以，美国必须行动起来，否则将自食恶果。"

对于马歇尔的观点，杜鲁门完全赞同，但参议员们有异议。他们问道："我们这样做将付出什么样的代价？我们为什么要卷入？这不是意味着英国人讨好吗？"

还没有等杜鲁门和马歇尔开口，艾奇逊就主动要求发言。因为他觉得马歇尔的话没有力度。他在日记中写道："今天，上司的表现糟糕透了。

就这几句轻描淡写的话，能从国会那里得到拨款才怪呢？……总统的话没引起反应，马歇尔的开场白也毫无激情可言，国会没有一个人知道我们面临的挑战。重任落在了我一个人的肩上，我必须让他们感觉到这种挑战。"

得到马歇尔的同意之后，艾奇逊开始了他慷慨激昂的讲话：

> 在过去的 1 年半里，苏联对海峡、对伊朗以及希腊北部施加压力，使巴尔干诸国已经落到了非常危险的地步。一旦苏联得逞，它将轻而易举地渗透入三大洲。就像一颗老鼠屎能坏一锅汤一样，希腊的变质将会使伊朗等许多国家受到感染。共产主义就像无孔不入的病毒，它会通过意大利、法国国内的共产党势力传染给欧洲，通过埃及、小亚细亚传染给非洲。现在，苏联正在进行历史上代价最小的一次赌博。只要赢一两次，他们就可以获得巨大的收益。
>
> ……
>
> 如今，世界出现了以两个意识形态完全不同的国家为首的两极，这是史无前例的。为了维护我国安全和民主，为了抵御共产主义势力入侵美国，除了援助希腊和土耳其之外，我们别无选择。

听了艾奇逊的讲话之后，议员们都沉默不语。良久，参议员范登堡神情严肃地说："总统先生，如果您到国会去发表演说，并把这件事情告知全国人民，我就支持你。我相信，大多数议员也会支持你的援助计划。"后来，关于范登堡对杜鲁门说的话还流传着这样一种更直接的说法：总统先生，为了使国会通过这一议案，你必须发表一篇把全国人民吓得心惊肉跳的讲话。否则，你将无法顺利达到目的。

毫无疑问，艾奇逊耸人听闻的讲话达到了预期的目的。会议结束之后，杜鲁门命令艾奇逊负责起草总统咨文。他说："在咨文中，你要强调美国捍卫的是世界的民主，而不仅仅是希腊和土耳其两国。记住，必须以最快的速度完成任务。"此后，政府各个部门都把工作重点放在了援助计划上。

当艾奇逊把拟好的总统咨文交给杜鲁门的时候，杜鲁门看了之后说："咨文需要修改，不仅太冗长，而且技术性的东西太多，像投资计划书一样。"杜鲁门还把咨文中"美国应该"的字眼全都改成了"美国必须",因为他想要的是清楚明确的观点,不想咨文中有模棱两可、含糊不清的字眼。最后,艾奇逊交来的稿子还引起了争议。苏联问题专家凯南觉得咨文太高调,把问题说得太严重了。他对艾奇逊说:"不能因为希腊和土耳其的问题,美国就无限制地承诺援助世界各国的自由人民,美国根本无力承受。"

艾奇逊笑着回答说:"我的理论家,收起你的理论吧。如果不这样说,根本没有办法说服国会,根本弄不到钱。"

对于凯南的看法,马歇尔、波伦等人表示同意。马歇尔说:"我觉得应该放低调一些,咨文里反共的内容太夸张了。"

总统的助手埃尔西说:"最近,苏联没有公开的越轨行动,我们没有借口发表如此高调的讲话。"

杜鲁门说:"如果不使用激烈的语言,不夸大共产主义的威胁,将很难使国会通过这项议案。"

1947 年 3 月 12 日下午 1 点,杜鲁门在国会发表了演说。他坚定不移地说:

现在,世界已分为两个敌对营垒,世界上存在以下两种生活方式:

第一,集权政权,即少数人意志强加于多数人之上,压制个人自由的生活方式。它依赖恐怖、压迫、固定式选举等。

第二,自由制度,即以多数人的意志为基础,强调自由的生活方式。其特点是自由制度、自由选举、没有政治压迫,保障个人的言论、宗教、信仰等自由。

几乎每个国家都必须在这两种生活方式之间作出选择,但这种选择却不是自由的选择。我认为,我们必须援助各国自由人民,让他们抵抗企图奴役他们的少数人或外来压力,自由选择自己的命运。我认为,我们应该通过经济和财政援助的方式给予他们帮助,因为这有利于经济、政治的稳定。

在这一决定命运的时刻,如果我们不援助希腊、土耳其,不论是对东方还是对西方来说,其影响都将是深远的。所以美国必须承担"自由世界"抗拒共产主义的使命，必须反对苏联共产主义的入侵，而且我们必须采取迅速而果敢的行动。否则，任何国家的民族民主革命和集权主义都会危害美国的安全。

我要求国会授予权力，先向希腊和土耳其提供 4 亿美元的援助。此外，为了帮助它们进行人员培训，建立稳定独立的经济体系，我们还要向这两个国家派遣有经验的美国行政管理人员、军事人员、经济学家和技术人员。

整个援助计划将花费 3 410 亿美元，这的确不是一笔小数目。但问题的确很严重，如果我们不实施援助计划的话，也许会危害世界和平。毫无疑问，美国的利益也会受到损害。与不实施援助计划的后果相比，3 410 亿美元实在是微不足道的。

……

台上，杜鲁门讲得慷慨激昂；台下，大家的反应并不热烈，因为很多人对这一援助计划持反对意见。杜鲁门的这次 18 分钟的演说被称为"杜鲁门主义"，演说结束后，全场起立并报以热烈的掌声。有人说："议员们之所以鼓掌是出于对总统的尊重，而不代表他们赞同总统的观点。"

对于杜鲁门的这次演说，舆论界反应不一。《科利尔》杂志载文说，在名望上，总统获得了最大的成功。《生活》杂志载文说："总统的这篇演说就像一盏明灯，照亮了混乱的国际关系。"《新闻周刊》报道说："如果语言可以塑造国家的未来，无疑杜鲁门的演说已经起到了这种作用。很明显，它已使美国置于强权政治之中。"一些自由主义的报刊则指责杜鲁门，说他是毁灭罗斯福对苏政策的罪魁祸首。在回忆录中，杜鲁门写道："我相信，这次讲话是美国外交政策的转折点。它向世界宣告：不论何时何地，不论是直接还是间接侵略威胁了和平，都将与美国安全有关。"实际上，杜鲁门主义宣称，美国决心干涉他国内部发生的有共产主义性质的革命和世界各地的共产主义。

议案提出后，国会开始了一系列的辩论。有人反对，也有人支持。参议员佩波说："实施这个计划只会破坏美国与苏联的关系。"参议员比尔德说："我反对的理由主要是经费问题，因为我们面临的是一个无底洞。"参议员威登伯格说："目前，除了援助之外，我们找不出更合适的方法。"面对反对的声音，艾奇逊解释说："这个法案并不意味着建立永恒不变的模式，我们会根据情况适当地变动。"会上，艾奇逊回答了国会议员提出的各种问题；会下，他还必须时时为"杜鲁门主义"辩护。一次，在和著名作家李普曼辩论"杜鲁门主义"时，他们吵得面红耳赤，甚至相互指责。李普曼说："这种做法是不切实际的。"闻言，艾奇逊生气地斥责李普曼："你这是破坏美国外交政策。"

争论终于有了结果，4 月 22 日，参议院以 67 票对 23 票，顺利通过了援助希腊和土耳其的议案；5 月 9 日，众议院也以 287 票对 107 票通过了这项法案。"杜鲁门主义"是在艾奇逊的积极推动下，在马歇尔和杜鲁门的鼓励和支持下产生的。结果出来后，他们都如释重负。

1947 年 5 月 22 日，杜鲁门签署了这项 4 亿美元的援助法案，"杜鲁门主义"获得了认可。玛格丽特赞赏地说："这次，父亲表现出的谋略和胆识，堪称他任职期间深谋远虑的典型。"

对于"杜鲁门主义"的议论，虽然褒贬不一，但其重要意义是无法抹杀的，它是美国外交政策的转折点。之所以这样说，主要有两个方面的原因：第一，它标志着美苏冷战正式开始。过去，苏联是美国的盟友；而现在，美国对外政策的目标是遏制苏联扩张，把苏联当成了美国的主要敌人。第二，美国一改传统的孤立主义外交政策，开始以世界宪兵身份大力干涉世界各地事务，美国从局部扩张转变为全球扩张。此后的 20 多年，"杜鲁门主义"一直支配着美国的对外政策。

2 "马歇尔计划"
HARRY S TRUMAN

在和苏联的较量中，为了争夺希腊、土耳其，美国提出了"杜鲁门主义"；为了复兴欧洲，美国提出了"马歇尔计划"。"杜鲁门主义"不是杜鲁门总统一个人的主义。同样，"马歇尔计划"也不是马歇尔将军一个人的计划。"杜鲁门主义"和"马歇尔计划"共同构成了美国对外政策的基础，标志着美国首次公开宣布把"冷战"作为国策。

1947 年 3 月，为了和苏联领导人讨论战后德国问题，马歇尔前往莫斯科参加外长会议。在会谈的时候，苏联外长莫洛托夫总是表现出一副漠不关心、毫不在意的样子，好像西方联盟的挫折对他来说并不重要。时间一天天拖延下去，会谈毫无进展，这令马歇尔非常沮丧。

在有关德国的前途问题上，为了尽快达成一项协议，马歇尔觉得直接和斯大林谈会更有效果。于是，他到克里姆林宫礼节性地拜访了斯大林。然而，斯大林的话令马歇尔更沮丧。他漠不关心地说："战争结束了，我们有的是时间。这次，无法达成协议又何妨？我们可以下一次再谈，如果仍然无法达成协议，我们就继续谈，直到达成协议为止。"马歇尔原本以为可以与和苏联人协商，并达成共识。然而，他发现自己错了。从斯大林和莫洛托夫的态度里，他察觉到了苏联政府的真正想法。苏联不愿意看到稳定的、繁荣的欧洲，尤其不希望看到德国恢复秩序、稳定和繁荣，他们希望欧洲越乱越好。

1947年4月26日，马歇尔从莫斯科返回华盛顿。在向杜鲁门汇报的时候，他忧心忡忡地说："欧洲动荡不定，经济面临崩溃，而苏联人却表现得如此冷漠。若美国不大规模地援助欧洲，共产主义很快就会在西欧各国蔓延滋长，欧洲各国政府将无法维持。如果有必要的话，我们可以撇开苏联自己干。现在，最重要的是抓紧时间。当我们不紧不慢地商议对策时，他们早就濒临死亡了。"

对于马歇尔尽快复兴欧洲的计划，杜鲁门非常赞同。其实，杜鲁门早就有了援助欧洲的想法。早在两年前，史汀生对他说："一个生产力发达、经济强盛的德国，事关欧洲未来的稳定。"杜鲁门回答说："的确如此，我们应该给他们提供帮助。"1947年1月，在发表"杜鲁门主义"之前，他就在国情咨文中写道："我们是世界经济强国，未来经济关系的形成都得依赖我们。不管我们是否乐意，都必须与受战争打击的人民一起分享我们的富裕、繁荣，并向他们宣扬我们的自由和民主。"

战后，欧洲的确困难重重。战争不仅使战败国遭到了巨大的损失，而且也使战胜国陷入困境。在德国，其工业生产只及战前的22.9%，在国际贸易中，其比重仅为0.5%，与1938年相比，下降了近10个百分点。在法国，经济遭到严重破坏，工农业生产都大大减产，造成了农民买不到生活用品，市民买不到粮食的局面。与法国相比，英国的损失相对较小，但也面临巨大困难。英国从战前的债权国变成了债务国，其黄金储备也大大减少。在给杜鲁门的信中，英国首相艾德礼详细地描述了欧洲的现状：

> 因为罕见的寒流、风雪的影响，欧洲经济遭到严重破坏，许多工厂关闭，失业率不断上升，城市陷入瘫痪状态。欧洲面临煤荒和粮荒，时时都在经受饥饿和寒冷的折磨。据说，在德国，为了来年春天掩埋冻死、饿死的亲人，人们在头年的秋天就开始准备墓穴。丘吉尔说："欧洲是一所停尸房，是瘟疫和仇恨的温床。"

> 经济上的不稳定引起了政治上的动荡，各国国内不满情绪逐渐上升。1947 年，在议会中，法国共产党所得的票数打破了其他政党的得票纪录。除了法国之外，还有英国、意大利、丹麦、比利时等欧洲国家的共产党也介入了联合政府。面对如此严重的政治问题，我国政府感到惴惴不安。

> ......

> 在战争期间，我们认为吃粗面包是理所当然的，然而战后我们还得继续这种日子。为了防止粮食进口不正常的时候会忍饥挨饿，现在我们就不得不吃粗面包，不得不把每周油脂的配给量从 8 两减少到了 7 两。这种日子比战时都还要苦，到处都怨声载道。

4 月 28 日，马歇尔发表了广播讲话。在讲话中，他明确地告诉全国人民说，战争让欧洲人民仍然生活在苦难之中，他们急需得到医疗、煤、食物等生活必需品。欧洲的恢复比预期的速度要慢得多，我们必须对他们进行援助……

在征得杜鲁门的同意、听取各方面的意见之后，马歇尔立即着手研究援助欧洲计划的工作。为了尽快拟定出一份拯救欧洲的报告，马歇尔让凯南负责成立了一个政策规划小组。马歇尔命令道："10 天之内，我必须看到具体的研究方案。如果国务院不赶快行动，就会被其他部门抢在前头。"领命之后，凯南立即召集了几位欧洲问题专家着手研究，拉开了"马歇尔计划"的序幕。后来回忆起拟定欧洲援助的事情时，凯南说："马歇尔将军雷厉风行，不喜欢无休止地争论某个问题。一旦作出决定，他就绝不会回头。刚接到命令的时候，我都有些不知所措，不知道从何做起。"

杜鲁门非常信任马歇尔，他没有过多地参与"马歇尔计划"的制定。

他明确地表示："我的想法和马歇尔是一致的……除了能恢复经济外，这个计划将在欧洲激起新的希望，让欧洲人有力量来对抗共产党。"

5月初，虽然马歇尔的计划书还没有交出来，但是杜鲁门已经下定决心实施欧洲援助计划。为了试探实施该计划会引起什么反应，5月8日，杜鲁门派艾奇逊代替他去密西西比州一个小镇作一次关于外交政策的演说。临行前，艾奇逊对杜鲁门说："总统先生，我已考虑好了演说的内容。"

"说说看。"杜鲁门饶有兴趣地说。

艾奇逊说："欧洲局势变化很快，我们的工作步子太慢，而国会的拨款又少得可怜。我想说明事实真相，让人们知道我们正面临一场严重的危机。在国人震惊之余，提出一个解决问题的计划。"

还没有等杜鲁门开口，艾奇逊就迫不及待地问道："您看如何？您是否同意由我来做这样的演说？"

"主意不错，我当然同意你的做法。"杜鲁门毫不犹豫地回答。

在小镇的体育馆，艾奇逊滔滔不绝地开始了的演说：

> 如今，饱受战争创伤的欧洲国家急需一切物品，但他们正处在经济混乱之中，买不起任何东西。所以，美国必须向它们提供经济资助。我们的目标不是救济，而是帮助受灾国恢复贸易和工农业生产，使它们自立。
>
> ……
>
> 欧洲的复兴迫在眉睫，我们没有时间再等待了。为了解决欧洲问题，国会必须提供更多资金、授予更大的权力。
>
> ……
>
> 今天，除了人类和国家之外，人类的民主制度、尊严和自由都存在于狭窄的经济界限之内。我们外交政策的目标之一，就是运用经济手段拓宽这一界限。这样做，不仅是履行我们的义务，行使我们的特权，而且是为了维护我国的安全，为了维护我国的民主制度和自由。
>
> ……

艾奇逊的演说结束后，有记者问道："你是在宣布一项新的外交政策，还是在试探舆论反应？"

"这个问题你应该去问总统，而不是问我。"艾奇逊回答说。

事后，这位记者还真打电话问了总统。他说："总统先生，艾奇逊在密西西比州的演说是否代表您本人的意思。"

"是的。"杜鲁门非常肯定地说。

在艾奇逊看来，这次演说是一次号召美国人民去进行一次最伟大、最光荣的冒险。毫无疑问，杜鲁门同意艾奇逊的看法。他说："艾奇逊的演说基本上包括了未来的计划，可以说他的演说是马歇尔计划的开场白。"

援助欧洲的计划书还没有出来，英国媒体就对艾奇逊的演说进行了大肆报道。原来，在演说之前，艾奇逊把演说内容透露给了英国广播公司、《每日快报》、《每日电讯报》的记者。他的理由是，美国舆论界对他的讲话不会有太大的反应，希望能在国外引起反响。看到报道之后，参议员范登堡气急败坏地来找马歇尔。他晃着报纸质问马歇尔："你看看，艾奇逊已经公开宣布，美国将提供巨额外援。这到底是怎么回事？"

马歇尔笑着劝范登堡："不要生气，你先平静下来听我给你解释。援助议案势在必行，到时候我们保证不会忽视国会的作用。"

没有得到想要的答案，范登堡只好亲自去找杜鲁门。他明确地告诉杜鲁门："从现在起，在飞机起飞时就让我随行。否则，在飞机迫降的时候，休想得到我的帮忙。"

5月25日，凯南向马歇尔递交了一份名为"从美国的观点看欧洲复兴问题"的报告。

报告中明确指出："我们必须把欧洲看作一个整体，让它们自己担负复兴的主要责任。在这个计划中，美国并不是处于主导地位，所以它们应主动向美国提出给予援助的要求，并联合制定复兴计划……目前，对欧洲来说，最严重的问题不是共产主义，而是其受战争破坏的政治、经济和社会结构。解决这些问题的关键就是集中力量进行经济复兴，只有恢复了经济才能抵御苏联的影响。"

看了凯南交来的报告之后，马歇尔说："措辞不生动，没有力度。报告中应该突出面临的困难和危险，强调采取行动的必要性和紧迫性。"

27日，负责经济事务的助理国务卿威尔·克莱顿视察欧洲归来，他交给马歇尔一份备忘录。在备忘录中，他详细描述了欧洲的境况。他写道："国务院低估了欧洲经济遭受的破坏程度，几乎没有人能想象出欧洲的现状。目前，欧洲的形势非常糟糕，农民买不到饲料，就用粮食喂牲口，而城里数百万人正在挨饿。在欧洲恢复生产之前，他们每年至少还需要25亿美元资助。否则，欧洲人很难生存下去。一旦欧洲崩溃将意味着革命，美国经济也会因此而萧条。"

看了这份备忘录后，马歇尔说："这正是凯南的报告中所欠缺的。"

征得杜鲁门的同意之后，马歇尔准备在哈佛大学的毕业典礼上发表演说。于是，他把克莱顿的备忘录和凯南的报告都交给了波伦，让他起草一份演说稿。按照马歇尔的要求，在演说稿中，波伦强调了欧洲遭到的破坏，指出拯救欧洲是历史赋予美国的责任和义务。

6月5日，马歇尔在哈佛大学满腔热情地发表了演说：

> 为了帮助世界恢复正常的经济状态，美国应该尽其所能。否则，和平就会失去保障。
>
> 我们的政策是反对贫穷、饥饿和冒险，而不是反对任何主义、任何国家；我们的目的是恢复自由经济制度，并为其创造出赖以生存的政治、社会条件，让世界经济正常运行。
>
> ……
>
> 任何愿意帮助欧洲复兴的政府、政党或集团，都将得到美国政府的支持；任何企图阻挠其他国家复兴的政府、政党或集团，都会遭到美国政府的反对。
>
> ……
>
> 欧洲复兴计划是一项共同的计划，我认为欧洲各国应该团结起来，明确各自应承担的责任。即使无法取得所有欧洲国家的认可，也应征得大多数国家的同意。
>
> 复兴欧洲是欧洲人的事，欧洲各国应首先提出倡议，并就合作计划达成协议，而不是由美国单方面地拟定该计划。至于美国，其主要任务就是协助制定该计划，并尽力支持它。
>
> ……
>
> 世界的未来依赖正确的判断，依赖于美国人民的意愿和所作所为，所以我们要正确分析，把握欧洲形势……

马歇尔的演说结束之后，总统顾问讨好地说："总统先生，在您的全面领导下，复兴欧洲的计划终于出炉了。"

杜鲁门笑着说："在制定这个计划的时候，马歇尔将军作出了巨大的贡献。毫无疑问，荣誉是属于他的。"

"我觉得，应该把该计划叫做'杜鲁门计划'。"总统顾问好像并没有领会总统的意思，继续说道。

杜鲁门大声说道："你疯了吗？如果写我的名字，送到共和党的国会里之后，一定会被他们撕毁。"

杜鲁门的这句话一点也不假，所以他想把计划叫做"马歇尔计划"。他这样做不仅是为了给马歇尔将军荣誉，而且是为了使计划顺利通过。所有参与该计划的人都知道，要说服国会和人民接受该计划是很不容易的事情。而马歇尔将军在世界享有盛誉，不仅美国人民爱戴他，国会议员尊重他，而且欧洲盟国也崇敬他。毫无疑问，用他的名字命名将会更有影响，更容易让美国国会和欧洲国家接受。多年后，回忆起此事的时候，杜鲁门的顾问说："虽然总统的决定是对的，但是我仍然觉得应该叫'杜鲁门主义'。"

杜鲁门在为"马歇尔计划"奔波的时候，也时刻惦记着自己生病的母亲。自从2月份母亲摔断了腿之后，杜鲁门就更担心母亲的身体状况。尽管非常忙，但因为放心不下，所以短短的几个月他就回去了好多次。5月，因为母亲中风他又回去了一次，还陪母亲呆了2个多星期。他告诉记者说："我没有办法离开，必须一直守在母亲身旁，因为她醒来之后就想和我说话。"母亲恢复之后，杜鲁门就回到华盛顿。每天，他都给母亲打电话，陪她聊天。此外，他还经常写信回去，并让玛丽念给母亲听。因为他知道母亲热衷政治，所以信的内容几乎都离不开政治问题。

6月中旬，他再次回去探望了母亲。看上去，母亲的状态还不错。可是回华盛顿后不久，他就接到玛丽的电话："哥哥，你赶紧回来吧，也许妈妈挨不过今天了。"接到玛丽的电话之后，因为事务缠身，杜鲁门没有办法立即启程。1个小时后，他才坐上总统专机飞往独立城老家。然而，遗憾的是他没有见到母亲最后一面。11点半的时候，杜鲁门还没有到家，母亲就与世长辞了。

后来，杜鲁门在日记中写道：

那天，在飞机上，我梦到了母亲。她对我说："哈里，再见了。记得，做个乖孩子。"那时，我就感觉事情不妙。最终，我没能和母亲说上最后一句话……

母亲的过世令我非常难过，一个多星期以来，我都无法集中精力去工作。我的脑中常常浮现母亲的身影，浮现出我在农庄生活的一幕幕。

……

后来，我对我最爱的女儿玛格丽特说："孩子，有一天，你也会明白，我为你，我唯一的女儿担惊受怕的滋味；有一天，你也会和爸爸一样，变成一个孤儿。所以，爸爸希望你每到一处，都能给父母你的消息。现在，最令我担心和牵挂的就是你、你妈妈和你姑姑玛丽……"

……

料理完母亲的后事以后，杜鲁门又全身心地投入了工作。为了讨论是否邀请苏联和东欧国家参加欧洲复兴计划，杜鲁门在白宫召开了特别会议。经过讨论之后，大家一致同意让苏联等国也参加该计划。

在英国外交大臣的主持下，美、英、法等国在巴黎召开了有关欧洲复兴的会议。为了商量合作的可能性，苏联外交部长莫洛托夫率领80多人来巴黎参加了会议。会上，英法主张各国先提出国内经济方面的统计数字，然后在此基础上，提出统一的复兴计划。莫洛托夫说："我反对公开经济情报，应该让需要帮助的国家拟定自己所需的货物清单。"

英、法、美三国都不接受苏联的建议，尤其是美国坚决反对。波伦说："莫洛托夫的意思，就是让美国慷慨解囊，而且不允许过问其使用情况。"

遭到拒绝之后，莫洛托夫说："试图通过经济手段介入欧洲事务，这是美国一贯的伎俩。美国的这一做法不仅使援助国成了粮食生产者和原料供应国，而且还为某些国家干涉别国内政提供了机会。"

最终，苏联没有参加这一复兴计划。在它的压力之下，东欧国家也拒绝参加。虽然苏联拒绝参加这一计划，但是斯大林并不反对其他国家实施这一计划。

为了制定统一的申请援助计划，7月16日，英、法、意、奥等16个国家的代表在巴黎召开经济会议。经协商后，16 国达成共识，并签署了欧洲经济合作委员会总报告。9 月 22 日，报告交给了杜鲁门。需要美国支援的经费高达 200 多亿美元，于是，众人开始为说服国会而奔波了。

3 推销 "马歇尔计划"
HARRY S TRUMAN

作为美国总统，杜鲁门最关心的当然是美国的利益。他无时无刻不担心失去大半个欧洲，担心苏联乘虚而入。为了实施复兴欧洲的 "马歇尔计划"，杜鲁门几乎到了废寝忘食的地步。当他接到欧洲送来的报告后，一刻也没有耽误，立即让新助手查尔斯·墨菲为他起草一份说服国会的报告。此外，杜鲁门还在白宫召开了一次特别会议。与会人员除了政府领导外，还有参众两院的部分议员。

为了让大家充分考虑 "马歇尔计划" 的必要性，杜鲁门在会上通报了欧洲的情况。此外，他还要求在 "马歇尔计划" 生效以前，让国会拿出一部分钱援助西欧。总统和国务院的官员们都在积极行动，然而国会的反应非常冷淡，没有通过拨款计划就宣布休会了。为此，杜鲁门非常担心欧洲问题。他在日记中写道：

> 我还没来得及喘气，就被不断涌来的欧洲问题缠住了。我得到的都是些令人不安的消息，像共产主义势力可能掌权，欧洲经济维持不了多久等等。现在，最紧要的就是 "马歇尔计划"。
>
> 国务院正在为此事积极策划，而国会却不理会。为了使国会通过这一庞大的计划，我还要进行一场异常艰巨的战斗。
>
> ……
>
> 得知贷给英国的 27 亿美元只够花 6 个月的时候，我感觉到了问题的严重性。如果我们不立即采取措施，英国就要破产了。我建议国会实施临时援助计划，可国会仍然不理会，还没有讨论就要休会了。
>
> ……
>
> 好像我的工作永远没有结束的时候。刚解决一个问题，另一

个危机又出现在眼前。希腊、土耳其问题刚解决，英国等欧洲国家的问题又接踵而至。如果美国置之不理，他们就要面临破产的命运。如果真是这样，我们的繁荣，乃至世界的繁荣也会因此而葬送。

为了说服国会，杜鲁门一直在努力。在国会休会前，杜鲁门劝说共和党议员："我建议你们亲自到欧洲去一趟，看看那里是不是像马歇尔将军说的那样，急需美国的援助。"最终，杜鲁门说服了一些议员，而且还取得了一定的效果。出国之前，他们都是强烈的反对者；回国之后，他们都成了国际主义者，至少他们不再反对"马歇尔计划"。尽管如此，但在1948年1月国会复会之前，参议院的共和党领袖并不打算作任何决定。为此，杜鲁门费尽心机，伤透了脑筋。

10月1日，在给女儿玛格丽特的信上，杜鲁门写道：

亲爱的女儿：

　　自1945年4月12日担任总统以来，这是我所度过的最可怕的10天。为了欧洲复兴计划，这10天来我夜以继日地工作，然而事情并没有取得多大的进展。每个"华莱士分子"都拼命地反对，像肯特、萨瑟恩老头等人；每个共和党人都想坑你爸爸，像范登堡等人。

　　……

　　总统难当，像我这"少数党"的总统就更难当了。没当过总统的人，无法体会到当总统的滋味。在美国历史上，有的总统当得很累、很辛苦，有的总统却当得很轻松。从上台开始，我就是一位不轻松的总统。为了消除人们的不信任，为了处理接踵而来的各种危机，我必须时刻高度警惕，施展我的全部本事，以免作出错误的抉择。

　　……

　　为了"杜鲁门主义"，我绞尽了脑汁。现在，为了"马歇尔计划"，我要费尽口舌了，任重而道远啊。

　　……

　　　　　　　　　　　　　　　　　　　　　爱你的爸爸

虽然事情是像杜鲁门给女儿描述的那样，但是他并没有灰心丧气。为了说服国会，他一直在努力。杜鲁门说："作为总统要主动出击，而不能被动，不能向国会屈服。"

10月17日，墨菲把起草好的报告交给了杜鲁门。他在报告中强调说："一直以来，国会总是耽误时间，从不考虑后果。总统先生应该尽早向他们提出问题……没有外援的话，欧洲很难维持下去。若一直耽误下去，后果将不堪设想。"

10月18日，杜鲁门和各大报社的主编进行了一次非正式的谈话。为了向他们阐述"马歇尔计划"的必要性，杜鲁门花了很长时间耐心地讲解。末了，有个主编直截了当地问："总统先生，请问在这个计划中美国将会得到什么好处？"

"美国不会得到任何好处。"杜鲁门回答说。

这个主编吃惊地问道："总统先生，没有弄错吧。美国运送这么多物资去欧洲，却捞不到任何好处？"

"是的，没有弄错。"杜鲁门非常肯定地说。

显然主编并不满意杜鲁门的回答，他继续问道："既然如此，美国有必要这样做吗？"

在之前的讲解中，杜鲁门已经把问题说得很清楚了，而这群人还这样不停地追问，他有些不耐烦地说："我做这件事，并不是为了从欧洲获得的好处。我之所以这样做，是因为这是唯一正确的选择。"

没等这群主编开口，杜鲁门继续说道："刀架在脖子上的时候，难道你们不想活命吗？"

有人回答说："这还用问，谁不想啊，除非是傻子。"

杜鲁门笑着说："这就对了。我不是傻子，我想活命，所以我才这样做的。"

10月24日，杜鲁门在白宫发表了广播讲话。他说："目前，西欧正面临严重的危机。意大利、法国的政局很不稳定，如果它们的经济持续恶化，共产党人将会取得政权……"

11月17日，国会应杜鲁门的要求复会。为了说服国会议员支持援助欧洲的计划，12月19日，杜鲁门向国会递交了一份咨文。在咨文中，他向美国人民和那些惊讶的执法者解释说：

　　"现在，我们必须作出一个重大的、意义深远的决策，即是否要协助欧洲自由国家复兴经济。在很大程度上，我们的决策将决定它们的前途，决定它们能否作为独立国家，期待和平繁荣的未来。

　　"我推荐这个计划，因为我相信，在寻求持久和平方面，这是必要的，也是明智之举。"

　　"美国对欧洲的经济援助并不是漫无止境的，而是为了让欧洲在一定时期得到复兴。在执行计划的时候，我们会尽量减少美国的负担。对欧洲的援助计划和美国的外交政策是一致的，它将有效促进美国外交政策的执行……"

　　"为了帮助欧洲复兴经济，未来的4年，美国将拨款200多亿美元；为了帮助西欧国家渡过难关，1948年4月1日之前，必须先拨出68亿美元。我要求国会尽快批准这一计划。若不计后果，一味地拖延或否决，美国终将会因此而受到影响。"

　　为了使美国的支援金额和欧洲国家需要的金额平衡，从10月17日到12月19日，杜鲁门和白宫工作人员、财政部、国务院等部门的工作人员夜以继日地工作着，几乎没有睡过一夜好觉。这段时间，杜鲁门承受了巨大的压力。在给妹妹玛丽的信上，他尽情倾诉了自己的烦闷和苦恼。他写道：

　　亲爱的玛丽：

　　　　我一直想给你写信，但都被工作耽误了。每到晚上，我就非常困，倒床就睡着了。昨天晚上8点30分就睡了，一觉睡了8个多小时还是觉得累。一直以来，我都在准备国会的咨文。这可是件大事，我必须要做好。否则，很难对付那帮想坑我的人。

　　　　尽管如此，但我绝对不会从党派政治的立场出发，而是从国家和国际立场出发去面对局势。与当总统相比，让世界摆脱集权主义更重要。作为总统，除了承受行政重担之外，还必须忍受蛊惑家、说谎者们的各种辱骂。一个神志清醒的人，若知道总统要承受这么负担，他是绝对不会当总统的。

　　　　……

　　　　为了怕人说闲话，总统的家人没有谁敢随意去做事情，大家都不得不小心翼翼。这一点，你应该深有体会，你不是被那些记者纠缠过吗？你知道吗，有些可恶的家伙居然说："玛格丽特最大的障碍就是他的父亲杜鲁门。"你听听，这不是屁话吗？

总有一天梦魇会过去，那时，我们就可以开始正常的生活。

自己多保重！

哈里

为了说服国会批准"马歇尔计划"，除了杜鲁门之外，积极倡导该计划的人也在为之奔走呼告。副国务卿艾奇逊辞职之前，还积极为该计划出谋献策。为了有助于实施复兴计划，范登堡建议设一个超党派的委员会。于是，艾奇逊极力劝说马歇尔和杜鲁门，让他们先下手为强，尽快建立白宫控制的委员会。此外，艾奇逊还推荐他的老同学哈里曼担任该委员会的主席。

艾奇逊辞职之后，洛维特接替了他的职务。虽然他不喜欢和国会打交道，但他的工作很出色。为了取得共和党领袖范登堡的支持，每天下班后，他都去范登堡家坐坐，和他喝酒聊天。当然，洛维特是不会忘记正事的。为了让范登堡了解欧洲的困难，了解共产党在这些国家的活动，他常常让范登堡看一些有关欧洲情况的秘密电报。为了"马歇尔计划"，洛维特与夫人在一起的时间比他和范登堡在一起的时间还少。有人开玩笑说："洛维特，这个秋季你夫人作出的牺牲实在太大了。等国会通过了计划之后，你一定要好好奖励你的夫人啊。"

所有人都在为"马歇尔计划"努力的时候，马歇尔也没有闲着。起初，很多人都劝马歇尔和范登堡加强联系，培养感情，马歇尔拒绝道："完全没有这个必要，范登堡是参议员，他会根据国家利益作出判断的。"虽然马歇尔对笼络议员的做法很反感，但他深知国会所起的作用。后来，在洛维特的劝说下，他经常和范登堡来往，两人十分友好。马歇尔还开玩笑说："我们的关系非常密切，就差他坐我腿，我坐他的腿上了。"对于马歇尔的表现，他的下级非常满意。洛维特说："我们非常敬佩将军和国会打交道的方法，他从不欺骗议员，不隐瞒实情。在秘密会议中，他还坦率地告诉议员真实情况。"

自1947年秋天以来，每个支持"马歇尔计划"的人都在为之努力。11月17日到30日，马歇尔、洛维特和哈里曼等人参加了许多次听证会。为了说服国会，向议员解释，他们几乎每天都在听证会上奋力拼搏。

11月底，努力终于有了回报，国会通过了临时援助方案。尽管如此，实施"马歇尔计划"的阻力仍然很大。

为了算清楚每个国家需要的物品及数量，国务院的工作人员没日没夜地忙了半年多。当国务院的经济顾问保罗·尼采把计算出来的详细报告，即"黄皮书"交给国会的时候，他们百般刁难。众议院拨款委员会主席约翰·泰伯说："尼采先生，我已经看了你交来的报告。现在，让我们按照你排列的顺序，逐个进行讨论吧。此外，你还得向我讲清楚你提供这些货物及数量的具体原因。"

"好吧。"听了泰伯的话之后，尼采无可奈何地说。

泰伯说："那我们就先从奥地利说起。第一项，向奥地利提供2.5吨豆子，是这样的吗？"

"是的。"尼采回答说。

"那你告诉我，为什么向他们提供2.5吨豆子？你种过豆子吗？"泰伯问道。

没想到泰伯会问这样的问题，顿时，尼采就像泄了气的皮球。他沮丧地回答说："没有。我……"

"你知道吗，我可种过豆子，我知道是怎么回事。"没等尼采说完，泰伯就毫不留情地打断了他。

尼采小心翼翼地问道："我可以叫农业部的专家来吗？"

泰伯怒气冲冲地说："绝对不行，必须由你亲自回答我。"

听了泰伯的话，尼采沮丧极了。他在心里说："上帝，才刚开始讨论第一个国家啊，简直不敢想象他接下来会如何刁难我。虽然我作了充分的准备，但是国会若一直这样挑剔的话，我哪里招架得住啊。"

后来，泰伯气急败坏地去找洛维特。他对洛维特说："尼采自己都没有搞清楚状况，就把报告交上来。这件事就此打住，等国务院自己先弄清楚再说。"

洛维特笑着说："我问你一个问题，你一定回答不出来。"

"哼。"泰伯冷哼一声说，"你说吧。"

洛维特说："你告诉我B-29轰炸机上一共有多少颗铆钉。"

"不知道。你以前负责过空军，你当然知道。"泰伯不服气地说。

洛维特笑着说："说得好，这就是问题的症结所在。那你为什么要不停地问尼采那些可笑的问题，而不让他请农业专家呢?"

最后，泰伯同意让尼采请农业专家。尽管如此，但争论还在继续，有的共和党人甚至还说，该计划带有浓厚的社会主义色彩。就这样，"马歇尔计划"一直在国会悬着。

1948 年 2 月，捷克斯洛伐克发生了"二月事件"。该事件是捷克斯洛伐克资产阶级为夺了取政权而制造的政府危机。在苏联的支持下，捷克斯洛伐克共产党向资产阶级政党发动了攻势，而且彻底粉碎了资产阶级的反共活动。最后，共产党人以合法的方式巩固了领导地位。

一直以来，美国都密切关注着捷克斯洛伐克。对于捷克发生的事件，新闻界报道说，美苏大战一触即发。"二月事件"和耸人听闻的报道闹得美国人心惶惶，国防部一直处于戒备状态，连中央情报局也说："随时都有发生战争的可能。"

对推行"马歇尔计划"的人而言，捷克发生的事件除了令他们担忧之外，还有一丝机会。机不可失，时不再来。于是，他们抓住机会大做文章，希望国会尽快通过"马歇尔计划"。马歇尔将军说："若国会再不通过复兴欧洲的计划，西欧就要遭受独裁统治，整个世界将面临危机。"

3 月 17 日，杜鲁门向国会发表了讲话。他警告国会说："目前，苏联已经破坏了许多国家的独立性、民主性，国会必须立即通过'马歇尔计划'。否则，世界将会成为共产党的天下。到那时……"

最终，"马歇尔计划"在国会以压倒性多数获得通过了。1948 年 4 月 2 日，杜鲁门签署了欧洲复兴法案。对杜鲁门而言，这是来之不易的胜利。为此，所有支持者都松了一口气。杜鲁门的好友罗斯在给他的信上写道：

亲爱的总统先生：

对我，你不吝惜表露你的友谊和信任。在人生中，我想再没有比友谊令人欣慰的了。对我来说，享有你的友谊是我今生莫大的欣慰。

……

几年前，你对我说："罗斯，我要拖你一起下水。"现在，我很高兴你这样做。有生以来，和你共事的岁月是最有收获的。与你周围一些优秀人物共事，这是鼓舞人心的。

……

为了"马歇尔计划"，有多少个夜晚你难以入眠，有多少顿饭你难以下咽。如今，令人忧心的计划已经通过了，你终于可以放松一下了，我为你感到高兴。美国祈求和平，所以我知道遇到麻烦之后，你一定全力以赴，放手拼搏的。你为"马歇尔计划"做出的努力，正是你为美国的利益在努力，为和平在努力。

虽然未来的路上不知道还有多少艰难险阻在等着你，但是我相信你，相信你会处理好一切。总统先生，你知道吗，最令人景仰的是你的品格，作为总统的品格。从你拖我下水的那天起，我对你的钦佩、信赖，对你的敬爱之心就有增无减。

……

祝你从今往后的日子都过得愉快！

查理·罗斯

正如罗斯信上所言，"马歇尔计划"对美国是有利的。此话一点也不假，通过该计划，美国达到了名利双收的目的。一方面，该计划给西欧国家输入了新的血液，使其经济得以稳定发展。毫无疑问，此举为美国赚取了好名声。杜鲁门说："作为美国对世界和平的最大贡献，'马歇尔计划'将被载入史册。"在给杜鲁门的信上，丘吉尔写道："在人类历史上，'马歇尔计划'是最纯洁的行动。我诚心诚意感谢美国为拯救世界免受战争、饥荒之苦而做的一切努力，谨向你和你的国家致以最崇高的敬意！"另一方面，美国在经济和政治上控制了西欧。美国不仅给西欧国家送去了他们需要的物质，而且给他们送去了不需要的东西。在许多方面，西欧国家不得不放弃自己的一些利益，听命于美国。

4 争夺柏林
HARRY S TRUMAN

一艘艘载满美国货物的大船，源源不断地驶向欧洲。最终，除了德国之外，货物都顺利送入受援国手中。苏联卫兵以货物清单没有填写完整为由，拒绝载满货物的火车开往西柏林。同时，载满货物的大船也被迫停在运河里，迟迟无法通过。

在"马歇尔计划"中，德国并不是受援国。为何美国的货物送到了柏林，为何又遭到苏联士兵的拦截？

原来，各大国经过协商之后，在雅尔塔会议上达成了关于战后处置德国的协议。协议规定：柏林由美、英、法、苏4国分区占领，并共同管理德国。第二次世界大战结束后，按照协议，美、英、法3国占领德国西部，苏联占领德国东部。4国占领了德国，他们各自都有自己打算。未来到底是把德国分割成几个国家，还是将其变为统一的国家，盟国领袖并没有达成一致。毫无疑问，美、英、苏等国都不会允许德国不受自己控制。于是，为了尽量打击和削弱对方，他们都在各自的占领区采取措施。

为了加强力量，便于经济管理，美、英、法3国撇开苏联，加紧西占区的联合工作，并包围了苏占区。为了抵制苏联的影响，美国认为必须复兴西德经济。于是，美、英、法三国商量之后，将西德纳入"马歇尔计划"。对此，苏联狂怒不已。斯大林给欧洲各地的共产党领导人下命令说："在美国人展开其复兴工作之前，你们必须努力夺取政权。"此外，苏联还制定了针对"马歇尔计划"的"莫洛托夫计划"，并同东欧国家签订了一系列的贷款、贸易协定，并缔结了同盟条约。于是，欧洲分裂成为以苏联为首的东方集团和以美国为首的西方集团。为了抢占柏林，苏美之间开始了激烈的争夺。

为抗议美、英、法3国的行为，苏联展开了针锋相对的斗争，并包围了美、英、法3国在柏林的占领区。美、英、法3国要想进入柏林的话，就必须经过苏占区。于是，美国运送物资的火车、轮船等进入柏林的时候，受到了苏联的阻碍。此外，苏联还给美国驻德国的军事长官克莱将军送去通知说："从4月3日起，我们将检查所有通过苏占区的美国人的证件和货物。"然而，美国政府断然拒绝了苏联的要求。

1948年6月初，为了阻止西占区的通货膨胀，美、英、法3国实行了货币改革，在西柏林推广新的德国马克。此外，他们还打算建立西德政府。

6月19日，苏联政府发表了这样的声明：

为了防止苏占区的货币流通遭到破坏，保护苏占区居民及该区经济利益，我们决定实施下列"交通管制"：第一，禁止西占区汽车和马匹进入苏占区；第二，停止火车客运交通；第三，水路运输须经允许，并彻底检查后才能放行。

6月24日，苏联停止向西柏林供电和煤炭，并封锁了与市民生活息息相关的所有通往柏林的陆海通道。西柏林位于苏占区的腹地，这里居住着盟国管制委员会的工作人员、西方国家的占领军以及200多万居民。苏联封锁了西柏林之后，西柏林危机重重，剩余的粮食仅够200多万人维持30多天。因为这座城市依赖陆路、水路运输提供食物、生活必需品，自己根本无法生产这些东西。

为了报复苏联，美、英等国对苏占区进行了反封锁。6月25日，英国中断了运往苏占区的煤、钢。同时，英、美还故意刁难来往于美管区和东柏林之间的苏联人。至此，柏林危机加剧。

6月24日晚上，为了商讨对付苏联的对策，克莱将军召集部下和顾问召开了紧急会议。会上，克莱态度坚决地说："我主张和苏联对抗，派遣一支装甲车队开进西柏林去。如此一来，苏联也许会被我们的强硬态度吓倒。"

有人反对说："这一主张并不可行。苏联人只要切断几座桥梁，我们的装甲车队就会陷入困境。"

经过激烈的讨论之后，并没有形成统一意见。最后，克莱决定对西柏林实施空中补给。6月25日，美国驻西德空军司令李海接到克莱的命令之后，立即调动所有飞机开始向柏林空运。同时，他还致电华盛顿，要求派出更多的运输机。

得知克莱空运的措施之后，国务院的决策者们提心吊胆，生怕这位鲁莽的将军引发一场美苏之间的战争。国防部长福莱斯特尔打电话问杜鲁门："总统先生，是否要解除克莱的职务。"

杜鲁门果断地回答说："现在还不是时候。否则，苏联会认为我们软弱可欺。"

6月26日，为了商议解决柏林危机的对策，美国召开了内阁会议。会上，阁员们七嘴八舌地争论着。最后，总统打断大家的争论，大声说："为了坚守柏林，我们一定要待下去。否则，我们就会被苏联挤出柏林。

我认为，苏联是在试探美国的决心，如果美国态度软弱，后果将不堪设想。柏林的斗争不仅是为了德国，更是为了欧洲。"

马歇尔、洛维特等人都同意杜鲁门的看法，但是除了说要坚守柏林之外，他们并没有具体措施。有人主张禁止苏联船只通过巴拿马运河，但因为这一方法不切实际而没有被采用。到底如何坚守柏林，包括总统在内，没有任何人拿定主意。为了表示不退让的决心，美国向英国运去 60 架 B—29 轰炸机，就是在广岛投掷原子弹的那种飞机。为了炫耀武力，威吓苏联，美国有意向媒体透露了此消息。

1945 年 8 月 6 日，塞班提尼安岛，美军即将向日本广岛投放原子弹的 B-29 轰炸机。

洛维特曾是航空兵，担任过陆军助理部长。他清楚地记得，一次空军运送成千上万吨的设备到其他国家的情景。经过调查之后，他发现通过空运向柏林运送生活必需品是可行的。于是，他建议杜鲁门实行大规模的空运。听了洛维特的分析之后，杜鲁门采纳了他的建议。

6 月 30 日，马歇尔向报界宣称："为了拯救遭到封锁的西柏林，杜鲁门总统决定通过大规模的空运来援助柏林。"然而通过空运给柏林供应所需物资，是件很不容易的事情。6 月，每天空运为 1 100 吨。若一直这样僵持下去的话，美国将很难守住柏林。

起初，杜鲁门和国务院并没有正确认识苏联封锁。后来，杜鲁门才意识到事态非常严重。此时，他给女儿玛格丽特写了一封不同寻常的信。他写道：

亲爱的女儿：

我打算写下关于这些年代的一个纪录留给你看。这个纪录将是十分使人厌烦的。但将来的某一天，你也许想知道这些事实。

你知道，1945年1月20日至4月12日，我是副总统。在这几个月里，我只见过罗斯福一两次。然而，他从未推心置腹地向我谈过战争、外交事务或他对战后和平的设想。

1943年夏天，我试图向全国推销著名的B2H2决议，这个决议是赞同成立联合国的。以后，我会告诉你B2H2到底是怎么来的。B2H2代表Ball（鲍尔）、Benton（本顿），Hatch（哈奇）、Hill（希尔），他们全都是参议员，而前3个都在我的委员会里！

4月12日下午4点35分，我们大家所担心的灾难突然降临了。7点零9分，我成了总统。我的第一个决定就是，继续朝着召开旧金山会议建立联合国这一方向走。

接着我不得不开始阅读关于世界局势的备忘录、简报和大量的信件。真遗憾，我没有在外交委员会呆过，罗斯福也没有把局势告诉过我。我必须查一查大西洋宪章、卡萨布兰卡会议、德黑兰会议、雅尔达、赫尔的莫斯科之行，布雷顿森林以及……其他举不胜举的事情。接着德国战败。想必你还记得，庆祝活动是在1945年5月8日也就是我61岁生日的那一天举行的。

接着，我去了波茨坦。是和贝尔纳斯，李海海军上将，现任驻俄大使罗斯、国务院法律顾问兼议员波伦以及另外几个白宫的人一起去的。我要贝尔纳斯和李海草拟一份会议日程提交会议。我们为此而忙碌，当我们抵达波茨坦时已经做好了所有的准备工作……

斯大林晚去了一天，丘吉尔在我到达时已经到了。我发现德国东部的波兰人没有人管，而苏联占据了东普鲁士、爱沙尼亚、立陶宛、拉脱维亚、罗马尼亚和保加利亚。丘吉尔曾敦促我派遣我们的军队前往德国的东部边界，并驻留在那里。

当时，我们位于雅尔塔会议所议定的占领区边界线以东约150里。为了使苏联继续打下去，我觉得理应遵守战时达成的协议，所以我是一丝不苟地遵守的。也许，我们不应拘泥于这些协议，因为后来我发现武力是使俄国遵守协议的唯一手段。当时，我不懂得这一点。倘若我们迟一点撤回来，也许就能迫使苏联人、保加利亚人、波兰人、南斯拉夫人以及其他人安分点。但是我们所有的人都希望苏联参加对日战争。如果我们早知道研制原子弹的进展情况，那我们就决不会抬高苏联的地位了。想必你也记得，试验是在我到达柏林几天之后才进行的……

后来，在波茨坦达成了许多协议。关于德国政府的一些协议，苏联人一项也没有遵守。关于中国、朝鲜和其他地方的协议，苏联人是一项也没有遵守。因此我们现在所面临的局势，就像英法两国在1938~1939年间和希特勒打交道时所面临的局势一样。极权国家是没有什么不同的，不管你称之为纳粹、法西斯、共产党或佛朗哥西班牙都一样。

事情看起来漆黑一团。我们已建议通过联合国进行监督和裁军，把我们最有威力的武器置于世界的监督之下。苏联人不会同意的，因为他们正在搅乱中国、朝鲜、近东的局势。

我正打算作出决策，因为决策是非作不可的。我很抱歉拿这种事情来烦扰你。虽然你已经在某种程度上研究过外交事务，我只希望你知道你的总统爸爸所追求的不是领土、不是奴役劳动、不是赔款，仅仅只是世界和平。也许，我们不得不为争取世界和平而打仗。苏联的寡头独裁与历代沙皇、路易十四、拿破仑、查理一世和克伦威尔并没有什么两样。这是一种作法自毙的独裁，比包括希特勒在内的其他人的独裁还要坏。

我希望事情和平地了结。做个好女孩，不要为你爸爸的烦恼而烦心。我告诉你的这些事情都是事实，但是你还会从其他地方听到这些事情，那将是各种谎言。

我是怀着对苏联最亲切的感情到波茨坦去的。在一年半的时间内，他们使我再也没有这种感情了。

非常爱你的爸爸

（注：此信引自南京大学历史系近代英美对外研究室译的《哈里·杜鲁门》，1972年玛格丽特·杜鲁门著）

形势越来越紧迫，为了了解柏林的具体情况，进一步商议对策，杜鲁门命令克莱及其顾问墨菲回国。7 月 20 日，为了商讨如何继续留守柏林，同时又不触发与苏联人的战争这一问题，杜鲁门在白宫召开了国家安全委员会会议。与会者除了国防部的官员之外，还有参谋长联席会议成员、马歇尔、洛维特、克莱、墨菲等人。会上，马歇尔向大家介绍了面临的情况，克莱也向众人汇报了柏林的具体情况。他说："目前，每天平均空运 2 500 吨，能基本保证吃饭问题。到了冬天，因为需要取暖和照明用的煤，每天至少需要空运 5 000 吨。为了保证柏林今后的供应，我觉得必须增加大型运输机……柏林人坚决抵制苏联的控制，所以他们非常关心美国的态度。"

听了克莱的报告之后。杜鲁门问道："苏联的反应如何，他们是否有发动战争的迹象？"

"我认为没有，看起来，他们只是为了把我们赶出柏林。为了取得胜利，他们打算在寒冷的冬天，在不扩大冲突的情况下，迫使我们减少空运。"克莱回答说。

"如果出动大批飞机，会出现什么问题？"杜鲁门问空军参谋长。

空军参谋长回答说："这样一来，除了需要在柏林修建一个巨大的飞机场外，我们的军事运输将会解体。一旦发生武力冲突，我们的飞机将面临被击毁的命运，这将大大影响我们的抵御能力。"

"若我们用武装护送的方法将物品运入柏林，会发生什么危险？"杜鲁门继续问克莱。克莱回答说："苏联人除了设置路障之外，极有可能会用武装部队来对付我们的护送队。"

没等杜鲁门开口，空军参谋长就说："总统先生，如果空运削弱了空军实力的话，一旦发生紧急情况，我们会很被动，后果将不堪设想啊。"

"那你有更好的办法吗？"杜鲁门质问空军参谋长。

"为了保存空军实力，你让我选择陆路护送吗？如果苏联人因此发动世界大战，难道空军不需要贡献力量来保卫美国吗？与陆路护送相比，空运的危险要小得多。我已经决定了，所以空军必须全力支持。"杜鲁门继续说道。

"除非在柏林另外再修建机场，否则我还是不同意您的决定。"空军参谋长坚持说。

"参谋长，这个你不用担心。我们已选好了修建机场的地址，而且会按时建成。"克莱将军笑着说。

空军参谋长无可奈何地说："既然如此，我会全力执行命令。总统先生，请您放心。"

看杜鲁门的态度如此坚决，国防部长福莱斯特尔还是犹豫不决。他说："总统先生，我还是觉得不妥，您是不是再考虑考虑？"

杜鲁门喜欢直截了当、快刀斩乱麻，不喜欢拖泥带水。对柏林危机，他的态度非常坚决。当他看到国防部长吉姆·福莱斯特尔犹豫不决的样子时，他不满地说道："我已经决定了。"

当晚，杜鲁门在日记中写道：

> 工作了整整一天，这会儿才有时间休息片刻。今天，同马歇尔将军和吉姆·福莱斯特尔等人讨论柏林问题和苏联情况。不久以前，我作出留在柏林的决定。为了守住柏林，我坚决主张实施空运。然而今天的会上，吉姆的表现令我很生气。他一贯如此，做事情总是犹豫不决，还经常送给我一些闪烁其词的备忘录。

> 尽管吉姆对我的决定有异议，但是我不想再解释什么，只是不断重申我的决定。不管发生什么情况，我们一定要留在柏林，要守住柏林，通过空运把柏林从危机中解救出来。

正如空军参谋长向杜鲁门保证的那样，空军给予了很大的支持。为了训练飞行员，空军不仅制定了周密的训练计划，而且还在建立了一条与柏林相似的航道。在空运过程中，飞行员们除了早起晚睡之外，还要冒着巨大的危险。在这次大空运中，将近30名空军人员丧生。在柏林目睹了空运的场面后，波伦写道："在空中飞行的全部运输机，必须在划定的范围之内，按照规定的速度、高度飞行。在空运期间，每天进入几个固定机场的运输机高达868架次。在空中，这些飞机的间隔时间仅为3分钟，着陆间隔时间仅为4、5分钟。这些巨型运输机掠过柏林的建筑物降落在机场，几分钟后便凌空而起，这确实是令人难以忘怀的场面。"

每天，西柏林最少需要4 500吨物资。起初，每天的空运量仅为1 500吨左右，远远无法满足需求。空运扩大后，空运量急剧上升。每天的平均运量有8 000吨，达到了封锁前由铁路和水路运到柏林的总量。有一天，天气格外晴朗，日空运量突破了 1 万吨，创造了柏林空运史上的最高纪录。大批的生活必需品、煤、粮食源源不断地运进柏林，显然，杜鲁门坚守柏林的话不再是空话。

虽然空运进行得轰轰烈烈，但杜鲁门并不想引发战争。他在日记中写道：

> 这段日子太可怕了，柏林一片混乱。今天，吉姆向我介绍了莫斯科、列宁格勒、原子弹等方面的情况，我感到战争一触即发。
>
> 战争才刚结束不久，谁都不想打仗，尤其是损失惨重的英、法等国。英国外交大臣贝文说，他绝对不会让战争发生的。因为一旦打仗，战场不是美国，而是欧洲，所以贝文想极力阻止战争。
>
> ……

我并不希望打仗，美国也没有挑起战争的计划，除非是苏联先动手。

其实，美国和苏联都不想触发战争。尽管一边在实施封锁，另一边在进行轰轰烈烈地空运，但大家都在寻求解决这场危机的途径。杜鲁门说："为了解决柏林危机，我们必须和苏联谈判。虽然有人建议和苏联绝交，但这并不是可行的方法。除了谈判和战争之外，我们不会再有其他的选择。"

8 月，为了讨论解决柏林危机问题，英、法、美 3 国代表在莫斯科和斯大林、莫洛托夫进行谈判。

"苏联必须先解除封锁。"谈判的时候，美国代表率先说出了自己的要求。

斯大林说："除非美国先放弃建立西德政府和货币改革，否则，我们不会考虑你们的要求。"

对于斯大林提出的要求，美国当然不会答应。最终，谈判没有取得任何进展。封锁、反封锁仍在继续。直到 1949 年 5 月 12 日零点，西方的汽车、火车越过苏占区，顺利驶向柏林德时候，封锁才宣告解除。

在争夺柏林的过程中，美国赢了，它终于守住了柏林，没有被苏联挤出柏林。危机解除了，西方国家没有停下建立西德政府的步伐。1949 年 5 月 23 日，在西占区成立了德意志联邦共和国，即西德。同年 10 月 5 日，在苏占领区成立了德意志民主共和国，即东德。从此，柏林一分为二，德国一分为二。直到 40 多年后，东西德国才走向统一。

5 巴勒斯坦问题
HARRY S TRUMAN

在美苏关系搅得杜鲁门寝食难安的时候，巴勒斯坦问题也让他忧心不已。巴勒斯坦位于地中海东岸，靠近苏伊士运河，衔接亚、非、欧 3 大洲，拥有丰富的石油资源，具有重要的经济地位、战略地位。长期以来，它一直是大国争夺的主要目标。

巴勒斯坦问题主要表现为阿拉伯人和犹太人的矛盾，与犹太复国主义运动的发展密不可分。早在公元 1、2 世纪的时候，犹太人被迫流散到各地。到 19 世纪末，大多数犹太人都居住在欧洲，而生活在巴勒斯坦的犹太人还不足 2 万人。然而，从被迫离开巴勒斯坦之后，犹太人一直生活得很凄惨，他们甚至遭到欧洲人的歧视和残酷的迫害。1896 年，维也纳的犹太作家西奥多·赫茨尔在《犹太国：解决犹太人问题的尝试》一书中指出："犹太人问题既不是宗教问题，也不是社会问题，它是一个民族问题。所以，我主张成立犹太人自治国家。"1897 年，在西奥多·赫茨尔的领导下，成立了世界犹太复国主义组织，并确定了复国主义的目标，即在巴勒斯坦为犹太民族建立一个由公共法律所保障的犹太国。

犹太复国主义运动兴起之后，在英国的大力支持下，大批犹太人涌向巴勒斯坦，企图重建犹太国家。1920 年，英国得到管辖巴勒斯坦的"委任统治权"。于是，犹太人依靠英国委任统治当局的庇护，凭借其雄厚的资金和技术在巴勒斯坦建立了许多城市和工业、秘密武装组织等。从此，阿拉伯和犹太这两个民族之间不断发生冲突和流血事件，其矛盾和冲突也日益加剧。

从一开始，美国就支持犹太复国主义。1917 年 10 月，美国总统威尔逊还向英国政府表示美国支持犹太复国。1919 年 1 月 21 日，在巴黎和会上，美国还提出了建立独立的巴勒斯坦国家的建议。还说一旦犹太国成为事实，国际联盟就立刻承认巴勒斯坦为犹太人的国家。1922 年 6 月，美国开始在经济上渗入巴勒斯坦。

为了扩大自己的势力范围，美国在第二次世界大战期间就大力扶持犹太复国主义势力。为此，美国国会还通过了赞成在巴勒斯坦建立犹太国家、无限制移民的决议。第二次世界大战结束后，在巴勒斯坦问题上，英美竞争日益激烈。对这些第二次世界大战中幸存下来的曾呆在难民营生活困苦的犹太人，杜鲁门非常同情，总想为他们做些有益的事情。犹太籍官员耐尔斯说："我知道杜鲁门总统很同情犹太人，这正是他和罗斯福总统的不同之处。"

早在杜鲁门还是参议员的时候，就曾私下经常向犹太复国主义领袖保证："我会为犹太人在巴勒斯坦建立家园而斗争的。"刚担任总统的时候，他曾派密使去调查欧洲难民营状况，了解犹太人幸存者的情况。在报告中，移民局局长厄尔·哈里森详细描述了犹太人的悲惨状况。此外，他还说："巴勒斯坦是幸存的欧洲犹太人的最佳选择，只有在那里他们才会找到和平与安宁，获得生存与工作的机会。"哈里森的报告使杜鲁门确信，巴勒斯坦是解决问题的唯一方法。其实，对经历过集中营恐怖生活的犹太人来说，最重要的事情就是在巴勒斯坦安身立命。

对杜鲁门来说，巴勒斯坦绝不仅仅是地图的一角。熟读历史与《圣经》的他同情犹太人，深信巴勒斯坦就是他们的家园。有人建议："总统先生，我们在其他地方给犹太人找定居之所吧。"

杜鲁门说："任何背井离乡的人都能找到去处，唯独犹太人找不到……除了回巴勒斯坦重建家园之外，他们别无选择。"

国防部长福莱斯特尔提醒说："一旦爆发战争，我们离不开阿拉伯的石油啊。否则……"

"这是一个基本的人道问题。我决策的依据不是石油，而是人道和正义，你懂吗？"杜鲁门生气地打断了福莱斯特尔的话。

福莱斯特尔说："总统先生，您不了解复杂的国际事务。"

对福莱斯特尔的说法，杜鲁门极为不满。他说："作为总统，我难道看不到急剧增长的中东石油储备对美国的意义吗？"

在巴勒斯坦建立阿拉伯和犹太两个国家，这是所有犹太人都支持的。然而，阿拉伯人却非常厌恶这一做法，他们要求建立一个独立的巴勒斯坦国家。此外，英、美两国的看法也不一致。尽管丘吉尔公开宣布说支持犹太复国，但英国政府却说，这一做法是绝对行不通的。其实，美国并不反对在巴勒斯坦建立犹太人的家园。1946 年，杜鲁门还以"关心欧洲遭受迫害的犹太人命运"为由，要求英国准许 10 万犹太难民立即移民巴勒斯坦。英国外交大臣贝文尖酸刻薄地说："杜鲁门之所以这样做，是因为他不想增加纽约市的犹太人。同时，他也是为了在下一届总统的选举中赢得选票。"

虽然杜鲁门不反对在巴勒斯坦建立一个犹太国家，但他也不想损害与阿拉伯人的关系。对于阿拉伯人来说，在巴勒斯坦建立一个犹太国家，意味着他们被迫为希特勒的罪行付出代价。所以，他们极力反对，甚至开始攻击犹太人。于是，巴勒斯坦发生了大量的流血事件，而且暴力和冲突一刻也没有停止过。然而，住在巴勒斯坦的犹太人仅有 60 多万人，显然无法与周围的阿拉伯力量相抗衡。最令人遗憾的是，巴勒斯坦的局势逐渐被犹太恐怖分子所掌握。杜鲁门说："我很同情犹太人的遭遇，但美国并不打算派兵保护这个新犹太国家。这不仅仅是我个人的意见。"得知美国不派兵援助的打算之后，犹太人组织给杜鲁门施加了很大的压力。对此让杜鲁门十分烦躁。他在给妹妹玛丽的信上写道：

> 亲爱的玛丽：
>
> 最近，我累得要命。为解决巴勒斯坦的纷乱局面，我度过了有生以来最可怕的一个星期三。每隔 10 分钟，就轮番有人来谈论巴勒斯坦问题。为了让大家一起讨论这个问题，我特意举行了内阁晚餐会。然而，我没有得到一点结果，白白浪费了几个小时。
>
> 烦心的巴勒斯坦问题，几乎令我无法心平气和地和人讲话。我越来越厌恶处理与巴勒斯坦有关的问题……
>
> 从我进入白宫的那一刻起，许多美籍犹太人就对我施加了很大的压力。对此，我感到非常愤慨，而且这种感觉与日俱增。
>
> 亲犹太分子在信上说："在道义上，我们的政府应信守承诺，保持对人道主义的信念。为了建立一个犹太国家，我们的领导者应该尽其所能地协助他们。总统先生，请你支持犹太复国主义运动吧。"
>
> ……
>
> 每天，我都会收到大批关心巴勒斯坦问题的信函。到目前为

止，这样的信我已经收到了十几万封了。我甚至想告诉参议员，他们收到这样的信之后就直接烧掉，不要再转给我。然而，这样的话我至今都没有说出口。

此外，反对犹太复国的人，也天天在我耳边念叨石油的重要性。所有这一切，都让我非常烦闷。其实，我并不想在巴勒斯坦打仗，只是希望犹太人找到一个安定的居所。一旦犹太人翻身，也许他们会用相同的手段去迫害曾经迫害他们的人。我很害怕他们和所有的复国者一样，以其人之道还治其人之身。

对于今天的局面，我觉得非常遗憾。

……

哈里

尽管杜鲁门烦透了巴勒斯坦问题，但他不得不面对。因为如果任其发展下去，也许会让阿拉伯国家倒向苏联，苏联会以维护和平为由派兵。对杜鲁门来说，这是他最不愿意看到的事情。于是，美国提出了巴勒斯坦分治案。1947年11月29日，联合国经过讨论之后，通过了美国的这一提案。该提案规定：英国对巴勒斯坦的委任统治结束后，在巴勒斯坦建立犹太国和阿拉伯国；犹太国面积为14 000平方公里，阿拉伯面积为11 000平方公里。此外，该提案还规定，耶路撒冷市作为国际政权下的独立主体，由联合国管理。会上英国宣布："1948年5月14日，我国会将巴勒斯坦的托管权交给联合国。"

联合国通过了巴勒斯坦分治案后，全世界的犹太人、犹太复国组织欣喜若狂。同时，也遭到阿拉伯人的强烈反对。阿拉伯国家扬言说："为了让巴勒斯坦免遭分割的命运，我们将不惜动用武力。"此外，英国为了维护自己在巴勒斯坦的权益，也支持阿拉伯国家。

为了讨论巴勒斯坦的问题，杜鲁门在白宫召开了特别会议。会上，马歇尔说："美国正在玩火，然而手上却没有灭火器……对于美国来说，最大的敌人是苏联。一旦在欧洲爆发战争，阿拉伯的石油将是非常重要的。"作为一名军人，马歇尔敏锐地察觉到爆发战争的可能性。

1948年3月5日，克莱将军从柏林发来一份密函。在密函中，他写道："现在，和美国保持关系的苏联官员几乎都改变了态度。我以为10年之内不会发生战争了，可现在看来随时都有发生战争的可能。"

福雷斯特尔对杜鲁门说："一旦发生战争，犹太人会被阿拉伯人逼得跳海。如果美国要支援他们的话，最少需要 10 万兵力。现在，美国可以动用的所有兵力加起来还不足 6 万。"

面对如此严峻的形势，中央情报局报告说："分治是行不通的，应该采取调解措施。"凯南领导的外交小组也说，杜鲁门总统最好不要再支持巴勒斯坦分治的建议。

反对分治的声音不断高涨，犹太团体的压力也并没有因为联合国通过分治案而有所缓解。耐尔斯还威胁杜鲁门说："总统先生，如果您不明确支持犹太人，我就立即辞官。"有的赞成分治，有的极力反对分治，杜鲁门被这些事情弄得越来越没有耐心，他甚至拒绝谈论与犹太有关所有的事情。

一天，杜鲁门当兵时的密友埃德华·杰克逊来看望他。起初，他们一直谈论各自的生活，聊得非常愉快。埃德华·杰克逊看杜鲁门兴致很高，就把话题转移到了犹太人身上。谁知杜鲁门当即就变了脸色，他生气地说："这是联合国的事情，还是留给它去解决吧。以后，你不要掺和这些事情，我讨厌那些利用你来给我传话的人。我希望你以后不要……"后来，回忆起当时的情景时，埃德华·杰克逊说："我和哈里就像亲兄弟一样，他从来没有那样对我说过话。当时，我觉得他就像变了一个人似的。他的表情和态度好像在对我说，他和那些反对分治的人没有什么两样。"后来，玛格丽特在父亲的传记中写道："对于埃德华·杰克逊的来访，爸爸不但不愉快，而且非常恼火。他向埃德华·杰克逊先生明确地表示，他知道是犹太复国主义者劝诱埃德华·杰克逊来的，因为这些人决意要对总统施加一切压力。爸爸非常痛恨别人利用友情来影响美国的政策，痛恨别人通过他的母亲、妹妹以及所有的亲朋好友来对他施加压力。"

为了让杜鲁门坚定不移地支持犹太分治，不要摇摆不定，犹太复国运动的领袖查姆·威兹曼特意从伦敦来到华盛顿。然而，杜鲁门不肯见威兹曼。后来，还是埃德华·杰克逊用激将法才使杜鲁门和威兹曼见了面。

3 月 18 日，杜鲁门和威兹曼在白宫会晤。杜鲁门对威兹曼说："美国支持分治，并希望尽快实现分治，但是我希望不要用武力来解决问题。"

没等威兹曼开口，杜鲁门接着说："明天，美国驻联合国大使奥斯汀将按照我们今天会谈的意思发表一项重要声明。"

听了杜鲁门这样说，威兹曼非常高兴地说："总统先生，我完全明白你的意思。"

3月19日，奥斯汀对外宣称说，杜鲁门已经与威兹曼达成了共识。一时间，充满火药味的争议四起，各家早报上也充满了战争的谣传。为此，杜鲁门非常担心。他写信给罗斯福夫人说："1939年以来，这是我们所面临的最严峻的形势……我会竭尽全力应付的。"

为了平息争议，奥斯汀私自在联合国大会上宣布："美国已在放弃分治计划，要求联合国托管巴勒斯坦。"于是，犹太复国主义者、美国的各大报刊都群起攻击。信件、电报和请愿书像雪片一样飞往白宫。在信上，人们纷纷指责美国摇摆不定、不讲信义的行为，说这样做的后果是灾难性的，它将彻底毁灭一个民族的美好家园。为此，杜鲁门也被骂成是叛徒、骗子。《纽约时报》有报道指责说："政府根本不应该向压力屈服，用如此愚蠢的方法处理问题。"此外，一位不愿透露姓名的民主党参议员说："这种行为会激起犹太人的愤怒，激起他们反杜鲁门的风潮。"来自纽约州的民主党众议员伊曼纽尔·塞勒说："我希望政府不要再玩这种肮脏的国际政治，再也没有比这更让人感到羞辱的了。"匹兹堡大学卡内基理工学院的萨缪尔·斯隆教授说："我的上帝，你怎么这么笨啊。你的行为将会让联合国面临死亡的危险。难道为了英国和阿拉伯的利益你就这样反复吗？……不要做政客，做点人做的事情吧。"

3月19日，对埃德华·杰克逊来说，是最黑暗的一天。他接了一整天的电话，全是指责他的朋友杜鲁门背叛他族人的电话。几乎所有的人都在指责杜鲁门，唯有威兹曼始终相信他。当威兹得知奥斯汀宣布的消息后，还给埃德华·杰克逊打电话说："不要绝望，我不相信杜鲁门总统会违背我们的诺言。"此外，他还给杜鲁门写信说："总统先生，我们的民族到底是面临种族灭绝，还是光荣建国的命运，完全依靠您的抉择。我相信，您一定会遵循道德原则，作出最好的选择。"

全世界都闹得沸沸扬扬，而杜鲁门却对外面的事情一无所知。直到第二天，也就是3月20日，他才从报纸上知道了一切。不到8点，他就打电话给少数民族特别顾问克利福德，让他立即到白宫来。回忆起匆匆赶来白宫见总统的情景时，克利福德说："对于所发生的事情，总统居然一点也不知道。看到报纸之后，他气得暴跳如雷。他非常恼火地说，在人们眼里，他成了不折不扣的混蛋、骗子。"

在日记中，杜鲁门生气地写道："这帮人不知道在背后搞什么鬼，为何总喜欢扯我的后腿。现在，我居然被这帮混蛋出卖了。这群可恶的家伙，他们老是想把我置于死地。令人气愤的是昨天发生的事情，我今天才知道，而且是从报纸上得知的。现在，我成了骗子，里外不是人。现在，到处都是责骂我的声音，我的处境和一个说谎的人、一个出卖朋友的人没有是什么区别。我遭遇了有生以来从未有过的难堪……"

在回忆这件事情的时候，玛格丽特说："爸爸试图解释托管的想法，说那只是为了把分治延期，并不排除美国对分治的支持。然而，这种辩解是苍白无力的。为此。罗斯福夫人还写信给爸爸，试图辞去美国代表团团员的职务。后来，爸爸一再请求，她才收回自己说的话。这件事情是爸爸一生中碰到的最糟糕的事情之一。除了默默承受之外，他别无选择。如果说出事实真相，就会使他和整个美国政府显得荒谬可笑。在自己的回忆录中，爸爸仍然觉得不能随便把全部事情说出来，所以他只作了一些暗示。"

3月20日晚上，马歇尔在洛杉矶召开了记者招待会。会上，他对记者说："让联合国托管巴勒斯坦是不错的选择，我已经给总统提出了建议，而且他已经毫不犹豫地答应了。"虽然，马歇尔并不知道华盛顿发生了什么事情，但此举无疑起到了推波助澜的作用。

21日，马歇尔回到华盛顿。当杜鲁门和马歇尔见面的时候，他已经平静了很多。他说："我觉得马歇尔将军的建议不错。其实，我生气的是奥斯汀说话的时机，并不是气他所说的话。"

在白宫举行的记者招待会上，杜鲁门告诉记者说，托管并不会影响政治解决的性质。当记者问杜鲁门是否会支持巴勒斯坦分治的时候，他含混不清地回答说："这正是我试图尽可能地说明白的话。"其实，杜鲁门根本无法回答记者的这个问题，因为他自己也不明白到底该怎么办。后来，回忆起这件事情的时候，玛格丽特说："对父亲来说，在他执政期间，巴勒斯坦问题是最棘手、最让他不知所措的问题。恐怕当时的那种局势，从一开始就叫人无能为力吧。"

4月11日，杜鲁门好像下定了支持巴勒斯坦分治的决心。这天下午，埃德华·杰克逊再次来到白宫。杜鲁门对埃德华·杰克逊说了自己和威兹曼会谈的情况，并很有诚意地向他保证说："我会承认新成立的犹太国家。"

5月12日，即英国结束托管巴勒斯坦的前两天，杜鲁门在白宫召开了会议。其议题主要是要讨巴勒斯坦的策略问题。会议开始的时候，杜鲁门发表了讲话，但是他并没有提出巴勒斯坦问题，而是让克利福德来说这个问题。克利福德说：

"美国应该率先承认犹太人新成立的国家，并且一定要赶在苏联之前承认。虽然现在那个国家还没有成立，也不知道叫什么名字，但是美国最好在明天就宣布承认它。承认新犹太国家，这与总统最初的政策构想是完全一致的。这是一种人道主义行动，是美国精神的体现。

犹太人成立新的国家，这是不可避免的趋势。除了承认新成立的犹太国外，美国并没有其他的选择，而且考虑别的方案都是不现实的。

……

我们不可能不考虑美籍犹太人，若伤害了他们的感情，后果会不堪设想。众所周知，要想把美国和犹太人分开是不可能的事情……"

会上，除了洛维特反对承认犹太人新成立的国家外，马歇尔也提出了反对意见。他说："克利福德的话是完全不对的，我们不能让国内的政治因素左右我们的外交政策。若总统采纳了他的意见，我将会反对总统。"

马歇尔的话令所有的人都吃惊不已。尽管杜鲁门知道马歇尔会反对这一主张，但他还是被马歇尔说出的话惊呆了。整个会场没有一个人说话，良久，杜鲁门才开口说："我同意马歇尔的观点。目前，我们就按兵不动，静观其变吧。"

尽管在5月初的时候，杜鲁门就命令克利福德为这次会议作了充分的准备，并让他负责说服马歇尔，但此时他不得不说出这样的话。后来，克利福德解释说："为了给马歇尔台阶下，总统不得不当众说出那样的话。"

接下来的几天里，杜鲁门的主要任务就是说服马歇尔接受他的主张。一旦和马歇尔决裂，对杜鲁门的政治生涯将会是致命的打击。马歇尔不主张考虑政治因素，如今自己却成了别人的政治筹码。也许，他没有意识到这一点。

5月14日，英国结束了在巴勒斯坦的委任统治，犹太人正式宣布成立以色列国家。11分钟后，罗斯发布了美国政府在事实上承认以色列的声明。直到 1949 年 1 月 31 日，美国政府才在法律上承认以色列。杜鲁门之所以这样做，是因为他确信承认以色列符合美国的利益。

美国政府宣布承认以色列之后，克利福德等人仍然在做马歇尔的工作。当天下午，马歇尔打电话告诉杜鲁门说："虽然我反对你的决定，但是我也尊重你的决定，我不会公开反对的。"挂断马歇尔的电话后，杜鲁门笑着对克利福德说："对我来说，马歇尔作出这样的决定已经够了。"

5 月 15 日，阿拉伯和以色列之间爆发战争。然而，美国并没有解除对以色列的武器禁运。在联合国，美国反而强烈地支持一项以色列人反对的调停、妥协政策。有人说："美国只是在事实上承认以色列，而苏联却是在法律上承认它。"尽管如此，杜鲁门率先承认以色列的举动是具有重大意义的。《华盛顿明星晚报》报道说："不久以前，美国处理巴勒斯坦的方法是值得批评的，但是现在美国率先承认了以色列。这一决定是明智的，它掩盖了所有的过失。"

HARRY S TRUMAN
第六章
反败为胜

　　虽然没有民主党的支持，没有竞选经费，但杜鲁门毅然决定竞选连任总统。他说："对于当总统的虚荣，我非常讨厌。然而，世界形势如此严峻，我对某些人缺乏信心。无奈之余，我只好挺身而出，自己来承担这份责任……"

1 总统候选人的争夺
HARRY S TRUMAN

在危机中，迎来了美国 1948 年的大选。1948 年 3 月之前，杜鲁门一直没有决定是否参加竞选。当他的同党劝他不要参加竞选，人们都预言他当选无望时，杜鲁门突然决定参加竞选了。3 月 9 日，杜鲁门态度坚决地对外宣称："如果民主党全国代表大会提名我为总统候选人的话，我将接受提名参加竞选，而且决不会轻易放弃。"虽然杜鲁门可以安度晚年了，但他义无反顾地决定竞选连任。在给妹妹玛丽的信上，他写到："对于当总统的虚荣，我非常讨厌。本来我可以回家安享晚年的，但是世界形势如此严峻，可怕的苏联、欧洲、巴勒斯坦、中国以及国内那些居心叵测的家伙都令我担心。因为我对某些人缺乏信心，所以我只好挺身而出，来承担这份责任。"后来，在回忆录中，杜鲁门详细解释了自己参加这次竞选的原因。他写道：

> 假如继续做一个县法官、当一个参议员为社会服务，我会感到很幸福；若同白宫脱离关系，我也会觉得心满意足。几年前，接受副总统提名的时候，我并没有胜利的感觉，反而觉得很遗憾，因为我不能继续在参议院中起积极作用了。

> 我当美国总统已经 3 年多了，我竞选连任并不是为了满足个人野心。若考虑自身的原因，考虑家庭的因素，我会在我第一任总统结束的时候，毫不犹豫地离开白宫的。当总统实在没有什么意思，因为在白宫生活给我的女儿带来了很多不便。为此，我感到非常不好意思。贝西也常说，只要能离开白宫，她愿意付出任何代价。

> ……

> 无论什么时候，我都没有，也不会采取任何行动来阻挠其他人担任下届总统候选人。

> ……

> 民主党已经连续执政 16 年了，虽然成绩卓著，但仍然有很多

工作要做，仍然面临很严峻的考验。1932 年以来，实施了一系列的改革之后，更多人的生活得到了改善。虽然这些改革正在逐步巩固，但仍然很容易遭到反对派的攻击。一旦失去了富于警惕性的民主党政府，改革所取得的成就有可能丧失。

1948 年，还不是一个没有经验的新手来执政的最佳时机。因为不管是内政还是外交，它无法贯彻我们纲领。

不管是给玛丽的信，还是回忆录里的解释，也许杜鲁门并没有完全道出自己的真实想法。毫无疑问，杜鲁门不愿看到他这些年的心血白费，不愿让极力反对他的共和党上台，不愿看到共和党人幸灾乐祸。在杜鲁门继任总统的时候，有人说："杜鲁门是意外的总统。"显然，为了向美国人表明他这些年干得不错，是当之无愧的总统，杜鲁门才决定参加竞选的。他这是在向美国人民证明他的能力，向所有看不起他、敌视他的人挑战。跟随杜鲁门一起踏上竞选之路的女儿玛格丽特说："爸爸正在为他的政治生命而战，在为一个大丈夫和总统政治上的自尊而战。"

在这次的选举中，民主党中许多人都对杜鲁门失去了信心。为了挽救民主党，一批民主党人士积极呼吁大名鼎鼎的艾森豪威尔将军出任民主党的候选人，但被艾森豪威尔将军拒绝了；还有一些南部的民主党人也极力反对杜鲁门，拥护其他的候选人；华莱士成立了一个进步党参加竞选，他通过巡回演说赢得了许多人的支持。经过分析之后，杜鲁门自信地说："在民主党内部的竞争中，这些竞争对手无法对我构成威胁，我绝对有把握获胜。在参加本党候选人竞争时，作为现任总统我拥有极大的优势，因为我有权决定由谁来担任民主党代表大会的主席。代表大会的组织工作都是由主席决定的，而主席又是按总统的意愿办事的，所以我只要指定一位支持我的人担任民主党代表大会的主席就万事大吉了。"此外，杜鲁门还嘲笑他的反对者和竞争对手，说他们不懂政治常规和历史，只知道搞一些小把戏。杜鲁门之所以这么有信心，是有事实证明他的预测是对的。原来，在 1912 年的大选中，虽然在任总统塔夫脱不及对手西奥多·罗斯福的威望高，但是最终他还是获胜了。

除了来自民主党内部的反对之外，民意测验结果对杜鲁门十分不利。此外，大多数新闻媒体都反对他。《生活》杂志报道说："共和党的明星声势已经达到了顶点，杜鲁门蝉联总统无望。"对此，杜鲁门坦然地说："这是我意料之中的事情，因为这些媒体的经营者从共和党人那里得到了经济利益。拿了别人的钱就要替人办事，这个道理谁都明白。"尽管杜鲁门对自己充满信心，但是他不得不重视那些对自己的不利因素。于是，杜鲁门综合比较了历年来舆论对总统大选的影响。经过比较之后，杜鲁门得出了比较乐观的答案。他说："在32次总统选举中，其中有16次舆论支持了获胜的候选人，还有16次支持了失败的候选人。这说明了什么？这说明舆论的力量并不可怕。虽然许多候选人都惧怕报刊的势力，认为它们在选举中的作用举足轻重，没有他们的支持就注定失败，但是我并不这么看。在密苏里州，我经常遭到大多数报刊的反对，但每一次我都战胜了它们，所以我从来不重视报刊的所谓政治影响。"面对这些不利因素，杜鲁门还能保持信心和勇气，这与他8年前的遭遇是分不开的。8年前，竞选参议员的时候，杜鲁门深陷泥潭，最终他杀出重围，赢得了胜利。所以，这次杜鲁门深信自己一定会和8年前一样，在不利的处境中反败为胜的。

其实，除了以上这些不利的因素之外，杜鲁门也有自己的优势。3年多以来，他也取得了一些成绩。比如，他任命黑人军官，赢得了黑人的支持；他提出保证农民生活稳定的建议，赢得了农民的支持；他支持建立犹太国，赢得了犹太人的支持和拥护；他与反劳工法斗争，赢得了广大劳工的支持。此外，他积极倡导住房改革、医疗保险等，也赢得一部分人的支持。

共和党人雄心勃勃，民主党出现了分裂，舆论宣传几乎一边倒，杜鲁门所面临的挑战是史无前例的，他不得不面对选举中的困难。首先，他要考虑的就是经费问题。因为民主党对他不抱希望，几乎没有人愿意出钱赞助，所以民主党的竞选经费非常紧张。

没有经费，没有媒体做宣传，杜鲁门只好自己为自己宣传。虽然杜鲁门的演说很蹩脚，但为了打动选民的心，他只好硬着头皮上阵。4月17日，杜鲁门向美国报社编辑协会发表演说。起初，他和平常一样照着事先准备好的稿子念，结果非常糟糕。后来，在30分钟的即兴发言中，他谈了美苏关系问题，取得了意想不到的效果。演讲结束的时候，全场爆发出热烈的掌声。在场的人大多是共和党人，他们都说："总统这次讲话非常出色。"显然，这次演说使杜鲁门大受鼓舞。他兴奋地说："真是没有想到啊，我竟会受到他们如此热烈的欢迎。"此外，总统竞选班子的人也为之振奋，因为从这次的演说中他们找到了更适合杜鲁门的演说方法。最后，大家一致决定，以后抛弃干巴巴的演说稿，尽量采用即兴演说。

5月，杜鲁门对千名青年民主党员发表了一次即兴演说。毫无疑问，他再次取得了非常好的效果。当他充满信心地说："告诉你们，未来4年白宫的主人仍然是民主党人，他就是站在你们面前，对你们讲话的人。"说完此话之后，全场响起雷鸣般的掌声。

杜鲁门知道，要想赢得大选，仅靠这一、两次成功的演说是远远不够的；他也知道工人、农民以及偏远地区下层人民是民主党的基础，必须赢得这群人的支持。为了宣传自己，为了让更多的人知道自己的纲领，并争取人们的支持，杜鲁门决定旅行演说。这样做不仅可以达到宣传目的，而且可以动用总统的旅行津贴，从而节约竞选经费。杜鲁门说："我这样做是为了让人们知道，面对正在传播的歪曲报道，总统和他的政府正在做什么；让偏僻地区的人们亲眼看到他们的总统，亲耳听到他的讲话……民意调查并没有反映大多数人的意见，所以我要选民正确认识我和我的纲领。"

6月3日晚上，"总统专列"载着杜鲁门驶出华盛顿联邦车站。随行的有总统竞选班子的几十位工作人员，60名记者和摄影师。

6月4日中午，列车在第一站俄亥俄州克雷斯特停靠的时候，前来欢迎总统的人非常多。杜鲁门发表了即兴演说，他说："当总统与坐牢没有什么区别，随时都有一大群保安人员围在四周。你们知道吗，见到你们我非常高兴，我多么愿意和你们在一起。对我来说，与你们见面非常重要。现在，我终于走出来了。有机会知道你们在想什么，这样我就会把工作做得更好。"

当"总统专列"在深夜开进米苏拉时，一群人等在那里。看到热情的群众，杜鲁门感到非常幸福，他连衣服也没有换，身着睡衣睡裤出现在众人面前。他说："很抱歉，我已经上床了。我想你们想知道我长什么样子，至于我穿什么就没有那么重要了。"

一位好心的妇女关切地问道："总统先生，你是不是着凉了，为什么讲话的声音像感冒了一样。"

杜鲁门笑着调侃道："因为我乘着火车，张着嘴巴在风里到处讲话啊。"

有时候除了调侃之外，杜鲁门还从来不掩饰自己身上的乡土气息。他经常对民众说："你们都好吧？我正要去伯克利，他们说要给我这农民一个学位。"

当列车停留在比尤特的时候，在 4 英里长的游行路线的两旁，欢呼的人群排了好几层。杜鲁门惊呼："我的上帝，面对黑压压的人群，我都有点不知所措。"在西雅图，竟有 10 万人来迎接杜鲁门。30 年来，这是西雅图最盛大的场面，罗斯福当时的场面也无法与之相比。

经过许多次即兴演说，杜鲁门逐渐有了自己的演说模式。演说中除了涉及内政外交外，杜鲁门把攻击的重点放在了国会上。一次，在演说的时候，他对欢呼的人群说："国会从来都不照顾老百姓的利益，他们只考虑有钱人的利益，这你们是知道的。若你们再让共和党控制国会，那你们就是一群十足的笨蛋，无可救药的笨蛋！"

哈里·S. 杜鲁门和家人在一起

人们高声说："总统，加油！"

"我会加油的，我会的！"杜鲁门朗声答道。

"总统，加油！狠狠打击他们一下！"人们再次高声说道。

杜鲁门兴奋地回答说："放心，我现在正在按你们说的做。"

6月14日，当杜鲁门抵达洛杉矶作短暂停留的时候，从火车站到他下榻的宾馆有100多万人沿路守候着。《洛杉矶时报》报道说："13年来，这是总统首次来这个城市造访。街上到处都是欢迎的人，连屋顶、窗户、防火墙上也挤满了人。"

在洛杉矶，杜鲁门对国会的抨击逐渐升温。他说："学校过分拥挤，教师的工资严重不足……我们必须采取措施，立即改变这一现状。在参议院，已经通过了一项拨款给教育界的法案。此法案在众议院只需10分钟就能通过，但他们却迟迟没有通过。教育界等着经费，而他们却议而不决，这有什么用啊？……此外，国会还必须在住房、医疗保险、农业援助、扩大社会保障的基础等方面立即采取措施。"杜鲁门与众不同的演说给选民留下了深刻的印象，在接下来的旅途中，欢迎他的人越来越多。

6月18日，"总统专列"抵达华盛顿联邦车站。在为期两周的旅行中，杜鲁门的行程长达9 505英里，途经18个州，在沿途的城镇和乡村发表了73次演说，吸引了好几百万人。有报道说："当杜鲁门总统回到华盛顿的时候，虽然他的脸晒得黝黑，嘴唇干裂，但他浑身上下充满活力。"报道说得一点也不假，杜鲁门付出了代价，但他也得到了回报。通过这次旅行，他得知自己深受许多选民的信任，很受鼓舞。同时，也更充满了信心，他身上的活力也是缘于此。

6月21日，共和党全国代表大会在费城揭幕。纽约州州长托马斯·杜威以压倒性多数获得了共和党总统候选人的提名，并选择加利福尼亚州州长厄尔·沃伦作为他的副总统候选人。

虽然杜鲁门的旅行演说赢得了不少人的支持，但他仍然面临着严峻的挑战，外有财大气粗、实力强劲的竞争对手杜威；内有民主党的分裂危机。起初，民主党有影响力的人珮泊、弗莱等人极力动员艾森豪威尔将军参加总统竞选；亲华莱士分子公开宣称，他们支持艾森豪威尔或道格拉斯大法官参加竞选。后来，艾森豪威尔和道格拉斯都拒绝了民主党人。尽管如此，珮泊仍不放弃，他对外宣称："我要亲自出马，参加竞选。"

7月1日，杜鲁门举行了记者招待会。记者问道："总统先生，请问您是不是很有把握获得候选人提名。"

"当然。"杜鲁门很有信心地地回答。

在记者面前，虽然杜鲁门表现得很有信心，但是他心里其实非常着急。7月12日，民主党在费城召开全国代表大会，而杜鲁门连副总统人选都还没有找到。民主党人希望他指定一位副总统候选人，杜鲁门认为最高法院法官道格拉斯是最合适的人选。于是，杜鲁门打电话给道格拉斯说："我想指定你为副总统候选人，不知道你是否愿意？"

道格拉斯回答说："总统先生，我还需要时间考虑一下。"

听了道格拉斯的回答之后，杜鲁门非常生气，但他还是压制着怒火，平心静气地说："好吧，我会等一天。"

一天后，道格拉斯在电话里对杜鲁门说："总统先生，很抱歉，我愿意继续留在法院工作，不能接受你的邀请。因为我缺乏政治经验，怕在选举中招致麻烦，而且我的家人也不同意。"

杜鲁门说："听到这样的消息，我非常失望。"

后来，杜鲁门私下对他的幕僚们说："我期盼道格拉斯能助我一臂之力，没想到他却倒打了我一耙。如此看来，我不得不相信道格拉斯想当总统，不想当副总统的传言了。"杜鲁门连竞选伙伴都找不到，看来他真有点穷途末路了。最后，他不得不同意让参议员阿尔本·巴克利做副总统候选人。虽然杜鲁门一直希望道格拉斯做他的搭档，但对巴克利他还是比较满意的。他说："巴克利是民主党最有威望的人之一，是勤奋、诚实的政治家，是参议院最能干的辩论家。最令我满意的是，他深受南部的欢迎，能拉到不少选票。"

7月14日晚，杜鲁门启程前往费城。路上，杜鲁门了解会议情况的唯一方式就是听收音机。然而，为了怕杜鲁门听到不好的消息之后难过，他的女儿玛格丽特和幕僚们坚决不让他听收音机。晚上9点15分，火车抵达费城。杜鲁门神态自若地走下火车，直奔会场。提名发言正在进行，还有4个多小时才会结束，杜鲁门一行人只好耐心地等待。杜鲁门静静地坐在那里，一边修改他的发言提纲，一边想象着自己接受提名时的情景。与父亲相比，玛格丽特却没有这么安静、有耐心。她说："在漫长的等待中，我都快要窒息了，唯一想要的就是氧气。"

1点42分，结果出来了，杜鲁门赢得到了总统候选人提名，巴克利赢得了副总统候选人提名。当杜鲁门走进会场的时候，会场响起了《总统万岁》的乐曲。为了庆祝胜利，会议负责还在会场放出了和平鸽。鸽子被关了一整天，一放出来就在会场里到处乱窜，场面非常滑稽。

会上，杜鲁门和巴克利都作了简短的演说。杜鲁门充满信心地说：

> "在这次选举中，参议员巴克利和我一定会获胜。即使共和党人不喜欢，我们也会让他们输得心服口服。你们一定要记住我说的话，我们一定会赢！
>
> ……
>
> 在世界上，从来没有任何国家的农民过着像美国农民这样安居乐业、欣欣向荣的生活。若他们反对民主党，那他们就是世界上最忘恩负义、最愚蠢的人。共和党只考虑少数特权者的利益，从不考虑普通老百姓的利益。相信大家已经看到了共和党的所作所为，因为第80届国会的行为已经证明了我说的话不假。
>
> 7月26日，我要召集国会议员举行临时会议，我要让他们通过减缓住房危机、遏制物价的措施。此外，我还要他们补助教育、增加最低工资、增加福利、制定民权法等。在共和党的竞选纲领中，他们都赞成这些计划。处理这些事情并不妨碍他们参加竞选，只要共和党愿意，他们只需要半个月就可以把这些事情办好。
>
> ……
>
> 朋友们，如果共和党的竞选纲领还有一点真实性、可靠性的话，我们就能看到第80届国会的行动。若看不到他们的行动，那么他们的竞选纲领是值得怀疑的，是没有任何价值的。"

听了杜鲁门的演说之后，全场沸腾了。人们纷纷叫道："狠狠地打击共和党人，让他们好看！"《纽约时报》报道说："总统有勇气，他点燃了人们的斗志，赢得了他们的崇敬。"《新共和》载文说："在场合与时机的把握上，杜鲁门可以与罗斯福媲美。至少在这次的演说中，他表现得像个真正的领袖。"

除了赞扬之外，杜鲁门的演说也迎来了共和党人的大肆攻击。共和党参议员说："总统不仅动用政府经费作旅行竞选，还召集临时国会来为他造舆论，这确实太不像话了……为了党派的利益，他竟然不惜破坏国家、政府的团结和尊严，这分明是奄奄一息的民主党政府在进行最后的挣扎。毫无疑问，他已经失去了民心。"

2 向共和党开火
HARRY S TRUMAN

为了赢得大选，共和党、民主党之间开始了激烈的角逐。7 月 26 日，杜鲁门召集休会的议员们开了一次特别国会。为了履行在竞选纲领中许下的诺言，杜鲁门向国会递交了一份咨文。在咨文中，他明确地要求国会通过控制物价、增加最低工资、扩大社会保险、改善住房条件等方面的法案。

在竞选纲领中，虽然共和党含糊地表示同意通过这些法案，但是他们没有想到杜鲁门出手如此快，竟然让他们在特别国会上当众履行自己的承诺。范登堡等共和党领袖说："为了堵住杜鲁门的嘴，在公众面前有个交代，我建议还是做做样子吧。"在参议院，主要负责国内事务的共和党党员塔夫脱坚决不接受范登堡的建议。他说："这是原则问题，我们不能退让。杜鲁门召集特别国会是滥用职权，我们不答应他的任何要求。"共和党总统候选人杜威则极力回避杜鲁门提出的问题，他解释说："我不愿意和这个乡巴佬一起失去身份。"

对于杜鲁门提出的要求，国会置之不理。于是，为了提高民主党的威望，杜鲁门开始大肆攻击共和党，而且一直紧紧抓住国会不放。在记者招待会上，杜鲁门指责国会："这一届国会是历史上最糟糕、最无所事事的国会。"在给玛丽的信上，杜鲁门写道："如我预料的那样，我召集的特别会议没有任何意义，因为国会那帮人放了空头炮。在需要行动的时候，他们居然这样做，简直是太无耻了……不出我所料，更龌龊的事情还在后面。这帮家伙丢下事情不管，就这样溜走了，而他们却嫁祸于我。我相信人民的眼睛是雪亮的，他们不会轻易被愚弄的。"

面对杜鲁门的频频攻击，共和党人纷纷指责说："杜鲁门是个卑鄙、粗俗的家伙。既然已经胜券在握，我们没有必要像他那样不择手段地拉选票。"共和党总统候选人杜威也按兵不动，没有什么表示。他似乎在向人们解释说："为了保持绅士风度，我不想和杜鲁门一般见识。"

杜鲁门认为他的支持者大多是普通百姓、劳工、农民，他必须尽量缩短与这些选民的距离。所以不管共和党反应如何、不管竞争对手是否反击，杜鲁门仍然按自己的计划行事。9月6日，劳工节这天，杜鲁门在底特律卡迪拉克广场发表了演说。他说："如果继续让不顾你们利益的家伙控制国会，让他们选出一个共和党总统，那你们将受到一连串的打击。到时候有你们担心的，你们最好是小心一点吧。在这次选举中，如果你们获得一个对劳工友好的国会和政府，你们便大有希望。你们就不用担心任何事情，可以放心睡大觉……"

9月17日，杜鲁门乘坐"总统专列"开始了周游全国的竞选。为了向百姓拉选票，通过火车巡回各地发表演说，杜鲁门还是美国历史上的第一人。

在杜鲁门出发前夕，一位民意调查专家说："在和杜威的较量中，杜鲁门必输无疑。"尽管如此，杜鲁门仍然满怀信心地对巴克利、随行的工作人员以及记者说："在这场战斗中，我会想尽一切办法把他们打得一败涂地。"

"巧妇难为无米之炊。"杜鲁门差点因为缺钱而断送了前程。在回忆杜鲁门这次竞选之旅时，玛格丽特说：

> 虽然有一次旅行竞选的经验，爸爸对这次旅行更有信心，但是他还是因为经费问题受了一点打击。一直以来，民主党经费拮据，朝不保夕，根本无力提供竞选的庞大经费；民主党几乎没有人认为爸爸能取胜，所以出钱支持他竞选的人寥寥无几。
>
> ……
>
> 在底特律演说的时候，父亲面对的不仅仅是底特律的工人，而是全美国的工人，所以他要通过广播向所有的美国工人发表讲话。然而，演说前夕，广播网的经理说："如果拿不出5万美元的酬金，总统就必须取消广播讲话。"听了此话之后，竞选班子的人都傻眼了，一时半会儿让他们到哪里去筹集这么多钱啊？最后，在当地几个比较富有的民主党人那里筹到了这笔款。否则，爸爸将无法登台演说。
>
> 我们常常面临缺钱的困境，有时候父亲还得亲自出马筹钱。出发前夕，负责管钱的司库，前陆军助理部长路易斯·约翰逊上校

还把一些有钱的民主党人请到白宫。爸爸告诉他们说，还差 25 000 美元，否则他的竞选列车就只能停在半路。当时只有两位先生答应各出 1 万美元。

在旅途中，爸爸经常收到服务部门的经理们送来的账单，因为他们想尽快得到钱，害怕以后成了烂账。为了筹款继续前进，竞选班子的人开过无数次会。因为没有钱，爸爸的讲话常常都是说到一半就被迫停止，就算付了款广播网也不允许他在租定的时间之外多说一秒钟；而另一个候选人杜威却可以不受任何干扰、肆无忌惮地在广播上发表长篇大论。他们这样无理地对待爸爸，让我气愤不已。后来，约翰逊上校对我说，孩子不要生气，也许这并不是件坏事情啊。当人们看到总统受到如此无理的对待，也许会感到愤慨，会支持他。

……

虽然资金不足困扰着爸爸的竞选班子，但是父亲依然心平气和，一点也不悲观更没有垂头丧气。每次，前来听他讲话的人都非常多。而且大家都非常踊跃。有好几次，人们甚至冒着大雨坚持听他演讲。从人们的热情中，爸爸看到了希望。也许，这也是他不气馁的原因之一吧。

……

9 月 18 日，杜鲁门抵达共和党的核心地带爱达荷州。在爱达荷州，杜鲁门给了共和党致命的一击。在这里举行的全国性耕地比赛中，杜鲁门发表演说：

1929 年，美国经济暴起暴落，你们一定还清楚地记得吧？1932 年，农民的处境非常不好，许多农业社区还因此发生了暴力事件，你们一定还有深刻的记忆吧？银行和保险公司接管了大量独立的小农庄，结果 20 多万农民被迫离开家园……

相信你们一定不会忘记这些令人伤心的记忆。如今，你们正面临着危机，难道你们想再次遭受打击吗？

共和党人几乎都是享有特权的冷血动物，这群狡诈的人想恢复华尔街的经济独裁。难道你们还想依靠他们？他们早就抛弃了你们这群人，他们心中只有那些有钱人。而且，他们已经在你们的背后狠狠地刺了一刀，只是你们还没有意识到而已。现在，除了民主党之外，你们很难找到真正可以信赖的政党。民主党代表人民，致力于农业生产，而且它永远把人权和人民的利益放在首位。

......

说这些并不是要你们投票给我，而是让你们权衡利弊，为自己投票。

尽管杜鲁门的演说安排在烈日炎炎的正午时分，但是前来听他演说的仍然有近 10 万人，而且爱达荷州的民众都疯狂地为杜鲁门叫好，这令媒体多少有些迷惑。9 月，正是丰收的季节，美国到处都是一片欣欣向荣的景象。媒体认为，杜鲁门在这种时候发表这样的演说是很不合时宜的。有报道说："杜鲁门充当了广大听众的厄运预言家，其演说既刺耳又蛊惑人心。显然，在大丰收的年代，他这样的演说是极不和谐的。"

杜鲁门发表这样的演说，自有他的道理。6 月，国会重新修订了农产品信贷公司——联邦农业贷款机构的章程。民主党人强烈反对这一法案，杜鲁门也拒绝签署该法案。修改后的章程中明文规定，禁止该公司建新储存仓。国会美其名曰，这是一项节约壮举。然而，谁都知道这是一项经济措施。为了调控农产品价格，农民就必须使用农产品信贷公司的仓储设备储存农产品。若不储存的话，一旦小麦和玉米等农产品大量涌入市场，价格毫无疑问会暴跌。所以在大丰收的季节，该法案无疑会使农民损失惨重。

6 月，共和党的这一举措并没有引起太多人的注意。然而，到了 9 月，农产品就要丰收的时候，这一法案不得不引起人们的注意。由此可见，杜鲁门发表这样的演说并不是不合时宜的。就像他所说的那样，给人们提个醒，让他们权衡利弊之后，作出正确的选择。

演讲结束后，杜鲁门坐下来休息的时候，几十位农民问他："你是否愿意再作一次演讲。"杜鲁门毫不犹豫地说："当然愿意。"

农民说："这次你要进行非正式的演说，而且是我们问你问题，你来回答。"

杜鲁门二话没说，就重新登台。

"听说，在密苏里州，你犁的地是最直的，是这样吗？"一个高个子的农民问道。

杜鲁门笑着说："那是当然，我还为此事骄傲了好久呢。那时，犁一块地要花 4 天时间。现在，我可不想回到马和马车的时代。我告诉大家，我们的一些共和党的朋友却喜欢时光倒流。"

听了杜鲁门的话之后，人群中爆发出热烈的掌声。《纽约人》杂志的记者罗维尔说："与这次相比，杜鲁门以前的演说实在是差劲极了。"

9 月 18 日晚，列车载着杜鲁门驶入密苏里州特伦顿。在这里，他发表了充满激情的演说。他说："两年前，你们待在家里，没有运用上帝赋予你们的神圣权利去控制这个国家，所以你们得到了一个共和党的国会。今天，我在为普通人的利益而战；今天，你们又一次拥有了为自己抉择的机会。这次，你们一定要好好把握……请记住，11 月 2 日，去投票站投民主党的票，那样我可以在白宫再多呆 4 年。否则，几个月之后，我就要面临房荒。"尽管总统竞选班子的人一再反对杜鲁门在演说中提房荒的事情，但是他仍然坚持这样说。他说："一旦落选我就要搬出白宫，这是事实。"

这次是杜鲁门这天的第 13 次演说，虽然声音有点嘶哑，但还是赢得了人们的阵阵欢呼。有报道说："在密苏里，前来听杜鲁门演说的人非常多，这并不是因为密苏里是他的故乡。其实，他停靠的每一站，集聚在他的四周听他演讲的人都特别多。每次，他都能赢得人们支持。"有报道说："杜鲁门是一位和善、坦率的总统；是一位忠于他的党、喜爱家庭、关心国家、关心他人、爱到平民百姓中来的总统；是一位把政府的事情当做自己的事情来做的总统。虽然他不是英雄，但是身处困境的时候，他从不抱怨，而是勇敢地面对，并尽最大的努力来履行自己的职责……"《新共和》杂志载文说，人们对杜鲁门非常热情，这是真的。在报道杜鲁门受欢迎的事情时，记者们非常不舒服。《新共和》的记者理查德·斯特劳特还说："也许，'总统专列'是探测舆论最糟糕的地方。"

在加利福尼亚州，杜鲁门对站在铁轨两旁的听众说："共和党的国会一事无成……若国会把你们推下山谷，共和党不但不会救你们，反而会推你们一把。危急时刻，出手相救的一定是民主党。现在，你们已经拥有了一位如此糟糕的议员，难道你们还想拥有一个糟糕的政府和总统吗？"其实，杜鲁门所说的糟糕的议员指的就是共和党议员伯特兰·吉尔哈特。因为在众议院大会上，他曾当众谴责乔治·马歇尔，所以这次他成了杜鲁门攻击的靶子。

杜鲁门的战略就是无情地攻击共和党人。在丹佛，他说："当我谈到共和党人的所作所为时，我并不是在谈普通的共和党选民，请大家理解我。众所周知，绝大多数共和党人都是好人，但共和党选民与共和党的政策是有本质区别的。当共和党的领袖们控制政府后，他们装聋作哑，听不见普通人的呼声，看不见老百姓的需要。在他们眼里，只有大企业和特殊利益集团的利益……"在盐湖城，杜鲁门还毫不留情地指责共和党人，说他们这帮自私的人为了满足自己的贪欲，一直在想方设法揩国家的油。此外，他还说："国会是由一帮生活在 17 世纪的老顽固所指挥的。若下一届国会仍然落在这群老顽固手中，他们就会彻底粉碎我们所取得的进步。在对外事务中，也会退回到孤立主义中去。对国家和世界来说，这将是一场可怕的灾难。"纽约《先锋论坛报》报道说："在演说中，杜鲁门除了极力保护新政自由主义，猛烈地抨击共和党的政策之外，就是诡辩、蛊惑煽动百姓。"

在杜鲁门全心全意地为选举奔波的时候，州权民主党的瑟蒙德和进步党的华莱士这两位总统候选人也在拼命地拉选票。瑟蒙德反复地谈论州权，要求把民主党领导层中的"邪恶势力"驱逐出去。此外，他还抓住杜鲁门的公平就业委员会和杜鲁门任命黑人军官一事大做文章。瑟蒙德还大言不惭地说："我在南部赢得的选票足以左右众议院中的选举。"而华莱士则猛烈抨击种族隔离政策，主张与苏联人对话等。瑟蒙德和华莱士都是从民主党中分离出去的，杜鲁门好像从未将他们看作是严重的威胁。他说："从民主党分离来的这两个党不是我的对手，我真正的威胁来自共和党。"

虽然杜鲁门总是毫不留情地批评共和党的政策和国会，但是在演说中他很少提到杜威的名字。若必须提及杜威的名字，也只是说我的共和党对手。有一次，杜鲁门把杜威描绘成"江湖医生"，把美国人民描绘成找他看病的病人。杜鲁门描绘的医生和病人的故事是这样的：

医生问道："近来，你们正在为一些问题而烦恼吧？"

美国人民回答说："除了高价、教育、住房、社会保障等问题之外，我们没有什么可烦恼的。"

医生说："那太糟糕了，你们怎么会有这么多问题啊？"

美国人民回答说："你怎么能这样说呢？之所以如此，是因为政治不健康啊。"

医生说："绝对不是这样的。你们不应该这样考虑问题，你们需要的是杜威牌安神理气糖浆，即团结。"

医生对病人杜鲁门说："瞧，看脸色就知道你最近不健康。"

病人杜鲁门回答说："大夫，这就奇怪了。我非常富有、健康，而且我还有一个光明的前途，怎么会不健康呢？"

医生说："尽管如此，但是你需要动一次大手术。"

病人杜鲁门问道："大夫，严重吗？"

医生说："不严重，只要把你现有的内脏切掉，换一个共和党的政府就可以了。"

3 漫长的竞选之路
HARRY S TRUMAN

杜鲁门离开华盛顿两天之后，共和党总统候选人杜威乘着他的"胜利专列"开始了旅行竞选。与杜鲁门相比，杜威的旅行竞选条件非常优厚。从阵容来看，杜鲁门不及杜威强大，杜威的随行记者就有98名，几乎是杜鲁门的2倍；从演讲稿来看，杜鲁门的稿子非常简短，常常在演说的时候还没有拿到稿子，而杜威的演讲稿副本总是可以提前24小时拿到手；在服务方面，杜鲁门的则更差，而杜威的列车上每隔一段时间就会提供咖啡、三明治等，日常需求管理得非常有序、高效，这是杜鲁门的专列上见所未见、闻所未闻的事情。在扩音和通讯设备方面，杜威的设备齐全、性能好，杜鲁门根本无法与之相比；在国内公共演说系统的方面，杜鲁门和杜威简直是有着天壤之别。此外，杜威的列车到站准时，接待周到，停站过夜的时候，他们的行李有专人负责从火车上搬进旅馆，并有人专门负责清洗衣服。"理查德·罗维尔在《纽约人》杂志载文说："杜威的竞选活动是一流的，而杜鲁门的却是土包子……在杜威专列上，最受欢迎的游戏是桥牌，最讨人喜欢的饮料是马提尼酒；而在杜鲁门的专列上，最受欢迎的是扑克和波旁酒，而且想要吃什么东西的话，还必须自己在盥洗盆中清洗……与杜威的专列所提供的服务相比，杜鲁门的专列要落后 40 多年。"

和杜鲁门一样，杜威也在爱达荷州发表了首次演说。他满怀自信地告诉媒体："美国的未来就在我们的前面，我会取胜的，但绝对不是靠运气。在华盛顿，我们准备建立一个考虑人民需求的政府。它对美国人民有信心，而且有能力满足人民的需求；会让美国人民团结在一起，并肩前行；会让每个美国人都生活得更好，并卓有成效地为世界和平贡献自己的力量……"

在大的议题上，杜威和杜鲁门的看法基本上是一致的。比如，他支持马歇尔计划、支持希腊、承认以色列、援助柏林等。在小的议题上，他们还是有不少分歧的，像农民、住房、医疗保健、工资等问题。在演说中，杜威绝口不提与民主党、与杜鲁门有争议的问题。共和党参议员曾告诫杜威说："如果没有农民的支持，我们不可能获胜。"尽管如此，杜威丝毫不改变自己的演说策略，一如既往地大力倡导让政府援助工业。

杜鲁门总是尽可能地接近选民，听听他们的声音。杜鲁门的助手说："他总与选民一起笑，从来都不自抬身价。"而杜威的策略是少说话，他对共和党政客说："处于优势的时候尽量别说话。"《时代周刊》报道说："共和党人认为，他们已经胜券在握。所以，杜威等人真正关心的问题是，接下来的几个月杜鲁门可能做哪些事情来扰乱局势，尤其是外交领域。"正因为如此，杜威在竞选旅途中很少像杜鲁门那样与听众打成一片，至于调侃自己的话就更不会说了，因为他要保持高贵的形象。当选民送给他小礼品的时候，他表现得一点也不热情；在演说结束的时候，他介绍自己夫人的方式总是很生硬。有记者说："杜威温和地拒绝争论问题的态度，他那刻板的笑容已经激怒了所有人。"

虽然有人不断批评杜鲁门的演说方式，说他故意煽动人们的情绪，但听他演说的人越来越多，而听杜威演说的人却越来越少。虽然杜威的幕僚们一直满怀信心，但是面对日渐稀少的听众，他们也非常担心。《时代周刊》报道说："现在，杜威的支持率并不理想，好像无法和杜鲁门相比。在盐湖城，杜威和杜鲁门的竞选场地是一样的，但场内的听众并不是很多，而且街道上也没有欢迎杜威的人群。"尽管如此，杜威仍然神气十足地说："在政治上打败一个蠢人，比打败一个能人更难。为了打败这个蠢人，我决不会走到街头去和他计较……"

杜鲁门的竞选列车在继续前进，听他演说的人也在不断增加。列车每停一战，杜鲁门都会更有激情地投入到竞选运动中去；每过一小时，他就会增添不少力量。因为他正在为自己的政治生命而战，为尊严而战。

在列车快进入种族歧视严重的得克萨斯州时，有人说："杜鲁门总统在那里会受到冷遇。"甚至还有传言说："在那里，杜鲁门将会被置于死地。"对此，杜鲁门一点也不害怕，为了赢得得克萨斯州的选票，他决定恶战到底。

9月26日，当列车停靠在尤瓦尔迪时，迎接杜鲁门的并不是刺刀、子弹，而是热情欢迎他的民众。此外，他的朋友加纳还为他准备了丰盛的早餐。演说的时候，杜鲁门对群众说："精致美味的食物一道道送上来，我吃得太过舒服了。40多年来，这是我吃到的最可口的早餐……我和加纳是很多年的好朋友。今天，我们必须把政治丢到一边，只谈友谊。忘掉所有的不愉快，让令人郁闷的事情都随风而去吧……"

人们明白杜鲁门的意思，都非常热烈地为他鼓掌叫好。就连贝西也被得克萨斯人民的热情所感动，她还亲自向这些热情的民众表达了自己的谢意。《纽约先驱论坛报》的罗伯特·多诺万报道说："清晨6时50分，尤瓦尔迪车站就有1万多人和一支乐队等在那里迎接杜鲁门了。当他出现在人们面前的时候，众人都齐声欢呼。"

同一天，杜鲁门来到在圣安东尼奥的时候，大约有20多万人走上街头欢迎他。晚上，在冈特饭店举行的晚宴上，杜鲁门发表了热情洋溢的演说。他说：

> 我们的政府是由你们组成的，我只是你们最忠实的仆人。我是世界上最伟大国家的总统，这是一个人所能获得的最高荣誉。尽管如此，但我终究是你们的仆人。虽然我拥有权力，但这是用来为你们谋福利的，而不是对你们发号施令的。在政治上，如果你们不赞同我的主张，我没有送你们去劳改营或砍掉你们脑袋的权力。这是法西斯的一套，我不信奉这些。
>
> ……
>
> 我相信，只要我们努力，就能够活下去，很好地活下去。在这个世界上，如果我们坚持为和平而努力，奉行清教徒所说的'擦亮子弹、让火药永远干燥'，我们终将会取得和平。

在日新月异的世界中，和平是唯一的求生之道。和平是我追求的理想，是我真正感兴趣的事情。与和平相比，是否当美国总统就显得没有那么重要了。

为了不让人类毁灭，为了人类的幸福，为了美国人民的利益，我会努力奋斗的。

杜鲁门的演说赢得人们的信赖和支持，随行的记者说："如此看来，杜鲁门总统获胜的机会很大。"圣安东尼奥《快报》载文说："毫无疑问，杜鲁门总统触动人心的演说将会使他赢得得克萨斯的选票。"

在得克萨斯州，杜鲁门做了 25 次演说。每次，群众的热情都非常高。在贝尔斯，杜鲁门说："马上我就要到博纳姆去了，在那里，我将继续痛击共和党。我相信，你们一定会喜欢这个主意。"

正如杜鲁门所说，在好友雷伯恩的家乡博纳姆，他猛烈地抨击了共和党。杜鲁门说："共和党是伪善的。在他们的演说中，他们不谈你们面临的具体问题，而是高唱团结的催眠曲，让你们沉沉睡去。其实，共和党的团结是指国会的团结。很明显，让国会团结的目的就是让大财团哄抬物价，减轻富人的税务负担，加重你们的负担，削减新政带来的一切福利。难道这就是你们想要的吗？有些东西是值得我们为之奋争的，所以你们也要一起努力。

······

"我们关心的是你们的利益，所以我们必须与投机商、特权阶级、孤立主义者和反动派作斗争。我相信，特权阶级和有钱人能照顾好自己。所以对政府来说，最重要的职责就是让他们得到公平的待遇。

······

"你们问问雷伯恩，为了让你们和更多小城镇的农夫和人民能获得电力，他累死累活地苦干的时候，那些腰缠万贯的有钱人和特权阶级都在干什么。"

在演说中，杜鲁门总是用百姓能听懂的语言，从来都不用深奥、晦涩的语言。正如雷伯恩所说："杜鲁门就像老百姓中的一员。他不仅让人们理解他，而且让人们赞同他的观点。"

在博纳姆的演说结束后，雷伯恩在城西的家中举行了晚宴。在房前的草坪上，欢迎的人群排成了长龙。为了保护杜鲁门的安全，保安人员建议雷伯恩逐个核实民众的身份。雷伯恩生气地说："这里的每个人我都认识，他们都是我的朋友，绝对不会有坏人夹在里面。"

杜鲁门一边举杯示意，一边和靠近他的民众握手。为了和杜鲁门握手，人群不断地向前拥挤着，有的人甚至握过好几次了却还在往前拼命地挤着、笑着。最后，人们的热情连雷伯恩也受不了了。他对声旁的州长耳语道："快命令人去把门关上，有的人已经来过好几次了。再这样下去，总统会受不了的。"在回忆当时的情景时，玛格丽特说："人实在太多了，为了靠近爸爸，人潮不断地涌进来。"

在俄克拉荷马州，杜鲁门对共和党展开了全面进攻。他对前来听他演说的几十万民众说："我的'忠诚计划'的调查结果表明，在所有的联邦雇员中，99.7%的人是忠诚的。而共和党人为了掩盖自己无力处理教育、物价、住宅等问题，居然说我在政府中纵容共产党。为了拉选票，共和党人不惜损害国家安全，这是极不负责任的行为。"

在伊利诺伊州，杜鲁门受到了空前热烈的欢迎。欢迎他、为他助威呐喊的人群还冲破了警戒线。看到成千上万的人如此欢迎自己，杜鲁门非常高兴地说：

"每天，我都要给50多万人演讲……我非常感谢你们！

……

"共和党为大财团和有钱人谋利，而民主党是时刻为你们谋福利的。第二次世界大战结束之后，民主党政府不仅恢复了经济，而且还取得了许多令人瞩目的成就。为了维护繁荣，我们制定了就业法。战后，不仅没有人失业，而且人民的生活得到了很大的改善。

……

"在世界事务中，我们把美国带到了领先地位，没有人敢怀疑美国的实力。所以，千万不要相信那些居心叵测的批评。

"请你们牢牢记住，是民主党给美国带来了辉煌，这是不容争辩的事实。"

在肯塔基州，杜鲁门对热烈欢迎他的民众说："现在，你们所要做的就是，毫不犹豫地投民主党候选人的票。这样做不仅是在帮助你们自己，而且也是在帮助你们的国家。我坚信，你们会这么做的。因为你们不仅是在为我投票，而且也是在为你们自己投票，为你们的利益投票。"

杜鲁门每停靠一站，都会见到人山人海的情景。大多数记者都认为，这是普通人的好奇心所致。《纽约先驱论坛报》的多诺万说："这很自然，因为美国人民高度尊重担任总统职务的人，所以他们想亲眼看看白宫的主人。"《时代周刊》载文说："杜鲁门把他的竞选运动变成了马戏团。毫无疑问，人们会来看表演。"记者克内贝尔特解释说："在谢尔比维尔车站，我的记忆尤为深刻。那天清晨，太阳还没升起，但是铁路周围早就聚集了很多人。一眼望去，全是黑压压的一片。为了能看清总统的容貌，有些小孩都坐在了大人的肩上，甚至还有的爬到了树上和屋顶上。人都有好奇心，谁不想亲眼看看总统？虽然车站的民众很多，但是这并不代表他们会投杜鲁门的票。我相信，杜鲁门输定了。"

10 月 2 日，当杜鲁门回到华盛顿之后，他提笔给玛丽写了一封信。他写道：

> 亲爱的玛丽：
>
> 　　这次，我们大约停靠了 140 个车站。在旅途中，我发表了 147 次演说，和 3 万多人握了手。我们所到之处，欢迎的人非常多。不论是清晨还是午夜，出迎的人都多得惊人……
>
> 　　虽然如期完成了初期旅行竞选计划，但对我来说，战斗才刚刚开始。几天后，我会再次出去。我将前往宾夕法尼亚、新泽西、纽约、威尔明顿、费城、奥尔巴尼和布法罗等地。10 月 31 日，我会回到堪萨斯城。那时，旅行竞选就彻底宣告结束了……你不用担心，我精神饱满，身体也很好，可以再次出行。
>
> 　　在美国历史上，这将是最大的一次总统竞选运动。无论胜败，人们都已经知道了我的立场，知道了民主党的政策……
>
> 哈里

竞选归来之后，贝西、玛格丽特、记者以及总统竞选班子的工作人员都疲惫不堪。唯有杜鲁门精神非常好，就像他在给玛丽的信上所说的那样可以再次出行。

10 月 10 日，距离选举日仅有 3 周，杜鲁门再次登上"总统专列"出发了。虽然在民意检测的结果中，杜威仍然居于领先地位，但杜鲁门依然满怀信心地踏上了新的旅程。

对杜鲁门来说，10 月 11 日，是最令他得意的一天。在俄亥俄州，成千上万的群众从四面八方涌来听杜鲁门的演说。杜鲁门对前来听他演说的民众说："如果你们不想倒退，如果你们不想滑落到破产和贫困的境地，你们最好在选举日那天好好想想自己的利益。现在的繁荣并不是共和党人带来的，他们不是经济复兴的功臣。为了防止露出马脚，他们不敢去做其他的事情，一直在谈论团结……有人告诉我说，这里是共和党的地盘，不会有人欢迎我。然而，事实并非如此。其实，我并不在乎你们是否欢迎我，我只想让你们知道我的立场。"随行记者说："没想到在共和党的地盘上，人们的情绪也会这么高。我从来没有见过这种人潮，这是我所见过的最奇特的景观。"在民主党的大本营阿克伦，他受到了非常好的礼遇。大街上人山人海，寸步难行。当杜鲁门经过的时候，人们都疯狂地叫喊着："哈里，你好！加油，哈里！"有报道说："有史以来，这是阿克伦规模最大的活动。"杜鲁门说："60 多年来，我到过很多地方，但我从未见过这种倾城而出的盛况。和共和党相比，我没有充足的竞选经费，没有完整的宣传策略，但是我有你们的支持。我相信，我一定会取得胜利！"

对杜鲁门来说，选战才刚刚开始，他还有很长的一段路要走。对民意调查专家来说，选战已经结束了。10 月 11 日，《新闻周刊》上醒目地写着："50 位民意调查专家一致预言，杜威会赢得大选，共和党将继续控制国会。"看了这样的报道之后，克利福德把周刊藏在了袖子里面，他不想让杜鲁门看到这样的报道。后来，杜鲁门发现了，他说："都说了些什么？"

克利福德满脸疑惑地问道："我不明白你在说什么。"

"那上面都是怎么说的？"杜鲁门继续问道。

克利福德故作正经地说："你到底在说什么啊，你没事吧？"

杜鲁门说："我都看见了，你买了《新闻周刊》。"

"你的手很不自然，我想你一定是把它藏在了袖子里面。"没等惊愕的克利福德开口，杜鲁门又继续说道。

克利福德见无法再隐瞒了，只好无奈地把《新闻周刊》递给杜鲁门。杜鲁门歪着头，眯着眼，看了一会儿后笑着对克利福德说："没什么大不了的，为什么不让我看？之所以有人写这样的文章，那是因为他根本不了解时局。别管他们，咱们继续干吧。"

随着时间的推移，杜鲁门的支持率逐渐上升。《波士顿邮报》报道说："哈里·S.杜鲁门是勇敢的首领，是像亚伯拉罕·林肯一样谦恭、忠诚而执著地为美国人民服务的首领。他以大多数人的最大利益为出发点，像美国的先贤杰斐逊、杰克逊、威尔逊、罗斯福等人一样，无怨无悔地为民众谋利。他坚持己见，敢于展望未来，勇敢地确定目标，并让人们了解这个目标。美国喜欢像杜鲁门这样的斗士，看来，他赢定了。"

看到杜鲁门的支持率逐渐上升，杜威和他的手下开始忧虑了。杜威问他的新闻秘书吉姆·哈格蒂："哈格蒂，你认为杜鲁门竞选运动进行得如何？"

哈格蒂毫不犹豫地回答说："我觉得他干得不错。"

杜威说："我也这么认为。这实在是件令人沮丧的事情。"

在伊利诺伊州博库普镇，发生意外的事故引起了人们对杜威的不满。当杜威准备发表演说的时候，他的专列不知道为什么突然朝群众移动了几英尺，引起了人们的恐慌和极大的不满。人群惊叫着慌乱地向后退的时候，杜威在麦克风中怒吼道："我的火车司机是个疯子、恐怖分子，他应该被枪毙，他……"后来，这件事情到处流传。杜威冷酷傲慢的话不仅深深伤害了火车司机，而且伤害了广大民众的感情。

虽然杜威的支持率日益下跌，但很多报刊社论仍然对杜鲁门不利，尤其是美国最大、最有影响力的报刊。《洛杉矶时报》报道说："杜鲁门是美国最地道的笨蛋。"《底特律自由新闻报》说，杜鲁门根本不合格，他是个十足的傻瓜。《芝加哥论坛报》在头版头条写道："不论你多么同情杜鲁门，不论你多么喜爱他，选他当总统并非明智之举。一旦他再次成了总统，对国家和世界来说，都是一场悲剧。"

面对如此多的负面报道，杜鲁门的幕僚们说："对我们来说，竞选已经成了一件苦差。有生以来，我们从没有遇到如此艰难、漫长的挑战。"《先锋论坛报》的记者说："看上去，杜鲁门的幕僚们一个个筋疲力尽、强装笑颜，而杜鲁门却斗志昂扬。"回忆起这次的竞选历程时，克利福德说："那是一段非常漫长的日子，要忍受疲劳和非同寻常的压力。虽然我很年轻，体力也很好，但我时常怀疑自己能否支撑下去。

……

虽然杜鲁门承受着来自各方面的压力，像资金、报界等，但他总是精神饱满，而且非常乐观。在竞选旅途中，几乎没有人看见他颓废、萎靡不振的样子。不管压力多大，他总是很镇静地说，让他休息 20 分钟就好。"

大选的日子一天天临近，听杜鲁门演说的人也越来越多。杜鲁门在给玛丽的信上写道："群众好像越来越喜欢听我演说了，我的对手似乎应付得越来越吃力了。我想，我一定会赢。"克利福德说："我们都感受到了变化，我敢打赌，我们肯定会成功。"

其实，杜鲁门的演说并没有什么新意，仍然是不断地攻击国会，攻击共和党。他声色俱厉地对民众说："投共和党的票，无异于投法西斯的票。"杜鲁门之所以在紧要关头发表这样的演说，就是为了激怒杜威，让他反击，让他自乱阵脚。据说，杜威真的被激怒了，他亲自起草了反击杜鲁门的演说稿。后来，在顾问的劝说下，他想了一整夜才撕掉了演说稿。杜威夫人说："如果是我，我肯定豁出去了。在语言上，我也要和杜鲁门一决雌雄。"

10 月 29 日，赛跑即将抵达终点，杜鲁门决定奋力冲刺。于是，他在纽约市巡回造势。据估计，大约 125 万人涌上街头欢迎杜鲁门。晚上，杜鲁门发表了民权演说。他说："我已经发布了两道命令，让国家机关、军队给予所有人种相同的晋升机会。为了让所有人得到平等的权利和机会，我会尽心尽力的。"在场的听众大多是黑人，杜鲁门的演说赢得了他们的热烈欢迎。演说结束的时候，听众的掌声持续了十几分钟。

在圣路易斯的体育馆，杜鲁门无情地攻击了对手、共和党国会、亲共和党的媒体和其他势力，给了对手最后一击。他抛开幕僚们精心准备的演说稿，再次发表了即兴演说：

"这次，共和党总统候选人充分表演了他骗人的鬼把戏。在我的屁股后面，他始终不谈你们关心的问题，总是在那里空谈团结和效率。最后，在赞成第 80 届国会的时候，他终于露了马脚。我信赖人民，当他们知道事情真相的时候，就一定会采取正确的行动。

……

在我出发时，90% 的新闻媒体都反对我们；几乎所有人都对我说：你赢不了，民主党人赢不了。尽管如此，但我并没有灰心。因为以前的竞选中，几乎没有一家报纸支持我，而赢的人总是我。"

对于这次演说，杜鲁门感觉非常好。他自豪地说："我觉得最后一次演说达到了预期的目的，因为美国农民的反应非常强烈。我相信，那些选民会投我的票。看来，我会再当 4 年总统。"

10 月 31 日，漫长的旅行结束了，杜鲁门一家回到独立城。玛格丽特高兴地说："我的上帝，终于回家了，我都有些不敢相信。"杜鲁门笑着说："好好睡一觉吧，没有人会打扰你。"

4 最后的胜利
HARRY S TRUMAN

在独立城，杜鲁门一边悠闲地等待着最后的胜利，一边准备着大选胜利后的演说稿。虽然他信心十足，但舆论始终没有站在他这一边。《纽约时报》报道说："在这次的大选中，杜威将获得最后的胜利，而且共和党将继续控制国会。在他的领导下，美国的实力会蒸蒸日上。"11 月 1 日，《生活》杂志上还刊登杜威及其夫人的巨幅照片。旁边的说明是，未来的总统及夫人搭乘轮渡出游。此外，《华尔街邮报》、《新闻周刊》、《时代周刊》等都认为杜威将取得压倒性胜利。这些报纸、杂志除了大肆报道杜威将获得胜利的消息之外，他们还极力贬损杜鲁门。《自由报》上有一则这样的报道：作为前总统，杜鲁门退休之后的生活应该是没有什么问题的。他每年不仅可以得到一大笔退休金，而且还可以和广播电台、杂志签约，赚取一大笔钱。据估计，他一年最少可以捞到 100 万美元，这可是一笔可观的收入啊。"还有报道说："虽然杜鲁门没有当上总统，但他一直勇敢地战斗到了失败。"

最新的民意调查结果表明，杜鲁门的情况已经好转，但杜威仍然比他高 5 个百分点。其实，在所有的民意检测中，有 2 个非正式的调查结果对杜鲁门是有利的。一个是堪萨斯市斯特利谷物加工公司的"小母鸡民意测验"，另一个是参议院秘书莱斯·比弗尔德的测验。在"小母鸡民意测验"中，利谷物加工公司在鸡饲料上分别贴上"民主党"和"共和党"字样，让农民按自己的意愿购买饲料，即支持哪个党派就购买贴有此党派字样的饲料。结果表明，支持民主党的人多。而比弗尔德则是装扮成小贩，去农业区询问人们对选举的看法。经过检测，他得到的答案是所有的农民都支持杜鲁门。虽然没有舆论界的支持，没有正规的、有利于自己的民意检测结果，但是杜鲁门一点也不在意。他说："尽管有人认为，竞选必须依靠报纸、电台或其他通讯设备，但我认为人民更愿意靠自己的观察来决定投谁的票，他们并不会因为舆论的力量而倒向某个人。"

11月2日一大早，杜鲁门一家在独立城的纪念堂投了票。一群记者围住杜鲁门，让他对选举结果作最后的预测。杜鲁门说："不用预测，胜利绝对是属于我的。"

"总统先生，为了等候选举的结果，您是否会一整夜不睡？"有人追问道。

杜鲁门笑着说："不会的，因为我不指望天明之前会有最后的结果。"

该做的事情都做了，除了等待结果之外，杜鲁门没有其他事情可做了。下午在白宫秘密警察的护送下，他去了离堪萨斯城30多英里的埃耳姆斯旅馆。他想一个人在这里静静地休息，不希望受到任何人打扰，尤其是为了避开记者。

晚上6点多，首次传来了投票结果。在纽约和宾夕法尼亚等地，杜威取得了绝对优势。在总票数上，杜鲁门远远多于杜威。

9点，杜鲁门对特工队长罗利说："我先休息了，如果有什么重大事情一定要叫醒我。"和往常一样，杜鲁门很快就睡着了。

当杜鲁门进入梦乡的时候，杜威和共和党人正围坐在收音机旁收听消息。共和党人深信他们会取得胜利，他们连欢庆选举的胜利会场都布置好了，而且还特意准备了佩戴的胸花。

杜威还兴奋地对他的夫人说："亲爱的，今晚，你就能尝到和总统同床共枕的滋味。"然而，收音机传来的消息并没有和共和党人想象的那么好。在共和党的势力范围，杜威领先的票数并不多。令他们既惊讶又生气的是，在一些共和党的堡垒州，杜鲁门居然遥遥领先。

晚上11点，杜鲁门依然处于领先地位。尽管如此，政治评论家和政客们仍然在高叫："杜威必胜！"

为了等杜鲁门露面，记者一直守在他家门外。11点半，当杜鲁门家的阳台上亮起灯的时候，引起了记者们的骚动。原来，他们以为杜鲁门等结果睡不着，所以出来透透气。然而，记者们很失望，因为阳台上的人是玛格丽特。她无奈地耸耸肩对记者说："你们不要再等了，我爸爸不在这里。"

"那你告诉我们，他在哪里？"记者们问道。

"我也不知道。"玛格丽特回答说。

记者们说道:"你在骗人,我们不会相信你的话。"

玛格丽特说:"从下午到现在,我就一直没有见到他的踪影。"

记者仍不死心,试图贿赂玛格丽特,有人说:"只要你告诉我们你爸爸的去向,哪怕只是告诉我们大概的方位,你想要什么我们都答应你。"

最后,记者们很不甘心地散了。

对杜鲁门一家来说,这是一个不平常的夜;对所有美国人来说,也是如此。杜鲁门家的灯一直亮着,全市都灯火通明。玛格丽特在日记中写道:"今天早晨,我庄重地为爸爸投了一票,我觉得非常激动。晚上,我在床上翻来覆去难以入眠。于是,我只好爬起来,不停地打电话打听最新的情况。起初,爸爸的选票数一直领先。中途滑下去了,不过后来又回升了……"

午夜时分,杜鲁门突然醒了。他打开收音机,里面传来播音员卡顿伯恩低沉的声音。他说:"此刻,虽然杜鲁门总统领先了120万票,但他绝对无法赢得最后的胜利。"杜鲁门关上收音机,继续睡觉。

凌晨4点,特工队长罗利走进杜鲁门的房间,叫醒了他。罗利说:"总统先生,我们赢了,你听听收音机吧。"于是,杜鲁门打开了收音机。仍然是那个播音员的声音,他说:"此刻,杜鲁门领先200多万张选票,但是仍然看不出民主党有获胜的希望。"

听了卡顿伯恩的报道后,杜鲁门对罗利说:"我们打败了他!走,我们立即回堪萨斯城。"

天刚泛白的时候,杜鲁门就来到了堪萨斯竞选总部。

9点30分,最新消息说,杜鲁门在加利福尼亚州、伊利诺伊州取胜。同时,民主党也控制了国会。最后,杜鲁门赢得了大选。他拿下了28个州,而杜威仅拿下了16个州。最后,杜鲁门得了24 105 812票,杜威得了21 969 500票。国会选举的结果是,在参议院,民主党获得54席,共和党获得42席;在众议院中,民主党获得263席,共和党获得171席。面对这样的结果,共和党人傻眼了,他们毫无思想准备,都不明白自己是如何输掉的。除了杜威之外,参加这次总统竞选的还有进步党的华莱士,州权民主党的瑟蒙德,以及其他一些小党。华莱士总共才得了100多万票,至于其他人就别提了,得票更少。

10点14分,杜威打来电话承认自己失败,并祝贺杜鲁门。杜威夫人调侃道："亲爱的，我得和总统同床共枕啊。请问今晚是请杜鲁门到我们家来，还是我去白宫找他？"

面对夫人的调侃，杜威无奈地了说："这真是一次令人吃惊的、不可思议的胜利。所有人都不看好他，但他赢了，输的人却是我。"

《新闻周刊》载文说："事实证明，报纸专栏作家、电台评论员、民意检测专家都错了，而杜鲁门并没有错。人民愚弄了那些所谓的知情人，此刻，他们都笑翻了……令人吃惊的是，杜鲁门知道人民在想什么，而且他还能在如此不利的条件下获得胜利。"

其实，在这次的选举中杜鲁门之所以获胜，是因为他选对了策略。在选举前，杜鲁门就清楚地认识到农村票对他至关重要。有人说："杜威被民意调查冲昏了头，错失了进攻良机。而杜鲁门通过攻击国会来引起人民的愤怒，成功地转移了他们的视线，让他们忘记了杜鲁门政策的弊端。此外，杜鲁门总是和农民打成一片，而杜威总是自恃身段从来都不低声下气。总而言之，赢得农民的支持正是杜鲁门的高明之处。"像塔夫脱这样的老政客也说："我不得不承认，杜鲁门的确有两下子……杜威趾高气扬、远离群众，打得是一场没有把握的战争。"

据说，在投票前夕有两个农民进行了这样的对话：

农民甲说："我的邻居刚才投了杜威的票，他简直是昏头了。"

农民乙说："是啊。他到底怎么回事啊，难道他不愿意再过 4 年舒适的日子吗？"

农民甲说："不管他是怎么想的了。我一定要投杜鲁门一票，我早就决定了。"

农民乙说："我也和你一样。这些天，我一直在看杜威的宣传册，可是我看得越多就越觉得他是个骗子。他除了想把我们的口袋掏空之外，好像不会再干其他事情了。"

农民甲说："是啊。杜鲁门就不同，总是告诉我们他的真实想法，不会像杜威一样耍滑头。听了他的演说，我觉得很踏实……他不但不会掏光我们的口袋，而且还会让我们的口袋更满。"

农民乙说："你说的一点都没错，我总在想杜鲁门当政期间带给我们的好处。你说，想到这些我们怎么会投抢我们钱的强盗的票呢？除非是傻子。"

许多农民几乎都怀着和以上两位农民一样的想法，所以他们选择了杜鲁门。结果证明，农村票让杜鲁门反败为胜。此外，少数民族和黑人几乎全都投了杜鲁门的票。

得知杜鲁门获胜的消息后，独立城沸腾了。汽笛、喇叭、哨子，所有能响的东西同时发出声响。此外，独立城的负责人还宣布放一天假为杜鲁门庆祝胜利。于是，人们涌向中心广场，为杜鲁门庆贺。

面对胜利，杜鲁门非常平静。堪萨斯的一位名叫沃尔什的律师在给朋友的信中写道：

> 看上去，总统非常镇静，好像完全置身事外。在获取党内提名的时候，他都费尽心机。然而，正是他击败了几乎所有人都认为不可能击败的对手。这令所有的专家、政客都震惊不已，而当事人却显得如此平静。
>
> 我一直很好奇，总统为什么无动于衷。即使是胜券在握，有的人也难免会抱怨。我认为，要不是华莱士等人搅局，总统会赢得更漂亮。当我说出自己想法的时候，总统只挥了挥手，绝口不谈选举的事情。他说，华莱士是个不错的人。每个人都有权利追求自己想要的生活，华莱士也是如此，所以他并没有做错什么。
>
> ……
>
> 你不知道，总统冷静得不合常理。清晨 6 点，杜威败局已定的时候，他仍然不承认自己的失败，以为自己在其他州会打败杜鲁门总统。而杜鲁门总统已经不再关心选票的事情了，他认为自己赢定了。他始终坚信，只要为人民奋战，他就不会输。
>
> ……
>
> 一直弄不明白杜鲁门总统如此冷静的原因。我想，也许是他经历的风浪多了，锻炼出来的吧。

11 月 5 日，杜鲁门乘坐"总统专列"返回华盛顿。当列车抵达华盛顿联合车站时，乐队奏响了《总统万岁》的乐曲。当杜鲁门走下列车时，迎接他的人蜂拥而上。从车站到白宫，沿路全是人。据说，有 75 万多人夹道欢迎，场面非常壮观。此外，沿路还扔满了五彩的碎纸，而且《我就是疯狂地爱哈里》的乐曲也一直没有停止播放。

当杜鲁门乘坐的汽车经过《华盛顿邮报》的大楼时，杜鲁门还看见了那里悬挂着"欢迎英雄回来"、"我们敬仰有勇气的人"等标语。此外，杜鲁门还看到报馆的墙上挂着一幅这样的标语："总统先生，你什么时候有时间参加我们为你举办的'老鸦宴'？"在美国俚语中，吃老鸦代表认错之意。原来，报馆是为自己在选举中的所作所为向杜鲁门道歉。杜鲁门给这家报馆的负责人传话说，他无意看到他们吃老鸦的尴尬场面，也不想夸耀胜利，只希望今后得到他们的支持；希望所有人都团结在一起，创造一个繁荣富强的国家。在竞选期间，除了《新报》支持杜鲁门、客观公正地为他说话之外，几乎没有一家报纸、杂志支持他。所以，杜鲁门想得到舆论界的支持，不打算赴什么"老鸦宴"。

当杜鲁门的车子抵达白宫的时候，整条宾夕法尼亚大街上都挤满了人。人们一边向杜鲁门招手致意，一边大声喊着他的名字……

5 宣誓就职
HARRY S TRUMAN

大选胜利了，杜鲁门想好好放松一下。于是，他接受医生的建议：休假两个星期。尽管在休假，但杜鲁门一刻也没有闲着。除了睡觉之外，他把时间都用来考虑工作了，像就职演说、庆典、纲领等问题。

为了庆祝来之不易的胜利，民主党觉得应该举行一个盛大的就职庆典仪式。于是，有人向杜鲁门提出了这一建议，得到批准。杜鲁门说："从各种不祥征兆中，我们赢得了这场艰苦的战争，所以民主党举行胜利庆祝是理所当然的事情。"于是，民主党人开始紧锣密鼓地筹备庆典。虽然民主党经费紧张，但是这次杜鲁门根本不用担心庆典的费用。因为共和党人早就为他准备好了8万美元。真让人觉得不可思议，共和党人怎么会为自己的对手准备庆祝胜利的经费呢？原来，在竞选之初，由共和党主导的国会以为杜威一定会赢得大选，所以国会批准了8万美元的庆典经费。那时，他们何曾想到自己是在为别人做嫁衣啊。意气风发的杜鲁门当然不会客气，他决定把这笔钱花得一分不剩。除了这8万美元外，路易斯·约翰逊纷纷收到民主党一些大财团、大实业家寄来的支票。玛格丽特嘲讽说："在我们最需要帮助的时候，这些人不给我们资助，有的人甚至还追着我们要债。现在，爸爸赢了，他们又跑来表白说始终和他站在一起，永远支持他。这帮家伙实在太可恶，爸爸还把这些寄支票的称为'星期三的民主党人'，因为那天是大选揭晓的日子。我想，像这种趋炎附势的人没有人不厌恶……"

1949 年 1 月 15 日，一份详细的庆祝活动计划表交到了总统保安部门。经过斟酌、删减之后，杜鲁门排列出了这样的日程表：

> 1 月 18 日，在五月花饭店举行晚宴；
>
> 1 月 19 日，大都会俱乐部为总统举行早餐宴会；
>
> 在五月花饭店举行盛大的午宴，并举行午后招待会；
>
> 在五月花饭店举行大型晚宴；
>
> 在国民警卫队军械厂举行盛大的舞会；
>
> 1 月 20 日，在沙尔汗饭店举行早餐会；
>
> 在国会会议厅前举行就职典礼；
>
> 举行就职游行；
>
> 在国家美术馆举行就职招待会；
>
> 在五月花饭店举行盛大的晚宴；
>
> 在国民警卫队军械厂举行就职舞会。
>
> ……

1949 年 1 月 20 日，是杜鲁门宣誓就职的日子。对他来说，这天是最快乐的日子。玛格丽特在日记中写道："今天，是爸爸的日子，是最完美的总统就职日。这次，将要成为创纪录的、花费最多的、规模最大的就职典礼……从白宫到国会大厦，迎风飘扬的国旗好像在说：'哈里，恭喜你！'"

早晨，杜鲁门和以前在炮兵中队服役的战友们共进早餐。席间，他们热情地和杜鲁门握手说："总统先生，祝贺你！"

听战友们叫他总统时，杜鲁门佯装怒道："不许这样叫，谁再这样叫我就对谁不客气。"

战友们面面相觑，竟然不知所措。

杜鲁门笑着解释说："在这里，叫我哈里队长，我永远是你们的哈里指挥官。"

听了杜鲁门的话，战友们爆发出爽朗的笑声。他们好像又回到了兵营一样，无拘无束地和杜鲁门聊着。在就职典礼结束后，这些老兵组成一支队伍，再次接受了他们哈里队长的检阅。

在圣约翰大教堂做过礼拜之后，杜鲁门就前往国会参加就职典礼。在去国会的途中，有记者对杜鲁门说："总统先生，就职典礼快乐！"

杜鲁门笑着回答说："同乐，同乐！今天天气这么好，看来上帝还是挺帮忙的。"

12点14分，海军乐队奏起《总统万岁》的乐曲，就职仪式开始。与3年前的就职仪式相比，这次完全不同。这回，总统职位是杜鲁门自己争来的，而不是天上掉下的馅饼。他举手宣誓时，除了油然而生的责任感之外，心里还充满了自豪。就像他的女儿玛格丽特所说："现在，所有人都明白了哈里·S. 杜鲁门决非'意外总统'，而是堂堂正正的美国总统。"

宣誓之后，杜鲁门发表了就职演说：

副总统先生、最高法院院长先生及所有同胞们：

我谨以谦虚、恭敬的心情来接受美国人民所赋予我的荣誉。

请大家放心，为了美国的幸福，为了世界和平，我一定会竭尽全力。同时，我需要诸位的协助和祈祷，我真诚地请求你们给予我鼓励、支持。

本世纪上半叶，人权遭受到史无前例的、野蛮的攻击，而且经历了历史上最可怕战争。目前，人们最迫切需要的就是和平。所以今天不但标志着一届新政府的开始，而且标志着具有决定性时代的开始。在很大程度上，也许我们会促使人类历史上一个重大转折点的到来。虽然，我们面临严峻的挑战，我们的任务非常艰巨，但我相信，只要我们同心协力就能完成任务。

我们相信，在法律面前人人平等，在利益面前机会均等；我们相信，人人都有思想、言论自由；我们相信，人人都渴望持久的和平。凭借这一信念，我们就会坚信不疑地致力于和平建设，让所有人能过上自由、和平的生活。然而，在追求这一目标的时候，美国和持相同看法的国家发现，和平正遭受另一种与我们截然不同的政权的攻击。该政权信奉一种哲学，声称它可以为人类提供自由、和平、安全等。可怕的是，受到其蒙蔽的国家和地区越来越多。

……

在外交事务中，我们要遵循以下四点：

第一，坚定不移地支持联合国；

第二，继续实行复兴欧洲的"马歇尔计划"；

第三，加强西方国家的联合，即通过军事援助加强自由国家抵御外敌入侵的力量；

第四，利用美国先进的科学技术、发达的工业来改进和发展落后地区，即"第四点计划"。

前三点计划的重点是西欧国家，"第四点计划"侧重于世界上所有不发达国家和地区，它是前三点计划的延伸。我们认为，美国有义务让这些地区富裕起来。否则，它们就会落入苏联之手。因为贫穷落后是共产主义的温床，若不适当改善这些国家在衣食住等方面的条件，共产主义将在那里扩张……

我们实施"第四点计划"的目的，除了帮助落后国家改善生活，摆脱贫困外，还为了促进世界的和平、自由和繁荣。此外，该计划和在西欧推行的"马歇尔计划"一样，能给美国带来经济、政治和战略上的好处。

……

在就职演说中，杜鲁门大肆攻击共产主义，说它是虚伪的哲学，是让世界陷入贫困和暴政的主义。此外，杜鲁门还首次抛出了加强向第三世界渗透的"第四点计划"。和以前提出的"杜鲁门主义"、"马歇尔计划"一样，这一计划成为战后美国对外政策又一重要内容。杜鲁门把这个计划说得天花乱坠，而且也得到了不少人的支持。尽管如此，但后来该计划在国会引起争论，并没有像"马歇尔计划"那样得到有效的实施。

杜鲁门的演说结束后，热烈的掌声经久不息。《华盛顿邮报》的头版头条上醒目地写着："杜鲁门向世界提出了'公平施政'计划。"《纽约时报》报道说："杜鲁门的演说非常流畅，这在以前几乎是很少见的。他的演说称得上是美国历史上最好的演说，若威尔逊、林肯、罗斯福这3位总统听了他的演说的话也会持同样的看法。"

就职典礼结束后，举行了盛大的游行。除了个别州县的代表外，前来观礼的群众非常多。为了参加这次盛大的庆祝活动，几天前，人们就像潮水般涌进了华盛顿。许多宾馆都爆满了，几乎找不出一个空床位。这次有近100万人前来观礼，打破了历年来的记录。除了观礼的人数多之外，黑人还成了这次典礼中最引人注目的风景。原来，黑人是应杜鲁门的邀请前来观礼的，这是美国历史上的创举。

游行队伍绵延7英里，整整花了3个半小时才走完。游行队伍里除了正规军、学生、乐团、花车、卡车、装甲车之外，还有一支用笛子吹奏"我只是野性难移的哈里"的杂耍团和从密苏里州拉来的4头骡子。《生活》杂志载文说："在我所见过的游行中，这是最有趣的一次。"还有报道说："毫无疑问，在所有人中总统是最快乐的。他的兴致一直很高，不过有一次除外。当州权民主党的瑟蒙德愉快地挥着手乘车通过的时候，总统一直冷冷地看着他，好像并不高兴见到他。"

这次，游行的目的主要是为了夸耀美国的实力。第二次世界大战结束后，美国发展得很快，已经将其他国家远远地抛在了脑后。英国著名历史学家佩恩考察了所有的工业大国之后说："今天，没有哪个国家比美国更强大，它就像巨人一样雄踞于世界之巅。世界绝大多数财富、先进技术、机器等都掌握在美国手中，其政府的决定影响到了其他国家的生计。在世界历史上，还从未有哪个国家对他国拥有如此广泛、如此巨大的影响……"

落日的余晖慢慢散去，游行典礼也随之结束了。晚上，在五月花饭店举行了盛大的晚宴。人们原以为宴会再隆重最多也就300人，谁知，竟有好几千人来参加宴会。连500人的宴会都是极少的，谁曾见过几千人的宴会啊。回忆起这次典礼的盛况时，安全勤务局局长说：

> 总统就职的庆祝活动搞得非常隆重。整个活动期间，我的神经一直处于高度紧张状态，一刻也没休息过。为了保证总统的安全，保安部门特意印发了一本上千页的大书，详细地写着各种注意事项，像哪些建筑必须检查、哪条路必须封锁、临街住户的主人都必须记录在案等等。在这样的大型庆祝活动中，要确保总统的安全确实是一项十分艰巨的任务。那时，安全勤务部门、警察

部门和军事部门的头头们都轻松不了，仅仅对临街那几千户人家、几百栋大楼进行检查登记就不知要花费多少人力、时间。

……

在晚宴上，那么多人，那么多餐具、桌椅、吊灯、装饰物、食品，样样都得认真检查，丝毫都不能马虎。直到所有的活动彻底结束之后，我才深深地松了一口气。

在晚宴上，杜鲁门对众人说："我不会觉得自己与平常有什么不同，不会被胜利冲昏了头。现在，我只觉得自己肩上的担子很重，需要诸位和我一起承担。"事后，杜鲁门对他的亲信说："拥有如此大的权力，我确实常常感到不安和恐惧。所以，我要公之于众，坦然面对。"

晚宴结束后，在国民警卫队军械厂举行了盛大的舞会。虽然杜鲁门没有跳舞，但到凌晨2点他都没有睡，一直站在阳台上向尚未散去的人群挥手致意。在回忆录中，玛格丽特写道："我们都快活极了，而且打扮得很漂亮。当然，所有人中最快乐的是爸爸。他系着白领带，身着晚礼服，整个人都神采飞扬，连他的脸都像一轮满月；妈妈穿着一件银光闪闪的晚礼服，她看上去非常快活；而我也和他们一样高兴，我穿着粉红色的薄纱裙，花了很多时间和宾客们应酬、跳舞。"

虽然还有好几次宴会和欢迎会，但是庆典的势头慢慢减弱，杜鲁门开始了下一步的工作。在他竭尽全力竞选的时候，他的大多数内阁成员都在考虑如何在杜威政府里谋个职位。现在杜鲁门并没有下台，他要做的第一件事情就是清理那些心怀二心的阁员。很早以前，杜鲁门就听到一些传闻说，国防部长福莱斯特尔曾私下和杜威接触过。除了一起讨论国防问题外，福莱斯特尔还表示希望在杜威的政府里得到一官半职。毫无疑问，福莱斯特尔被解职了。事先，杜鲁门并没有打招呼，突然要求福莱斯特尔辞职的。事后，杜鲁门也没有说一句安慰的话。不久以后，福莱斯特尔得了精神分裂症，自杀身亡了。对此，杜鲁门觉得很难过。他说："这是件让人悲伤、一辈子也忘不了的事。"在杜鲁门的带领下，有6 000多名官员参加了福莱斯特尔的葬礼。

在这次选举中，为筹集经费立下汗马功劳的约翰逊曾表示，他想得到国防部长的职务。最后，他如愿以偿当上了国防部长。

马歇尔因病退休了，杜鲁门不得不立即找一位国务卿。早在大选刚刚结束的时候，杜鲁门就去找了艾奇逊，邀请他出任国务卿。虽然艾奇逊有自己的律师事务所，但他非常乐意接受杜鲁门的邀请，并向杜鲁门表示他的服务对象只有一个人。杜鲁门说："虽然你是大律师，我是农民，但是我们总能相处得很好。坦白告诉你，只要和你站在一起我就觉得很自豪。"

虽然艾奇逊没有任何官职，但他是个坚定的民主党人。选举那天，为了等待选举的最后结果，他一整夜没合眼。当听到杜鲁门获胜的消息后，他欣喜若狂地和同伴一起为总统干杯。结果，喝得酩酊大醉。

除了艾奇逊之外，哈里曼也是杜鲁门考虑的国务卿人选。虽然哈里曼和艾奇逊一样，工作能力强，有丰富的工作经验，深受杜鲁门喜欢，但杜鲁门觉得艾奇逊更敏锐、更机智。最后，杜鲁门选择了艾奇逊。对此，哈里曼觉得非常遗憾，因为他非常想当国务卿。后来，他对艾奇逊开玩笑说："老朋友，我居然被你挤掉了。早知道，我该在总统竞选的时候多捐点钱给他。可惜，我那时经济比较紧张，只捐了 500 美元。"

听了哈里曼的话，艾奇逊笑着调侃道："你这个不老实的家伙，居然想捐官。"

在上个任期中，保障民权、扩大社会保险、提高最低工资、控制物价、增加公司税、为教育和住房提供资助等一直是杜鲁门奋斗的目标。在新的任期，为了兑现对选民的承诺，他向国会提出了包括这些内容的公平施政纲领，要求国会通过有关立法。在这一届国会中，虽然民主党略占优势，但是要通过这些法案仍然很困难。最终，杜鲁门并没有如愿以偿。国会除了通过了清除贫民窟、建筑公共住房、扩大社会保险、提高最低工资的法令外，其他几项并没有通过。为此，杜鲁门很失望，尤其是农业方面的计划没有通过令他非常失望。杜鲁门十分重视农民生活的稳定性，他认为农民生活的好坏与国家利益密切相关。用他的话说就是，农民穷则国穷，农民富则国富。虽然杜鲁门提出的公平施政计划有很多没有实现，但是人们仍然对他赞不绝口，说他是一位献身改革事业、进步事业的战士。有的报刊记者把杜鲁门在选举中的获胜归于他好斗的精神。《太阳报》载文说："我国人民尊重不屈不挠的人，爱戴敢于战斗的人，而杜鲁门总统正是受国民尊重、爱戴的人。"

HARRY S TRUMAN
第七章
内外交困

　　欧洲国家共产主义力量的迅速发展，令西方国家惶惶不安。为了抵御以苏联为首的共产主义势力的威胁，减轻美国的负担，美国希望西欧国家尽快强大、团结起来。美国的领导者说："若西欧屈服于苏联，那将是美国的灾难。"

1 选择结盟

HARRY S TRUMAN

上任之初，杜鲁门除了忙于兑现向选民许下的那些承诺之外，最重要的就是对付苏联。在"杜鲁门主义"、"马歇尔计划"实施之后，世界逐渐走向两极化。为了与美国抗衡，在政治、经济和军事方面，苏联加紧了与东欧国家的合作。欧洲国家共产主义力量的发展，尤其是捷克斯洛伐克发生的"二月事件"令西方国家惶惶不安。美国的领导者说："若西欧屈服于苏联，那将是美国的灾难。"为了抵御苏联的力量，减轻美国的负担，美国希望西欧国家尽快强大，并团结起来；为了抵御本国共产党势力的发展和苏联的扩张，减轻本国的国防负担，西欧国家则希望美国提供军事援助。虽然各国关心的重点不一样，但是它们都有共同的需求。

为了维持和平、安全，并促进北大西洋地区的稳定，1949 年 4 月 24 日，美国和英国、法国、加拿大、荷兰、卢森堡、丹麦、比利时、挪威、冰岛、葡萄牙及意大利 12 国外交部长在华盛顿签署了《北大西洋公约》，并加入了共同防御体系。至此，北大西洋公约组织宣告成立。各成员国一致认为，其中任何一国遭到武装进攻，就是他们全体遭到进攻。在签字仪式上，杜鲁门发表了讲话，他说："自从有宪法以来，北大西洋公约组织是美国在和平时期缔结的第一个军事同盟。12 国之间有许多共同之处，联合起来对大家都有好处。在我看来，该组织可以和'马歇尔计划'相提并论。如果早有这个组织存在的话，两次世界大战就不会发生了。我相信，该组织一定可以防止第三次世界大战，而且我相信，时间会证明我所说的话是正确的。"

虽然各国都认为北大西洋公约组织很重要，但该组织的成立并不是一帆风顺的。为了征得国会同意，为了同欧洲国家达成一致，杜鲁门费尽了心机。幸亏范登堡支持杜鲁门，并尽心尽力地为此事操劳，否则建立这个组织的阻力会更大。

早在 1948 年 1 月，英国外交部长贝文就致函美国说："西欧尚无保护自己的力量，希望美国保证支持西欧防务。"杜鲁门回函说："我很赞同你的提议，美国愿意尽力帮助欧洲人实现计划。不过在美国参加该计划之前，欧洲国家必须采取主动，表明自己承担的责任，并制定明确的计划。"为了表示主动性，3月5日，英、法、荷、卢、比5国在布鲁塞尔正式签订了《布鲁塞尔条约》。

《布鲁塞尔条约》签订之后，杜鲁门在国会发表讲话说："战后，苏联破坏了欧洲国家的独立与民主，世界并没有因为战争结束而和平安定。此外，一些西欧国家的共产党正企图夺权。在这种日益严重的威胁之下，欧洲自由国家为了本国的利益，为了共同捍卫自由已经团结起来了。不久以前，在布鲁塞尔，5个欧洲国家签订一个为期50年的共同防御侵略与经济合作的协议。这种发展值得我们全力支持。我深信，根据形势的需要，美国将以适当的方式支持这些自由国家。我深信，我们的决心并不比它们低。"

美国政府同意建立欧洲安全体系。为了和欧洲国家达成共识，美、英、加3国进行了一系列的谈判。最后，在美国的影响下，通过了一项文件。该文件大致有以下几个方面的内容：

第一，签订《布鲁塞尔条约》的国家应该争取瑞典、冰岛、挪威、丹麦、意大利等国参加北大西洋防务协定；第二，北大西洋防务协定签订之前，美国应表明，这些欧洲国家中，任何一国遭到武装进攻都是对美国的进攻；第三，任何一个参加该协定的国家遭到攻击，都应该视为对全体参加国的进攻；第四，如果情况许可，应邀请德国、西班牙、奥地利参加；第五，任何一个参加该协定的国家遭到武装攻击时，美国应该给予军事及其他援助。

美利坚合众国成立的时候，第一任总统华盛顿就告诫后人说："作为一个羽翼尚未丰满的国家，美国不要和欧洲订立长期同盟。否则，对美国不会有任何好处。"华盛顿的话成了不干涉主义者、孤立主义者的座右铭。长期以来，美国领导者都遵循华盛顿的教诲，既没有卷入欧洲的争端，也没有与欧洲结盟，而是一心一意地发展自己的实力。但是，第二次世界大战结束后，美国已成了世界上最强大的国家。于是，杜鲁门彻底抛弃了美国的孤立主义传统，抛弃了华盛顿的教导，一心一意打算在和平时期与欧洲国家结成军事同盟。

虽然杜鲁门领导下的美国和华盛顿时期的美国不可同日而语，但在和平时期与欧洲结盟，并承担军事义务非同小可。无论谁都知道，想得到国会的支持是很不容易的事情。为了能顺利和欧洲国家签订条约，杜鲁门、洛维特等人积极与国会领袖协商。每天，洛维特都要与范登堡商议此事。一天晚上，洛维特把关于结盟的议案拿给范登堡看时，范登堡说："文件太长，不容易看懂。用三言两语就能说明白的事情，就尽量不要用冗长的语言来表述。"

洛维特说："我明白你的意思，下次一定注意。"

范登堡说："看，像这里就要说得灵活一点。美国不能给予太多承诺，而且不能让美国自动卷入一场不愿意的战争。此外，欧洲国家表明，它们在得到美国的帮助之前愿意联合起来抵抗苏联。"

"我先看看，你去和我太太聊会儿。修改完了，我再叫你。"没等洛维特开口，范登堡就继续说道。

范登堡是位老谋深算、经验丰富的参议员，什么样的议案在国会能通过，什么样不能通过他都了如指掌。艾奇逊说："在一项议案成为法律的过程中，范登堡起着举足重轻的作用。只要他认为是符合国家利益的政府提案，他都有办法让反对派点头同意。"

范登堡修改之后，整个文件内容空洞、措辞含糊。范登堡议案的内容大致是这样的：

> 鉴于和平、维护人权与基本自由，需要更有效地利用联合国进行合作，兹作此决定。
>
> ……
>
> 在发生任何涉及美国安全的情况下，美国可以表明其根据联合国宪章的相关规定，行使单独或集体自卫的权利来维护和平；在涉及美国国家安全的情况下，在持续有效的自助和互助的基础上，美国可以通过宪法程序参加这些区域性或其他集体协定。

看上去，整个议案好像没有涉及什么新问题，除了"根据联合国宪章"，就是"根据宪法程序"等字样。据说，在进行最后辩论时，大多数参议员还没有弄清楚是怎么回事就投票表决了。当理解了其中的含义之后，他们问范登堡："对伦敦的攻击是否意味着对美国的攻击？"

范登堡笑着回答说："在美国同欧洲国家结盟的问题上，你们已经投了赞成票。现在，问这个问题为时已晚。"

听了范登堡的回答之后，众人无奈地说："范登堡，你这个骗子！"

经过修改的议案通过后，杜鲁门十分佩服范登堡。在回忆录中，他写道："范登堡不仅深谙参议院的工作，而且懂得如何取得成效……"

从1948年7月6日起，美、英、加、法、荷、卢、比7国在华盛顿共同协商未来的防务组织。会谈中，美国的态度非常明确。谈判代表洛维特说："为了抵御苏联，美国希望有更多欧洲国家加入防务条约。此外，美国只参加对自身的安全有利的地区防务条约，否则美国是不会参加的。"与美国相比，欧洲国家的态度则非常模糊，而且它们也没有统一意见。最后，各国不得不跟着美国的基调走。事后，杜鲁门说："制定政策就是要果断地作出决定，为小事在那里争来争去，一点实际意义也没有。在制定北大西洋公约时，美国作出了真正的重大决定。"

虽然这次会议有了初步结果，但要形成统一的文件是很不容易的事情。因为事关各国的利益，代表们都非常谨慎。

1948年12月，参加国开始讨论公约的草案。公约的第5条涉及美国卷入战争的问题，所以争议很大。在美国国内，议员们说："关于这点写得越含糊越好，因为美国的宣战权属于国会，总统没有权力事先对欧洲承担采取军事行动的义务。"而欧洲盟国则要求美国明确表示，当一国受到攻击时，美国必须根据联合国宪章的相关规定给予一切援助。

如果听取参议员们的建议，不明确规定美国的义务，盟国会不满意，难以合作；一旦答应欧洲盟国的要求，明确规定美国的义务就会引起参议员们的反对，极有可能断送这个公约。既明确美国的义务，又让美国拥有很大的灵活性，这的确是个很棘手的问题，连颇有办法的范登堡也十分为难。最后，经过协商，将第5条改为："各缔约国同意若欧洲之一个或数个缔约国遭受他国攻击时，应视为对缔约国全体之攻击。所以缔约国同意，若发生这种武装攻击时，每一个缔约国都要按照联合国宪章的相关规定行使单独或集体自卫的权力，应单独或会同其他缔约国采取必要行动，包括使用武力，协助被攻击国，并维持北大西洋区域的安全。"毫无疑问，修改后的第5条通过"包括使用武力"的字眼强调了公约的威慑效果，满足了欧洲盟国的要求；通过"单独"、"必要行动"等字眼充分体现了其灵活性，使美国达到了目的。

当杜鲁门把修改后的公约交到国会的时候，虽然遭到了一些议员的激烈反对，但最后还是顺利通过了。参议院通过公约后，杜鲁门以对北约国家和其他国家进行军事援助为由，要求国会拨款 14 亿美元。他说："与苏联相比，盟国在军事上仍然处于混乱、软弱的地位。在东欧，苏联有 6 000 架飞机和 30 个师，而且拥有新式武器装备；而北约在欧洲仅有 1 000 架飞机和 14 个师，而且他们的装备全是陈旧的坦克和过时的枪炮。"

在国会，杜鲁门提出的军事援助议案受到民主党反对派、共和党议员的反对。这次，连支持他的范登堡也狂暴地攻击这个议案。他对夫人说："一旦通过这一法案，总统就可以肆无忌惮地把我们的东西出售、出租或赠送给任何国家。这一法案会授予他无限权力，而且会使他成为世界上独揽大权的头号军阀……"塔夫脱非常失望地说："我早就知道，让杜鲁门这个卑鄙、粗俗的小政客重返白宫是不会有什么好处的。"

为了顺利通过军事援助议案，杜鲁门和艾奇逊等人商议之后，按照范登堡的意见修改了议案。修改后的议案规定，只有得到参谋长联席会议和国防部长的同意，总统才可以动用美国的库存军火。虽然范登堡等议员对总统的屈服很满意，但是大部分议员仍然反对该议案。最后，范登堡提出了将拨款削减一半的修正案，而且该修正案在众议院顺利通过。尽管如此，杜鲁门并没有放弃，他继续在为他的议案奋斗。在退伍军人的野营会上，杜鲁门发表了演说。他说："军事援助计划是以自助和互助为基础的，它是北大西洋公约的基础。我们之所以为盟国提供一些军事装备，并和他们组成一个共同防御系统，是因为这不仅能加强他们的防御力量，而且在一定程度上也减轻了我们的负担；我们这样做并不是要和任何人作战，而是为了使我们不卷入战争。虽然这个计划要付出巨大的代价，但这笔对安全的投资远比它本身的价值要大得多。有谁愿意把全部资源、财产投入另一场战争呢？为了拯救和平，我们除了付出一些代价外，别无选择。"最后，参议院否决了要求削减拨款的修正案，通过了杜鲁门提出的议案。

为了进一步加强抵御苏联的力量，美国除了迫切希望欧洲盟国加强自身的军事力量外，还希望联邦德国能加入北约防务。杜鲁门说："一旦有了德国，我们就有足够的力量来对付苏联。在共同防御和相互支援上，如果无法真正做到通力协作，北大西洋公约组织就失去了意义。"

在建立包括德国在内的统一的欧洲军事力量的问题上，各国意见并不一致。为了消除分歧，说服盟国遵循美国的要求，艾奇逊与各国的代表进行了一系列的会谈。最后，艾奇逊取得了胜利。杜鲁门高度评价了艾奇逊取得的成就，他说："艾奇逊功不可没，如果没有他就不会有北大西洋公约组织。"

和盟国达成共识之后，杜鲁门立即着手组建包括德国在内的北约军事力量。除了决定向欧洲派兵之外，他还打算任命艾森豪威尔为最高司令，负责指挥这支部队。杜鲁门说："北约组织并不是抵御共产主义洪水的堤坝。为了能和苏联平等地谈判，在经济和军事力量上，我们必须占有优势或者与他们势均力敌。"在回忆录中，玛格丽特写道："爸爸明白军事力量的重要性，在再度当选总统之前，他就投身于重整美国的军事了。他曾要求有一个普遍军训计划、一支后备军以及一个陆海空三军均衡配置的正规组织。他曾在备忘录里写道，美国面临的是防御问题，欧洲也如此。"

在接受任命的时候，艾森豪威尔说："总统先生，把欧洲国家联合起来是十分必要的，我很乐意接受这一任命。"虽然很多人和艾森豪威尔持相同的看法，但当杜鲁门把向欧洲派兵的议案交给国会的时候，遭到很多人的强烈反对。在国会，塔夫脱公开向杜鲁门开火。他说："欧洲防务应该由欧洲人自己来承担，总统根本无权向它们派兵。他这样做只会导致与苏联对抗，根本不会带给美国任何利益。"还有人强烈批评说："杜鲁门总统对盟国的承诺太多……向欧洲派兵会使美国卷入战争。"最后，虽然国会通过了这一提案，但加上了诸多限制条件。像在 6 个月内，总统至少应向国会汇报一次北约的情况；除了美国之外，欧洲盟国应该积极作出相应的贡献；向欧洲派兵时，总统必须与国会外交委员会、国防部、参谋长联席会议协商；派出 4 个师以后，如果未经国会同意，总统不得再向欧洲派遣地面部队。

北约组织成立、建立了统一的欧洲军事力量之后，杜鲁门的声望日益增加。他也因为有了抵御苏联的力量而轻松了很多，其顾问说："虽然总统依然像公鸡一样好斗，但和以前相比，他的面部表情柔和多了。"

2 苏联打破美国核垄断
HARRY S TRUMAN

为了和苏联抗衡，美国和西欧国家结成了联盟。然而，杜鲁门认为这是远远不够的，美国必须在军事上处于绝对优势。于是，他下令研制超级原子武器氢弹。美国已经有了原子弹，为何杜鲁门还作出这样的决定？原来，苏联打破了美国的核垄断。

1949 年 9 月 3 日，美国的一架气象侦察机在北太平洋、勘察加半岛的东方侦测到强烈的放射线。自从美国研制出原子弹之后，就一直密切注视着苏联这方面的动向。所以当空军发现异常情况之后，他们非常警惕。9 月 4 日，美国空军又在日本和关岛之间侦察，他们收集到更强的、异乎寻常的放射物质。对带有可疑物质的云朵进行跟踪之后，空军发现从太平洋到英伦三岛都可以侦察到这种异常的放射线，而且这一带的放射物质比正常情况高出了 20 多倍。随后，英国也发现了这一情况。

为了对收集到的材料进行研究，原子能委员会的专家、教授、军方人士从四面八方集中到一起。9 月 19 日，研究结果出来了。美国原子实验室的专家说："我们发现的是原子弹试验的证据，在 8 月 26 日至 29 日之间，亚洲大陆某地发生了一次原子弹爆炸。"毫无疑问，专家的研究结果让原子能委员会和官员们非常震惊。他们纷纷要求杜鲁门总统立即发表声明，宣布苏联已经拥有了原子弹。此外，他们还要求杜鲁门迅速增加美国原子弹的生产，并尽快着手研制超级原子弹氢弹。苏联研制原子弹的速度如此之快，确实是出乎所有人的意料之外，但杜鲁门还能沉住气。

在得知苏联原子弹方面的消息后，原子能委员会主席戴维·利连塞尔正和夫人在乡下度假。9 月 20 日上午，他搭乘陆军为他准备的专机前往华盛顿。下午 3 点 35 分，利连塞尔在白宫晋见杜鲁门总统。

杜鲁门对利连塞尔说："这枚原子弹从何而来，是在苏联的德国专家版纳的帮助下研制的吗？……现在，最重要的问题是，苏联是否真的拥有原子武器。"

利连塞尔说："这是毋庸置疑的事情，就连最乐观的人也不会怀疑。"

杜鲁门说："在解除柏林危机之后，世界局势比较乐观，苏联也变得很理性。现在，联合国正在纽约举行会议，而且苏联也表示他们比以前更愿意合作。若贸然宣布此事，估计不太好。"

"你放心，等经过缜密的考虑之后，我会发表声明的。"没等利连塞尔说话，杜鲁门就接着说道。

在日记中，利连塞尔写下了和杜鲁门见面时的情况。他说："看上去，总统非常平静、很有耐心。我一再主动陈述，尽快宣布苏联研制出原子弹这一消息的好处，但他仍然不为所动，只说需要考虑……"

9 月 28 日，在和原子能委员会成员协商后，杜鲁门发表了一项公开声明。在声明中，他说：

> 我相信，美国人民希望知道原子弹的发展情况。所以我认为，有必要将下列情况公之于众。
>
> 我们有证据表明，苏联在最近几周内进行了原子弹爆炸。
>
> ……
>
> 自从人类首次释放原子能以来，在这种新力量方面，其他国家的发展是意料之中的事。一直以来，我们都估计到了这个可能。将近 4 年来，科学界几乎一致认为原子弹所依据的基本理论知识早就传开了，已经不再是秘密。事实上，大家还认为国外的研究甚至能赶上我们目前的水平。
>
> ……
>
> 基于目前的形势，我国和联合国其他成员认为，对原子能进行有效的、强制性的国际管制是非常必要的。

杜鲁门之所以作这样一个轻描淡写的声明，无非是想把因此而引起的惊慌降到最低限度。其实，美国非常担心苏联会制造出威力更大的武器。早在原子弹研制成功之后，美国便开始研究氢弹了。到 1949 年，美国已经有了成熟的理论。尽管如此，但在是否发展这种超级原子弹，到底投入多少力量研制氢弹等问题上，并没有形成一致意见。杜鲁门与军事顾问、原子能委员会的成员、科学家们多次讨论之后，仍然没有达成共识，而且还存在许多不同意见。杜鲁门说："虽然没有达成一致，但我认为，在没有国际法控制原子能的情况下，我国必须跑在所有竞争者的前面。"所以，每次和原子能委员会成员交谈时，"我们必须领先"始终是他强调的重点。

11 月 7 日，杜鲁门对利连塞尔说："我手上有一件非常棘手的事情。"

利连塞尔心领神会地说："我正在等原子能委员会的完整报告。"

杜鲁门说："我也是。在作出决定之前，我要参考他们的意见。"

几天后，原子能委员会的报告交到了杜鲁门手中。在报告中，委员们几乎一致认为美国不应该发展超级炸弹。为了进一步研究是否发展超级炸弹，并把此事公布于众，11 月 10 日，杜鲁门任命艾奇逊、国防部长约翰逊和利连塞尔组成了一个特别委员会，即 Z 委员会。

关于制造氢弹的事情，在美国国内引起了很大的争议。有人纷纷游说之前研制过原子弹的物理学家，让他们继续制造氢弹。麻省理工学院院长康普顿给杜鲁门写信说："目前，在缺乏国际法控制原子能的情况下，美国除了研制氢弹外，别无选择。"虽然有很多人赞成制造氢弹，但持反对意见的也大有人在，像 Z 委员会的利连塞尔、国务院的凯南、原子能顾问委员会成员奥本海默等人就大力反对。利连塞尔知道国务卿的态度至关重要，于是他极力劝说艾奇逊反对此事。他说："发展这种武器不仅在技术上有问题，而且在道德上也有问题。实际上，它摧毁的不仅仅是军事目标，而是一种毁灭种族的武器。氢弹将会使大片领土变成废墟，这难道就是我们唯一的选择吗？……一旦美国研制氢弹将导致军备竞赛升级，其后果不堪设想。"

与利连塞尔相比，凯南的态度更坚决。在给艾奇逊的备忘录中，他写道："我坚决反对这项计划。人类最后的希望，就是由国际控制一切大规模的毁灭性武器。美国应该树立榜样，应该积极宣布，它将为达成国际协议而努力……一旦美国制造这种武器，国际社会控制原子弹的希望就会更加渺茫。"此外，为了说服决策者、说服艾奇逊放弃研制氢弹，凯南还写了一份长达 77 页的论文阐述他对美国核政策的看法。他说："发展原子武器会使军备竞赛失去控制，而且这一灭绝种族的武器不能用于战争。"以前，艾奇逊也许会同意凯南的看法。而现在作为国务卿，他的看法是很实际的。他说："即使美国不研制氢弹，苏联也会研制。美国做出榜样以后，苏联也绝对不会放弃继续研制超级原子弹的努力。与其等苏联先研制出来，还不如美国现在就着手准备。"

虽然凯南知道艾奇逊的态度，但只要一见面，他仍然没完没了地向艾奇逊灌输他的理论。终于，艾奇逊再也无法忍受了。有一次，当凯南再次对他谈起自己的理论时，他怒吼道："如果这就是你的观点，你就带着你的和平主义滚出国务院。"

Z 委员会的辩论在继续，杜鲁门一直在等他们的结果。杜鲁门还没有等到 Z 委员会结果，却等来了人们的指责，说美国政府因为心慈手软而让苏联共产党的间谍钻了空子。原来，发生了两件令杜鲁门和他的官员们震惊的事情。一件是，有间谍参加了美国有关原子弹问题的秘密会议，并把情报卖给了苏联；另一件是，在电视节目上，参议员埃德温·约翰逊不小心透露了有关氢弹问题的秘密辩论，让《华盛顿邮报》的记者法兰德利捕捉到了。于是，美国政府正在考虑制造氢弹的消息不胫而走，几乎所有的华盛顿人都知道美国正在考虑制造氢弹。最后，杜鲁门决定不再等了，他决定把美国计划研制超级武器的决定公之于众。在日记中，杜鲁门写道："面临的麻烦如此之多，我都不知道下一刻会发生什么事情。"

1950年1月31日，Z委员会的成员和助理召开了最后一次会议之后，艾奇逊等人把尽快制造氢弹的报告草本交给了杜鲁门。不管他们的报告如何，杜鲁门早就下定了决心。利连塞尔说："当我们来到他的办公室时，他早就知道自己该做什么了。我们和总统的谈话仅仅持续了7分钟就结束。"

最终，利连塞尔同意制造氢弹，但他还是保留了自己的意见。在杜鲁门看报告的时候，他说："氢弹除了彻底摧毁敌国外，并无其他用处。对一个民主国家来说，这是不能容忍的。"

杜鲁门说："和平是我们的全面目的，我相信美国永远不会动用这些武器。目前，鉴于苏联的行径我们不得不制造这些武器。此外，国会、民众都被鼓动起来了，除了制造外，我们别无其他选择。若参议员埃德温·约翰逊沉默不语的话，也许我们还可以悄悄地审议，但是现在不可能了。"

利连塞尔说："到现在为止，我都不知道这种选择是否正确？"

杜鲁门说："在你们看来，苏联会制造原子弹吗？"

"会。"众人异口同声地回答道。

杜鲁门说："既然如此，那我们就动手吧。不管苏联作出什么反应，我必须竭尽全力让美国保持军事上的优势地位。美国可以有原子弹，但苏联有了就不行，所以美国必须有超级原子弹。这样，在军事上，美国处于优势也利于和苏联谈判啊。"毫无疑问，苏联领导人是不会甘愿屈居美国之后的。难怪凯南对未来的军备控制没有信心。

杜鲁门批准了Z委员会提交的报告。此外，他还对外发表声明说："作为武装部队的最高统帅，我有职责保卫我们的国家，抵抗任何可能的侵略者。因此，我已经命令原子能委员会继续研究一切形式的原子武器。"

事后，杜鲁门对Z委员会的成员说："我想起了在希腊问题上作决定时的情景。那时，国家安全委员会的每个人都说，如果我们动手世界就会完蛋。可事实证明，世界并没有因此而完蛋。我想，这次也是和希腊问题一样。"

3月10日，杜鲁门下达命令，将氢弹的研究作为最紧急的任务来抓。为了在氢弹试验成功后能立即投入生产，他还指示原子能委员会做好大量生产的计划。杜鲁门的命令加快了研制超级炸弹的步伐。在1952年的大选前夕，美国研制出了氢弹。

苏联提前研制出原子弹，打破了美国的核垄断；中华人民共和国宣告成立，建立了世界上最大的共产主义政权。世界已经不再是原来的样子了，面对世界局势的变化，虽然美国没有惊慌失措，但多少也有些担心。《生活》杂志载文说："在军事上，苏联的花费占全国生产总值的25%，而美国仅占6%。除了海军之外，苏联的军事实力远远比美国强。苏联有260万军人，30个装甲师，而美国仅有64万兵力和1个装甲师。战争随时都有可能发生，我们是否已经准备好了？"

苏联原子弹的爆炸，的确在美国引起一片惊慌，人们甚至担心苏联随时会发起进攻。所以，人们相信苏联在军事力量上已经处于有利地位。于是，许多人主张加强美国军事力量。在杜鲁门作出研制氢弹的决定之后，部分政府官员、苏联问题专家纷纷要求重新审查美国的国防战略，并制定出一项强化美国军事力量的计划。对此，持反对意见的也大有人在，像凯南就是其中之一。他像反对研制氢弹一样，激烈地反对该计划。他说："在没有受到挑衅的情况下，苏联是不会对美国发起进攻的，所以美国完全没有必要大规模地扩充军备。虽然苏联有了原子弹，但并没有不利于美国的形势发生，美国没有理由认为自己处于险境。军方过高地估计了苏联的力量，而且根本没有正确认识它的意图。我认为，激进、强硬的言词只会激起苏联的斗志……总而言之，我认为美国应该削减军费开支，而不是扩大军备。"

尼采说："凯南只是个对军事一窍不通的外交官，他的观点不仅天真可笑，而且很荒谬。中央情报局的一些材料和数据证明，苏联军事的力量已经超过了美国。此外，还有迹象表明，苏联发动袭击的可能性越来越大……我认为，美国应该做好全面战争的准备。为了扩充军事力量，我们最少需要500亿美元的军费。"

艾奇逊深知，尼采主张大规模地加强美国的军事力量。于是，他任命尼采为政策规划办公室主任，并让他负责撰写一份关于美国军事、外交战略发展方向的报告。以尼采为首的工作小组从"杜鲁门主义"中得到了启示，所以在报告中他们一味地夸大苏联的军事力量和扩张动机、渲染苏联的威胁、夸大美国的不利处境。他们期望以此引起公众的惊慌、恐惧，从而促使国会、政府同意拨款。总而言之，他们认为越是耸人听闻的报告就越容易达到目的。后来，艾奇逊和尼采按自己的意思写出了报告，即美国国家安全委员会 68 号文件。报告中指出：

> 目前，世界上只有两个力量中心，一个是苏联，另一个是美国。苏联的目标是建立一个由它统治的世界，而美国却成了它实现这一目标的障碍，因为美国与它是背道而驰的。因此，在实现该目标之前，苏联必须消灭美国。
>
> ……
>
> 与以前的霸权国家不同，苏联受到一种与我们对立的狂热信念的激励，并设法在全世界建立其权威。而且克里姆林宫冷酷无情的寡头统治者正在向自由世界表明，他们的意志是武力和使用武力，他们的信仰是共产主义。
>
> ……
>
> 目前，对自由世界的攻击是全球性的。不论何地，自由制度的失败，都是全世界自由制度的失败。
>
> ……

艾奇逊认为，还必须做大量的说服工作，所以他既没有在 68 号文件中提所需拨款的数目，也没有公开该文件。

4 月 7 日，报告的初稿交到杜鲁门手中。起初，杜鲁门并没有立即批准该报告。因为要求削减国防预算的压力仍然很大，国会、原子能委员会都极力反对，而且杜鲁门本人也表示要保持预算平衡。后来，朝鲜战争的危机帮了该文件的忙，使它得以顺利通过。

3 国内恐怖
HARRY S TRUMAN

美国害怕苏联的攻击，担心异己分子会渗透到政府颠覆美国。所以，美国政府除了在国际上与苏联对抗之外，还积极清除隐藏在国家内部的共产党人，清除所谓的"共产主义意识形态"，打击进步势力。20 世纪 40 年代末到 50 年代初，美国以集权、政治迫害、独裁为基本特征的麦卡锡主义盛行，掀起了狂热的反共、排外运动。

1908 年，约瑟夫·麦卡锡出生在威斯康星州一个小农场主之家。1935 年，大学毕业后当了律师。此外，他还是当地民主党俱乐部的主席。二战期间，他参加过海军陆战队。麦卡锡是个很有野心的人，他不择手段地伪造证据、诬陷无辜、造谣惑众。1946 年，他成功地迷惑了选民，成为威斯康星州的参议员。当选参议员之后，他的不良行为遭到众人的指责。在 1949 年新闻界举行的民意测验中，麦卡锡被评为美国"最差的参议员"。善于造谣惑众的麦卡锡发现，揭露政府中的共产党嫌疑分子十分有利可图。为了扭转日暮途穷的政治命运，他开始到处煽风点火。起初，杜鲁门以为他只是众多反对派中的一员，并没有重视。后来，麦卡锡却被其他反对派和共和党人所利用，民主党陷入难以招架的困境。

麦卡锡对那些揭露他丑闻的编辑怀恨在心，于是，他根据听到的传闻，写了一份材料，指控曾经说过他坏话的编辑是共产党。除了把这些材料寄给全国各地的报纸、杂志及广播电台、学校外，他还在集会上公开发表了"共产主义威胁世界和平"的演说。

1950 年 2 月 3 日，参与原子弹研究的克劳斯·福克斯博士公开承认他是苏联的间谍。虽然福克斯已经公开承认了自己的身份，但很多人关心的是政府中还有多少像他这样的人，麦卡锡就是关心者之一。2 月 9 日，在弗吉尼亚州惠林市的共和党妇女俱乐部，麦卡锡发表了题为"国务院里的共产党"的演说。他一边挥舞着手里的名单，一边大声地说："先生们，女士们：我拿的是一份潜伏在国务院的共产党名单，一共有 200 多人。我已经交了一份名单给国务卿了，可这些人仍然在国务院起草、制定政策……现在，我国正处在软弱无力的地位上。因为那些受到我国政府优待和重视的人干出了卖国勾当。国务院里的情况尤为糟糕，那些出生富贵之家的年轻人最坏了……"

在惠林市发表演说后，麦卡锡要求杜鲁门总统对他所说的事情表个态。杜鲁门非常气愤，立即写了一封信怒斥麦卡锡的行为。他写道："你所说的不仅不是事实，而且说明你根本不适合参与美国政府的工作。"最终，杜鲁门没有把这份措辞严厉的信寄出去。而是另外写了一封信，他说："把你所指控的共产党人名单交给国务院，如果你所指控的是事实，我保证把他们逐出国务院。"

麦卡锡没有从杜鲁门那里得到想要的答案，其演说也没有引起媒体的注意，于是他又到犹他州、内华达州进行了同样的演说。唯一不同的是，他分别把共产党的数目从 200 多人变成了 100 多人、50 多人。此外，他还大骂说，杜鲁门被一批糊涂的知识分子俘虏了。其实，麦卡锡根本没有任何证据，更别说交什么名单给国务院了。媒体报道说："麦卡锡是个脾气怪异、暴烈、鲁莽的人，是个政治狂热分子，是到处乱说的大嘴巴。"对于媒体的批评，麦卡锡好像并不在乎，他说："他们爱怎么写就怎么写。"

不久以后，麦卡锡在国会发表演说，揭发国务院里有 81 名共产党。虽然共和党的许多人对麦卡锡的这种行为不屑一顾，但是他们还是加入了他的行列。其中，还有些人坚定不移地说："我们永远不会背弃麦卡锡。"此外，民主党籍的一些参议员还要求成立特别小组，调查麦卡锡的指控。他们说："只有把他的指控暴露在阳光底下，一切就会真相大白的。"

然而，当民主党人大张旗鼓地举行听证会的时候，他们不但没达到目的，反而增加了麦卡锡的知名度。虽然麦卡锡的指控一点根据都没有，但他在听证会上理直气壮地对特别小组的成员叫嚷道："你们成立特别小组，根本不是为了查找我国安全系统的漏洞。我知道苏联在美国的情报头子是谁，这个人是西斯，他是国务卿艾奇逊的好朋友，他曾经偷偷地把秘密文件交给了间谍，然而他却不认罪……为了调查此事，我不惜损失个人的荣辱。若你们阻止我调查，那就证明我已经找到了间谍……"就这样，在没有任何证据的情况下，麦卡锡把矛头指向了国务卿。一时间，麦卡锡成了各类报纸、媒体争相关注的焦点。此外，共和党人纷纷要求杜鲁门解除艾奇逊的职务。

当麦卡锡的指控成为各大报纸的头版头条消息后，杜鲁门接受了《纽约时报》的记者克罗克的专访。克罗克说："杜鲁门总统具有异乎寻常的自制力和毅力，处在动乱和恐惧的世界中心，处在怀疑和恐惧的阴影里，他仍然是个临危不惧的勇者。这不得不让人相信，美国迟早会找到一条扭转命运的道路。"

在记者招待会上，有记者直截了当地问："国务卿先生，请问您如何看待西斯的事情？"

艾奇逊毫不犹豫地回答说："现在，案子正在审理，我谈论这件事不合适。我愿意声明，不管结果如何，我是不会背弃西斯的，他是我的朋友。"

很快，麦卡锡就知道了艾奇逊对记者所说的话。他为抓到了攻击国务院的证据而感到兴奋，他说："国务卿发表了令人难以置信的声明，不知道这个声明是否意味着他同样不会背弃其他共产党人。"

在艾奇逊出席记者招待会之前，他的夫人就提醒他说："为西斯辩护恐怕不妥，这样很可能会引起轩然大波。你要……"

没等夫人说完，艾奇逊就打断道："我绝对不会抛弃西斯。作为朋友，我应该这样做。"

果然如艾奇逊夫人所料，他们遭遇了麻烦。麦卡锡本来就已经咬住了艾奇逊，这回他以为自己抓住了证据更加不会松手了。

记者招待会结束之后，艾奇逊就向杜鲁门递交了辞呈。

杜鲁门笑着说："让这件事情就这样过去吧。曾经有位副总统也和你一样，遭到别人的指责和唾骂。因为他参加了一位老人的葬礼，而且是一位刚出狱的老人。"

艾奇逊知道杜鲁门说的是他自己，他所指的老人就是汤姆·潘德加斯特。艾奇逊明白，总统提及自己的过去就是对他和记者所说的话表示赞成。

由于杜鲁门对麦卡锡的活动能量估计不足，后来，其活动更加猖狂。麦卡锡还指控拉铁摩尔教授，说他与共产党联系频繁，是苏联间谍。拉铁摩尔出示了种种证据，极力表明自己不是共产党。特别小组经过调查之后，宣布麦卡锡对拉铁摩尔的指控没有根据。后来，杜鲁门信任的共和党籍参议布利基也加入了麦卡锡的队伍，大肆攻击财政部长斯奈德。

在这种政治气氛中，人人都得处处留神，小心提防。否则，一不下心就会受到牵连。杜鲁门身边的人除了艾奇逊被卷进麦卡锡的指控中之外，哈里·沃恩将军也被卷了进来。沃恩是杜鲁门的老朋友，对他忠心耿耿。有人指控沃恩接受贿赂，要求总统解除沃恩的职务。对此，杜鲁门感到非常尴尬、愤怒。为了向人们证明沃恩将军的清白，杜鲁门亲自参加了后备役军官协会为将军举行的午餐会，并发表了即兴演说。他说："我和将军的友谊是最真挚的，他是值得信赖的人。如果哪个兔崽子认为，他能用谣言迫使我解除我内阁或班子里的任何人，那他的如意算盘就打错了。"杜鲁门的演说被刊登出去之后，引起了更多的议论。于是，沃恩不得不对他说："总统先生，我要辞去军事助理的职务。"

杜鲁门态度坚决地说："以后，请你不要再对我提这件事。我们要并肩作战，就算离开也要一起离开这里，谁也不能临阵脱逃啊。事实摆在眼前，那些居心叵测的人就是要通过你来打倒我，我很清楚他们的勾当。如果我批准了，岂不是正中人下怀？"

也许因为这件事，媒体把矛头直指杜鲁门，有人甚至提出弹劾总统的口号。有报道说："在某种程度上，杜鲁门总统促使公共道德退化了。虽然他自己很诚实，所以他认为其他人也和他一样。杜鲁门太信任高级官员，以致他看不见他们的贪污腐化。就算有人指出来了，他也拒绝采取严厉措施。"

人们纷纷发泄对民主党的不满，说它是贪污腐化官员的避风港，是共产党人的避难所。受到指控的官员越来越多，尽管杜鲁门一再否认指控的真实性，但他无力保护所有受指控的人。经过审查之后，许多人被无情地撵出了国务院。虽然杜鲁门表面上一点也不在乎，但他内心是很难过的。他对贝西说：

"现在，连我信任的人也加入了麦卡锡的队伍。在恐怖气氛中，许多有才华的人被迫离开政府机关，大量国家机密被泄露。这一切都严重破坏了正常的政府工作，对此我非常痛心。

这个攻势的范围如此之广，似乎每个人都免不了受到攻击，连一向受人崇拜的马歇尔将军也被卷了进去，麦卡锡还给他定了叛徒、谋杀的罪名；已逝世的罗斯福总统，也遭到了麦卡锡的大肆攻击。此外，他们还大肆攻击艾奇逊、沃恩、斯奈德，他们都是我的智囊团。眼下，时局至关重要，非常需要他们，可面对大肆攻击的流言蜚语，他们的精神状况非常糟糕。

毫无疑问，这是我们这个时代的悲剧和耻辱。虽然麦卡锡是个病态的说谎人，然而在人们争先恐后地出风头、反共的时候，这种趋势却难以阻止……"

民意测验的结果表明，有半数美国人赞成麦卡锡的看法，认为他正在帮助这个国家。然而，杜鲁门的支持率却因为麦卡锡闹出来的诸多事情跌至 37%。麦卡锡日益嚣张,杜鲁门实在忍无可忍。3 月 30 日,在小白宫基韦斯别墅的草坪上,杜鲁门召开了一个罕见的记者招待会。杜鲁门坐在一把白色的柳条椅中,记者们围坐在他的周围。

有记者问道:"总统先生,你希望麦卡锡在国务院找出间谍吗?"

"当然想。我认为,在我国,参议员麦卡锡就是苏联最宝贵的资产。"杜鲁门毫不犹豫地回答说。

当记者问杜鲁门如何看待麦卡锡的所作所为时,他说:"为了那次失败的大选,共和党人一直在徒劳地挑起争端。毫无疑问,麦卡锡的所作所为是要破坏我们的外交政策,为共和党下次的大选造势。之前的所有尝试都失败了,现在,他们这样做未免有点不识时务……作为一位伟大的国务卿,艾奇逊将名垂青史;而麦卡锡是个不值得人尊敬的参议员,终究他会自尝苦果的。"

有记者说:"总统先生,塔夫脱参议员指责您诽谤麦卡锡,这是事实吗?"

"你认为这可能吗?"杜鲁门反问道。

后来,在华盛顿的一次记者招待会上,杜鲁门说:"共产党在美国没有发展的余地,除非是在某些人的思想之中。政府中,没有任何人被确认是麦卡锡所指控的共产党、间谍。"

为了遏制麦卡锡散布的恐惧,杜鲁门已经尽力了。然而收效甚微,不但没有损害麦卡锡的声誉,也没有减少他在政府和全国所散布的恐惧。

尽管杜鲁门拒绝交出麦卡锡指控的国务院官员的资料,但他却允许特别小组到白宫来进行调查。杜鲁门以为这样做不但可以坚持原则,而且可以堵共和党人的嘴。然而,外界却说:"总统这是在向麦卡锡示弱。"毫无疑问,杜鲁门没有力度的措施助长了他们的嚣张气焰。参议员塔夫脱幸灾乐祸地对麦卡锡说:"如果一个案子不成,就一个接一个地去弄。我就不信,杜鲁门能招架得住?"

6 月,麦卡锡指控国务院里有 81 名共产党的案件终于有了结果。参议院发表一项声明说:"经过调查,我们没有发现任何证据。麦卡锡的指控不是事实,国务院里没有共产党,没有苏联间谍。"

其实,麦卡锡主义的出现并非偶然。战后,美国反共的大环境为它提供了生存的土壤。当然,杜鲁门也有无可推卸的责任。战争结束后,美国的共产党和进步力量发展壮大。于是,为了防止国内共产党的颠覆活动,许多议员纷纷向杜鲁门施加压力，要求他采取措施。除了记者大肆报道与共产党相关的消息外，共和党也借此来攻击政府为以后的大选造势。虽然杜鲁门讨厌这种极端的做法，但是为了堵住共和党人的嘴，不让人扣上"亲苏亲共"的帽子，他不得不打击国内的共产党和间谍。1946 年，杜鲁门成立了一个雇员忠诚问题临时委员会。该委员会主要负责审查现行的忠诚标准、程序。经过研究后，忠诚问题临时委员会交给杜鲁门一份报告。报告中写道："在当前国际形势下，存在着对政府进行渗透活动的可能。为了打击政府内部破坏分子的活动，我们建议政府立即制定出某种计划。"看了报告后，杜鲁门表示基本同意，并提了一些意见。

1947 年 3 月，杜鲁门根据委员会的建议发布了总统第 9835 号行政命令，决定对政府雇员进行忠诚调查。起初，这项调查的对象大概有 250 万名联邦雇员。后来，发展到 2 000 万人。在审查中，许多无辜的政府官员受到指控，最后被赶出了政府部门。其实，杜鲁门因为这一大规模的忠诚调查而陷入矛盾之中。一方面，他认为这种调查是必要的。因为政府中一旦出现任何不忠诚或颠覆分子，就会对国家构成威胁。另一方面，杜鲁门认为这种调查损害了美国公正无私的传统。因为一旦某人受到指控，不管是否有罪，他的全部材料将记录在案，而且此人每调动一次工作，都要三番五次进行答辩，以此来证明自己的忠诚。对于父亲的这一计划，玛格丽特说："这个计划不但遭到极端自由分子的指责，而且遭到极端右翼分子的指责。前者说他破坏人权，后者说他打击不力。正是在忠诚大审查中兴起了麦卡锡主义，并把这种恐怖推向了高潮。"

4 布莱尔大厦的枪战
HARRY S TRUMAN

当杜鲁门被麦卡锡搅得寝食难安的时候，他的保安人员也为他的安全问题头痛不已，他们害怕极端分子对总统不利。因为在美国历史上，总统遇刺并不是什么新鲜事情。像林肯总统就是因为解放黑奴得罪了南方的种植园主，在戏院被暗杀；加菲尔德总统因为没有答应一名律师担任驻巴黎领事的要求，在火车站被该律师暗杀。虽然国会授权安全勤务局负责保卫总统的安全，但随着总统的事务日益繁多，外出活动不断增加，所面临的威胁也更大。毫无疑问，保卫工作的难度也随之增大。

　　一直以来，杜鲁门的安全问题就是令保安人员头痛的事情。因为他不仅热情、性格开朗、平易近人，而且爱早起散步、爱旅游，他的这些特点和爱好增加了保卫工作的难度。在白宫保安人员看来，杜鲁门早起散步是很危险的事情。因为早晨人少，凶手藏在疾驰而过的汽车里、大街两旁的建筑中，轻而易举就能击中目标。此外，总统每天都会去散步，毫无疑问这给凶手增加了机会。为了不影响总统散步，又保证他的安全，每天白宫警卫都驾车悄悄地跟在总统后面，而且为了对付突发事件，警卫员们时刻准备着。几年来，除了让警卫员虚惊几场外，并没有发生任何意外。

　　第一次，让警卫们惊出一身冷汗的事情发生在杜鲁门刚刚上任的第二天。那天，一大早，白宫警卫接到总统只带一名警卫离开白宫的消息。听到这样的消息，警卫员惊呆了，因为以前不曾发生这样的事情，总统走出白宫，至少要有4名警卫跟随。警卫员生怕发生不测，拿着枪狂奔出去。最后，在宾夕法尼亚大街看到了总统。当警卫员气喘吁吁地追上总统的时候，总统笑着说："两位先生，早上好！欢迎你们和我一起散步。"杜鲁门笑得如此轻松，警卫们却在心里暗自叫苦。尽管如此，他们仍然暗自庆幸是虚惊一场。

　　第二次，发生在观看陆海军足球比赛的时候。按习惯，总统应该坐在陆军一边和海军一边各看半场球。比赛前，特工人员得到消息说，在总统换场地时，有人准备刺杀他。于是，特工人员劝说杜鲁门不要更换场地。杜鲁门坚持说："不管发生什么情况，我都要穿过球场。"因为没有办法说服杜鲁门，保安人员除了在球场的四周布满警卫之外，别无他法。后来，杜鲁门穿过球场，走到海军一边，什么事情也没有发生。虽然穿过球场的时候，杜鲁门很轻松，可保安人员都捏着一把汗，丝毫也不轻松。

　　并不是每次都是有惊无险，在布莱尔大厦，杜鲁门和白宫保安人员接受了真正的考验。

　　因为修缮白宫，所以杜鲁门一家暂时居住在白宫对面的布莱尔大厦。布莱尔大厦面临繁华的大街，恐怖分子随时可能乘车或步行突然闯入，威胁总统的安全。为了确保总统的安全，保安人员作了精心的安排，他们采取了"纵深防卫"的形式，设置了三层保卫圈。里层保卫圈设在总统房间的门口；中层部署在大厦里面，包括楼道，这里的警卫除了随身携带武器外，在近处还藏有机枪和其他武器；外层保卫圈部署在布莱尔大厦前面的人行道上，包括大厦的 3 个出口，这里的警卫都随身携带着武器。

1950 年 11 月 1 日下午，杜鲁门和平常一样在二楼午睡。两位波多黎各男子，科利亚索和陶利索拉正准备刺杀熟睡的总统。然而没有人知道危险正在慢慢靠近，悲剧即将发生。

原来，几十年来，美国一直对波多黎各进行残酷的政治压迫和经济剥削。10 月 30 日，波多黎各民族党发动了起义，民族党人袭击了州长办公大楼和邮电总局。虽然这次起义是民族党人同得到美国支持的波多黎各政府军作战，美国并没有卷入这场冲突，但为了把美国的殖民统治者赶出波多黎各，民族党人决定袭击杜鲁门总统。他们说："与袭击州长办公大楼和邮电总局相比，刺杀美国总统将会有更大的影响力。"于是，科利亚索和陶利索拉瞒着家人登上了开往华盛顿的列车。10 月 31 日，他们抵达华盛顿。打听到总统住在布莱尔大厦后，他们决定第二天动手。

11 月 1 日下午 2 点左右，陶利索拉和科利亚索装作若无其事的样子向布莱尔大厦走去。

在总统住宅外面大致观察了一下地形后，他们决定采取钳形运动，即科利亚索从东往西，陶利索拉从西往东，在布莱尔大厦门正门会合后一起往里冲。分工后，他们握手告别，分头去执行各自的"死亡计划"。

当刺客科利亚索来到东面岗亭时，2 位白宫警卫人员正在聊天。科利亚索混在几个行人中，从他们眼前走过，来到大厦正门的台阶前。在大门台阶岗亭里，负责守卫的是白宫警察大队的唐纳德·伯泽尔。他背朝着科利亚索站着，所以根本没有察觉到背后有人。然而，科利亚索第一枪不知道为什么没有打响。直到他准备打第二枪的时候，伯泽尔才惊讶地转过身来。当他看见持枪的科利亚索时，明白发生了什么。于是，伯泽尔立即伸手去掏枪，但为时已晚。就在他掏枪的瞬间，科利亚索击中了他的左腿，然后拼命往台阶上冲。听到枪声，大门台阶岗亭里的那 2 位警卫向科利亚索开枪了，子弹击中了他的胸部。他摇摇晃晃地跌倒了，昏迷过去。

在西边岗亭里，值班的是白宫警察大队的科费尔特。陶利索拉走到了岗亭门口后，他装着要和科费尔特说些什么，随即掏出手枪，连放 3 枪，击倒了科费尔特。科利亚索、陶利索拉配合得非常好，他们几乎在同一时间袭击了东西岗亭的警卫。

击倒科费尔特后，陶利索拉迅速向大门冲去。突然，他瞥见伯泽尔正举枪瞄准了他的同伴。于是，陶利索拉眼疾手快地向伯泽尔开了一枪，击中他的右腿。伯泽尔两腿都中弹受伤了，一下子跌倒在地上。击倒伯泽尔后，陶利索拉的子弹也用完了。趁他装子弹的功夫，被他打倒在岗亭里的科费尔特忍着剧痛，使出最后的力气朝他开了一枪。陶利索拉的头部被子弹击中，当场毙命。这场枪战持续了3分钟，一共打了27枪。凶手科利亚索身受重伤，陶利索拉被打死。警卫人员中，除了科费尔特牺牲外，其他几位都身负重伤。

当布莱尔大厦外进行着一场生死之战的时候，大厦里面的人丝毫没有察觉。杜鲁门和夫人下午要参加一座雕像的落成典礼，他们正在为下午的出行作准备。贝西听到嘈杂声后，匆匆跑下楼梯去。

"发生了什么事？"贝西担心地问道。

一名侍者回答说："外面在打枪，有人向警察开枪了。"

贝西惊恐地问道："我的上帝，真的吗？你说的这是真的吗？"

侍者回答说："是的，夫人。"

贝西迅速转身跑上楼，拉开窗帘，她看见伯泽尔倒在地上，两腿流着血，她惊慌失措地叫道："哈里，快来，快。我们的警察被人击中了，浑身都是血。"闻言，杜鲁门急忙冲到窗前，探头向外看。一名警卫发现杜鲁门探出头，立即挥手大喊："快回去！快退回去！"

杜鲁门退回去之后，枪战还在继续。事后，人们担忧地说："幸亏陶利索拉没有发现总统，幸亏人群里没有藏着另外一位刺客。否则，后果不堪设想。"

在通往总统卧室的楼梯上，警卫斯陶特听到枪声后，立即从秘密处取出机枪对准大门，随时准备对付冲进来的凶手。虽然不断有人催促他出去帮助他的同伴，但斯陶特一步也没有离开自己的岗位。于是，催促他的人纷纷指责说："斯陶特真不是个东西，居然见死不救。他简直是……"虽然有人用难听的话来指责斯陶特，但他的上司却表扬他说："保护总统是你的职责，你并没有因为想赢得荣耀、显示勇敢而擅离职守。可以说，你的行为可以和英勇献身的科费尔特媲美。"

很快，枪击事件在华盛顿传开了。有人说，总统安然无恙；也有人说，总统和他的 7 位警卫全被打死了。

刚刚经历了一场劫难，所有人都劝杜鲁门不要出席下午的雕像落成典礼。但是他一点也不惊慌，坚持要去参加。杜鲁门非常镇静地说："作为总统，必须预料到会有这种事情发生。"暗杀虽然没有成功，但是多少让人有些后怕。从此以后，在安全问题上，杜鲁门不再固执己见，而是完全听从安全勤务局的安排。

波多黎各的暗杀活动失败了，幸存的凶手科利亚索供出了一切。他说："我和死去的同伴是波多黎各民族党的领袖，但我们是私自行动的，与该党无任何关系。"事情水落石出后，科利亚索被判处了死刑。后来，杜鲁门接受国务院的建议，同意改判为无期徒刑。据说，杜鲁门这样做是为了试图与波多黎各改善关系。

在这场激战中，白宫牺牲了一名警卫，这让总统十分难过。为了纪念、赞颂英勇献身的科费尔特和其他警卫的壮举，美国政府特意制了一块匾放在布莱尔大厦前。后来，回忆起这次暗杀事件时，杜鲁门无限感伤地说："我是个要命的伤感主义者，每每想起此事，总是忍不住掉眼泪。"

HARRY S TRUMAN
第八章
争霸世界

　　美国节节败退，杜鲁门的美梦被彻底击碎了，但是他不想立即停火。杜鲁门说："其实，联合国和美国都无意与中国为敌，但在朝鲜的事端是以苏联为首的共产主义势力发起的侵略行为……"

1 朝鲜战争
HARRY S TRUMAN

国际国内的大事小事不断，杜鲁门好像一刻也不得安宁。当他正为麦卡锡的事情疲于应付的时候，朝鲜战争爆发了。刚接到消息的时候，杜鲁门非常悲观，他以为第三次世界大战就要爆发了。

1950 年 6 月 24 日，星期六，杜鲁门参加了一个机场的落成典礼之后，就没有再安排任何活动，直接回独立城和家人度周末去了。他说："我要抛开公务，和家人过个轻松愉快的周末。"

吃过晚饭后，杜鲁门一家人围坐在客厅里聊天。突然，电话铃响了，就是这个电话毁了他的周末和好心情。电话是艾奇逊打来的，他说："总统先生，我有一个非常严重的消息告诉您。我刚刚得到消息说，北朝鲜入侵南朝鲜了。"

杜鲁门惊恐地问道："什么？你说的是真的吗？"

"是的。我是从美国驻汉城大使约翰·乔木那里得来的消息。"艾奇逊回答说。

没等杜鲁门开口，艾奇逊继续说道："北朝鲜人已经越过了三八线，而且进攻很猛。有经验的军官说，这次和以前发生的那些袭击完全不同，绝对不是意外的小冲突。我没有找到军方的负责人，所以和国务院几位负责人商量了此事，大家一致建议召开一次安理会号召停火，并谴责朝鲜民主主义人民共和国的行为。我已经通知了联合国秘书长，要求星期一召开安理会会议。"

听了艾奇逊的话，杜鲁门说："你干得不错！我决定立即返回华盛顿。"

"我们还没有弄清楚具体情况，您不必急着回来，还是星期一白天回来吧。否则，可能引起全国的惊慌。何况，夜里飞行太危险，没有必要冒这个险。"艾奇逊劝说道。

杜鲁门说："那好吧，我听从你的建议，按原计划返回华盛顿。"

艾奇逊说："目前，所有能够做的事情都已经做了。您就放心地睡吧，明天我再打电话告诉您消息。"

虽然杜鲁门接受了艾奇逊的建议，决定在独立城呆到星期一，但挂了电话之后，他心里再也无法平静，一直非常焦虑。后来，在回忆起此事时，玛格丽特说："从放下电话的那一刻开始，爸爸就没有停止过担心，他担心这是第三次世界大战的开端。那夜，对我们全家来说，是有史以来最漫长的……第二天，我和妈妈去了教堂，爸爸去农场看望了他的弟弟和妹妹。对他们来说，这是难得的一次聚会。然而，爸爸却一点心思也没有，他连午饭都没有吃就回到了独立城。"

6月25日中午1点左右，杜鲁门再次接到艾奇逊打来的电话。艾奇逊说："总统先生，朝鲜人民军已经在南朝鲜沿岸登陆，而且正逼近汉城和金浦机场。"

没等杜鲁门开口，艾奇逊继续说道："我建议，您立即决定如何援助南朝鲜吧。"

接到艾奇逊的电话之后，杜鲁门再也无法待在独立城了。于是，他决定立即回华盛顿。7点15分左右，杜鲁门的专机抵达华盛顿机场，前来接机的除了艾奇逊和国防部长约翰逊外，还有大批记者。杜鲁门看上去非常疲惫，他对猛按快门的记者说："够了，别再耽误时间了，我们还有更重要的事情要做。"

在从机场回布莱尔大厦的时候，杜鲁门说："强国攻击弱国，这已经不是第一次了。每次，民主国家都不采取行动，以致鼓励了侵略者。虽然朝鲜一直被认为是一个潜在的麻烦地区，而且三八线也一直麻烦不断，但这都是只是全世界无数的麻烦中的一个，从未引起任何人的高度重视。毫无疑问，朝鲜民主主义人民共和国的进攻是令人震惊的消息。如果允许共产党以武力进犯南朝鲜，就没有一个小国会有勇气去抵抗来自共产党的威胁和侵略。如果自由世界允许这种行为不受到挑战，将意味着爆发第三次世界大战，北朝鲜入侵南朝鲜的事件就和曾引起第二次世界大战的事件时一样的。上帝作证，我会让这帮家伙好看的。"听了杜鲁门的话之后，坐在他前面的约翰逊猛地转身，并使劲地和他握手表示赞同他的话。

在布莱尔大厦，杜鲁门召开了紧急会议。与会者有陆、海、空三军部长、参谋长、国务卿艾奇逊、副国务卿韦伯、助理国务卿迪安·腊斯克等人。7点40分左右，在会议开始前，杜鲁门邀请与会人员共进了晚餐。他对与会者说："在晚餐结束、所有服务员撤离之前，不要讨论与朝鲜有关的问题。"

晚餐结束后，杜鲁门等人围坐在收拾干净的餐桌旁召开了会议。会上，艾奇逊介绍了朝鲜的情况。杜鲁门说："虽然没有人认为苏联已经准备好打第三次世界大战，但我还是非常担心苏联介入朝鲜战争。"

经过谈论之后，大家一致认为苏联因为准备不充分，不会贸然发动世界大战；如果美国有力支持南朝鲜，就可以顺利打败北朝鲜。于是，杜鲁门与陆、海、空三军部长、参谋们协商后，指示他们时刻准备动用美国地面部队。此外，艾奇逊还宣布了杜鲁门的 3 项决议：第一，命令美国驻远东军的总司令麦克阿瑟火速援助南朝鲜，并为其提供武器；第二，命令美国空军掩护美国侨民尽快撤离，与此同时，空军还要大肆轰炸向金浦机场方向前进的所有北朝鲜部队；第三，为了防止中国大陆进攻台湾地区，命令美国第七舰队立即开往台湾海峡。

11 点，会议结束的时候，杜鲁门对与会者说："在我没有发布消息之前，任何人不允许把消息透露给记者。"

散会后，杜鲁门久久未能入眠。他在想，美国是否能与苏联抗衡，还有什么地方会出事。他在心里对自己说："虽然我不想在任何地方打仗，但我必须立即采取行动，不能让南朝鲜落入苏联之手。"

星期一，麦克阿瑟将军发来电报说："北朝鲜的军队已兵临汉城，南朝鲜军队无力抵抗。我估计，一场彻底的崩溃即将来临。"这一消息令杜鲁门总统很不安。

下午，在艾奇逊的陪同下，南朝鲜大使来见杜鲁门，并向他递交了一份李承晚总统的求援信。大使垂头丧气地说："情势非常危急，李承晚总统请求杜鲁门总统及时给予更多有效的援助。"

杜鲁门安慰道："不要着急，你们一定要坚持到底。很快，援助就会到了。"

晚上，杜鲁门再次在布莱尔大厦召集了会议。会上，有人说："为了让韩国免遭侵略，我们必须对他们进行援助。"

艾奇逊说："总统先生，除了让我国空、海两军全面援助南朝鲜外，我建议让联合国号召各国共同援助南朝鲜。"

最终，杜鲁门接受了艾奇逊的建议，他神情悲伤地说："我不想打仗。几年来，我所做的努力就是为了避免战争，可是今天我不得不作出援助南朝鲜的决定。我命令国防部立即通知麦克阿瑟，让他使用美国海、空两军在三八线以南帮助南朝鲜作战。"

6月27日，所有报纸的头版头条上都刊登着这样的消息："北朝鲜冲进汉城，南朝鲜政府已逃离这座城市。李承晚痛苦地说，美国的帮助不仅太晚，而且很少；在北朝鲜首都平壤，首相金日成发誓说，一定要尽快打垮南朝鲜。"形势越来越危急，美国要求以联合国的名义，号召各国支持南朝鲜，并对北朝鲜进行制裁。两天前，在美国的操纵下，联合国曾通过了谴责北朝鲜进攻南朝鲜，要求北朝鲜停火的决议。这次，美国的阴谋能否再次得逞呢？晚上，10点45分，联合国以多数票通过了支持美国的决议。就这样，美国为自己侵略朝鲜披上了合法的外衣。

同日，杜鲁门总统对外发表声明说："北朝鲜公然不顾联合国的停火决议，继续进攻南朝鲜，这一行为应该受到谴责。为了响应联合国的号召，美国决定帮助执行这一决议，命令其海、空两军大力支持南朝鲜。此外，为了避免中国共产党进攻台湾地区，威胁太平洋地区的安全，美国还命令第七舰队阻止共产党进攻台湾。"在美国人眼里，杜鲁门的侵略行为是值得支持的。哈里曼从欧洲打电话给艾奇逊说："听到总统的声明，我感到很兴奋，迫切希望回国效力。此外，欧洲盟国看了声明后也甚感欣慰。"美国驻汉城大使发来电报说："总统发表声明之后，大大提高了士气。"艾森豪威尔将军说："是到了划线的时候了。如果我们不采取坚定的立场，不久以后，我们会面临更多像朝鲜一样的问题。"此外，一直和他作对的参议员塔夫脱也说："虽然杜鲁门总统的命令不符合宪法，但他用错误的方法做了一件正确的事情。"就连在大选中失败的杜威也给杜鲁门发来电报说："我全心全意赞同你，并支持你所作出的决定。"《华盛顿邮报》报道说："杜鲁门所表现的正是世界渴求已久的强权领导作风。这是召唤勇敢者的时代，我们需要有人带领我们冲破黑暗，而哈里·S.杜鲁门就是我们要找的人。"此外，像《纽约时报》、《先锋论坛报》等报纸上也有类似的观点。

联合国27日才通过支持美国的决议，杜鲁门的声明也刚刚发表，但是美国的军队早就投入了侵略朝鲜的战争之中。而且美国第七舰队也早就开入了台湾海峡，公然干涉中国内政。

虽然美国海、空两军参战了，但它并没有帮助南朝鲜军队顶住北朝鲜人民军的攻势。很快，人民军就攻占了汉城，直逼南朝鲜的临时"首都"。

6月29日，杜鲁门召开了朝鲜战争以来的首次记者招待会。会上，他反复强调说："我们没有处于交战状态中。"

一个高个子的记者问道："总统先生，现在每个人都在问我们是否在打仗。"

杜鲁门说："我们没有打仗，我们没有处于交战状态。"

记者追问道："总统先生，您的话能引述吗？"

"当然可以。"杜鲁门毫不犹豫地回答。

"总统先生，我们会使用地面部队吗？会使用原子弹吗？"另一名记者问道。

杜鲁门回答说："对不起，无可奉告。"

"总统先生，请说说您对这场战争的看法。"记者继续追问道。

杜鲁门回答说："一群土匪正在袭击南朝鲜，联合国的会员国要打倒土匪，救南朝鲜。"

一位女记者微笑着问道："总统先生，像您这么说，把我们的这次行动称作是联合国授权下的警察行动应该是合理的喽？"

"事实正是如此。"杜鲁门笑着回答说。其实，杜鲁门一直想找个词来准确地表达这次行动的性质，而且是他所希望的性质，毫无疑问，"联合国授权下的警察行动"正合他的心意。

6月30日，麦克阿瑟亲自视察战场后，给国防部打电话说："局势非常严重，仅靠美国海、空两军阻止北朝鲜军队无异于痴人说梦话。如果美国不投入地面部队，南朝鲜军队连现在的阵地都守不住，更别说收复失地了。我要求立即调2个师的步兵过来，而且我们应该迅速集结在日本的兵力，以便早日反攻。"

30日上午，杜鲁门召开了国家安全委员会会议。会上，主要讨论了麦克阿瑟提出的要求。虽然有人担心派地面部队作战会触发与苏联的全面战争，但参谋长联席会议还是赞同麦克阿瑟的提议。于是，杜鲁门毫不犹豫地批准了麦克阿瑟的提议。他说："麦克阿瑟除了可以动用远东全部海空军参战外，可以让地面部队投入战斗。但有一点必须注意，即在朝鲜北方的行动不要越过边界，尽量避免和苏联军队交锋，一旦遇到他们的攻击，要避免形势恶化，并及时向国内汇报。"虽然杜鲁门一再表示自己不想打仗，然而不到一个星期，美国的陆、海、空三军就全面投入了朝鲜战争。也许，他并不是不想打仗，只是不希望把战火烧到大西洋罢了。

在杜鲁门决定参加朝鲜战争的时候，有人建议说："总统先生，还是先要求国会通过一项支持美国投入朝鲜战争的决议再派兵吧。"

艾奇逊对杜鲁门说："总统先生，我觉得完全没有必要。现在，我们根本没有时间来等国会开会讨论。若在朝鲜问题上遭到国会的批评，既不利于鼓舞军心，也不利于稳定民心。"

有人反驳道："总统的这一决定肯定会得到国会的赞成，所以很快就会在国会通过。得到国会的认可以后，一旦战争失败也不会把过错全推到总统一个人身上。"

艾奇逊说："国会的批准并不能使总统免遭反对者的批评，像威尔逊、罗斯福等总统就是很好的例子，他们的某些遭人批评的决议也是经过国会批准的。"

双方争执不下的时候，杜鲁门开口说："我和艾奇逊的看法是一致的。无论我做什么，总是免不了遭到反对者批评的，所以还不如抓紧时间援助南朝鲜。"

30 日中午，为了通报朝鲜战争的情况，说明已向朝鲜派兵的事情，杜鲁门召集了有国会领袖参加的内阁会议。会上，共和党议员肯尼斯·惠里毫不客气质问："总统先生，在参战前，你并没有同国会商量。请问，你这样做合法吗？"

杜鲁门说："现在，美国地面部队已经参战了。"

"在采取这类行动之前，总统应该与国会商量，你难道连这也不知道吗？"惠里气愤地说。

杜鲁门毫不示弱，他说："形势危急，时间紧迫，我没有时间和你们扯皮。作为总司令，我必须果断地采取行动。需要国会采取行动的时候，我会到你们那里去的。我希望，平定朝鲜的那些土匪无此需要。"

虽然艾奇逊非常佩服杜鲁门总统的勇气，但他不得不提醒总统。会议结束后，他说："人们现在都支持你的行动，一旦战争使伤亡扩大之后，他们就会极力反对你，反对政府。"

"毫无疑问，谁都知道危险就摆在眼前。尽管如此，但我们不能退缩，绝对不能放弃朝鲜。"杜鲁门回答。

回避问题不是杜鲁门的处事原则，这一点艾奇逊是了解的，但听了杜鲁门的回答之后，他还是肃然起敬。他在回忆录中写道：

"总统的这种性格是令人尊敬的，我常常被他的这种执著所感动。不管某件事情对他、对党的政治前途会产生什么不利影响，但只要他认为是正确的，是最有利于国家的，他就会毫不犹豫地去做。"

其实，艾奇逊说的都是事实，杜鲁门也明白其中的道理。对他和他的政府来说，朝鲜战争的确是令人棘手的问题。如果杜鲁门无节制地投入，有可能引发一场世界大战，陷入与苏联、中国为敌的战争之中；如果他不采取坚决的措施，毫无疑问，他会被戴上一顶"姑息共产主义"的帽子。为了不刺激苏联，不让更多的国家倒向苏联，杜鲁门决定打一场有限制的局部战争。他的决定得到顾问们的一致赞同，他们都说如此一来，不仅没有给苏联留下卷入战争的借口，而且能显示美国抑制共产主义的决心。

要打有限制的局部战争，就必须把握好投入的程度。这一点的确很难把握，像苏联、中国会不会参战，会不会在其他地方动手等不明朗的因素是不得不考虑的。然而，包括杜鲁门在内没有人能准确判断。为了了解苏联和中国是否会参战，美国空军参谋人员计划对大连、旅顺等地进行高空摄影侦察。得知这一计划后，杜鲁门担心飞机被苏联打下后会引起更大的麻烦。于是，他让艾奇逊转告空军部长，绝对不能违反他们的政策，不能给苏联留下任何和他们发生公开冲突的借口。

7月初，联合国通过了在朝鲜成立统一的司令部，并派美国人担任"联合国军"总司令的议案。于是，杜鲁门任命远东地区联军总司令麦克阿瑟为"联合国军"总司令。接到命令后，麦克阿瑟立即给总统发了一份电报。他说："我绝对忠于你……我相信，我不会让你失望的。"

美国第一批地面部队投入了战斗，这些士兵都是新入伍的，没有经过训练，缺乏实战经验。没几天，他们就被北朝鲜人民军击败了。7月5日，南朝鲜温度高达华氏100度，而且下着倾盆大雨。在如此恶劣的天气里，美军开始撤退。路上泥泞不堪，而且还挤满了难民，美军且战且退非常艰难。直到7月18日，美国与南朝鲜联军才退到南朝鲜的临时"首都"大田。有士兵说："我们既不懂韩语，也不熟悉那里的地形，一不小心就退到敌人的地盘上去了。有一次，我们好不容易退到一个干燥的小山坡上，准备休息一会却遭到了敌人的痛击。于是，我们再退，又遭到了敌人的袭击。就这样，退了被击，击了又退，永远也看不到尽头。"还有一个美国大兵说："这里的天气非常坏，我们的武器都被腐蚀了，通讯器材也坏了，弟兄们的衣服都被汗水、雨水浸湿了。有时候，屎拉在裤衩上也顾不上换，我们就像僵尸一样向前挪动着，希望能早点走到尽头……最糟糕的是，许多人还被感染上了痢疾。伤亡率高达30%，这里真是一个死亡的好地方。"

7月19日，在大田，巷战开始了。《华盛顿邮报》报道说："据悉，这是自杀性的攻击。我军每杀15个人，立刻就会有15个人冲上来替补。一拨拨的敌人就像潮水一样，朝我军涌来……"在《纽约时报》上，杜鲁门还看到了一幅令他痛心的照片。照片上，几名朝鲜囚犯和几名美国大兵倒在路上，他们的手都被捆得紧紧的，每个人的头上还有一个弹孔。

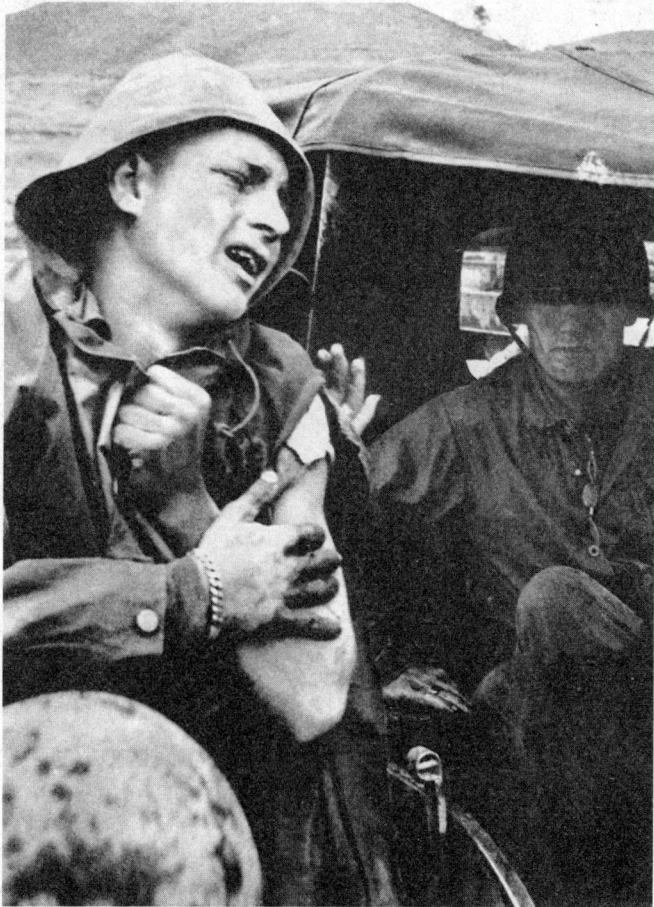

战争期间战场上的美国受伤士兵

大田战役之后，美军和南朝鲜军队又开始纷纷溃退。巴尔的摩《太阳报》报道说："看上去，溃散的士兵都筋疲力尽。"纽约《先锋论坛报》唯一采访过朝鲜战争的女记者说："这根本不是一场正规战。"

美国和南朝鲜联军仍然在继续撤退，到7月22日，他们已经退了近百里。毫无疑问，这是美国军事史上最黑暗的一页。尽管美军一败涂地，但是杜鲁门说:"我知道,将士们都尽力了。有史以来,这是美国最英勇的战争。"

2 总统和将军的冲突
HARRY S TRUMAN

　　麦克阿瑟原本以为2个师的步兵就够了,可他指挥的军队节节败退。7月29日,他们已经退到了朝鲜半岛最南端的釜山。联合国在南朝鲜的战场指挥官霍尔顿·沃克下达命令说:"釜山绝对不能丢掉,我们一定要守住。人人都要随时作好牺牲的准备。"有个美国大兵说:"其实,我们早已经没有路可退了。"

　　情况如此危急,麦克阿瑟一再要求杜鲁门总统增兵。他发回电报说:"现在,最少还需要派3万援兵。否则,胜利就没有希望。"毫无疑问,麦克阿瑟的电报令白宫震惊。布莱德雷将军说:"世界各地危机四伏,我们到底要在朝鲜这个泥潭中陷多深?毫无疑问,朝鲜战争是苏联为了牵制我们而设的局。"

　　事实上,美国兵力不足,能调动的仅有10个师。因为欧洲的兵力不能动,所以杜鲁门只好从其他地方的驻军中拼凑。虽然尽了最大努力,但仍然无法满足麦克阿瑟的要求。对此,麦克阿瑟大为恼火。他抱怨说:"总统不肯将驻守在欧洲的军队调入朝鲜,最终他不重视亚洲的行为将会导致不可收拾的局面。一旦在朝鲜失败,其他地方也无法保住。"很明显,杜鲁门不想与苏联发生直接冲突,不想削弱欧洲的防务,也不想陷在朝鲜的泥潭中越陷越深。然而,麦克阿瑟哪里知道总统的态度。于是,杜鲁门对麦克阿瑟越来越失望,麦克阿瑟对杜鲁门也越来越不满,两人之间的矛盾日益加剧。早在6月底的时候,就有人劝杜鲁门解除麦克阿瑟的职务。杜鲁门说:"这样做恐怕不妥,因为会在国会引起轩然大波。到时候,不仅对我个人不利,而且对局势也不会有利。"

　　几个星期的屠杀不仅带来了严重的后果,而且改变了美国人的战略观。在国家安全会议上,杜鲁门说:"如果别的地方军事吃紧的话,我会考虑放弃朝鲜。"玛格丽特说:"自从共产党入侵南朝鲜以来,爸爸的和平梦想被彻底粉碎了。朝鲜问题时刻压在他的心头，他每天都紧张工作18小时。每每收到美军溃退的消息时，他都非常痛苦。"

大多数美国人最初都以为朝鲜战争只不过是一次很小的冲突，只要美国军队一到达，就会万事大吉。然而，时局并没有因为美国的介入而好转，反而越来越坏。于是，各种信函像潮水般涌向白宫。人们纷纷指责说，政府处理事情的方式欠妥。有人在信上写道："国务院正在搞阴谋。"还有的写道："好像一切都操纵在霍尔顿·沃克将军手中。"那些写给杜鲁门的信和电报中，反对与支持战争的比例高达20∶1。其中，有一封信是这样写的：

总统先生：

这些日子以来，我不知道您是如何睡着的。反正我是整夜整夜地睡不着，因为我的儿子正在朝鲜打仗，打一场与我们毫不相干的仗。总统先生，您可知道，全国各地有多少母亲、父亲和我一样，因为担忧他们的孩子而无法入眠。我们以上帝的名义，要求您立即停止杀戮。

……

睁大眼睛看看，您都干了些什么？第二次世界大战留下的血迹尚未干、创伤尚未痊愈，如今，您又让您的子民陷入了另一场战争。朝鲜与我们毫无关系，况且那是他们自己的事情，他们应该自己解决。为了让战争结束，您就把原子弹丢过去吧。过去，您不也干过一次吗，就再干一次，让一切都尽快了结吧……

我之所以给您写这封信，就是想让我的儿子赶快回家。他是我唯一的孩子，非常年轻。总统先生，我恳求您，请您同意吧。您也是有孩子的人，请您理解一颗母亲的心吧！

一位日夜期盼孩子归来的母亲

除了民众的不满之外，参议员、媒体也纷纷道出了不同的声音。在参议院，塔夫脱指责艾奇逊办事不力，强烈要求杜鲁门解除他的职务。国防部长约翰逊同意塔夫脱的意见，他还非常自信地说："毫无疑问，艾奇逊离职已经成了定局。"杜鲁门说："我越来越不喜欢约翰逊了，他有点不正常。他非常自我，经常大肆攻击所有的阁员，而且连我的助理也从不放过。我看，他是想驱使整个政府……"

国务卿顾问杜勒斯说："总统先生，您若在战争开始的时候就解除了约翰逊和麦克阿瑟的职务，那么就不会有今天的烦恼。"

杜鲁门不置可否地说："是啊。别说那个时候，就是今天我也无法开口说出让约翰逊和麦克阿瑟辞职的话啊。"

杜勒斯说："麦克阿瑟一定要尽早换掉，这位70多岁的老将已经过了巅峰期。"

杜鲁门说："在朝鲜时局一蹶不振的时候，更换一位五星上将有多难啊。"

杜勒斯坚持说："尽管如此，我认为您必须想办法把他召回来。否则，不知道惹出多大的麻烦。"

杜鲁门说："说起来容易，做起来难啊。你要知道，阵前易将不但会影响人民的感情，而且会让麦克阿瑟的英雄形象稳如泰山。"

虽然杜鲁门不太喜欢脾气暴躁、好吹嘘炫耀的麦克阿瑟，害怕他自作主张、惹是生非，但他丝毫不怀疑麦克阿瑟的能力，所以他想赌一把。然而，麦克阿瑟终究惹出了乱子。

7月31日，麦克阿瑟私自飞往台湾地区进行访问。在那，麦克阿瑟受到热烈欢迎，而且他本人也表现出极大的热情，除了参加盛大的宴会外，还检阅了军队。麦克阿瑟对未曾谋面的蒋介石说："老朋友，我保证让咱俩军队实现有效的军事协作。"

蒋介石大声欢呼："太好了，又可以同我们的老战友一起亲密无间地工作了。"

为了扩大影响，蒋介石有意说："在台湾问题上，杜鲁门总统和麦克阿瑟将军是一致的。我们正在与美国谈判共同防御，美国政府表示，他们会在台湾问题上采取更激进的措施。"

8月1日，杜鲁门从报纸上得知了麦克阿瑟台湾之行的消息。他对麦克阿瑟不打招呼，私自行动感到非常气愤。早在朝鲜战争爆发的时候，杜鲁门就明确表示，不希望扩大战争。他说："为了避免中国参战，使整个战争扩大化，绝对不能让蒋介石的军队参战。"

麦克阿瑟的台湾之行除了引起美国内外极大的关注外，也引起了政府的高度重视。杜鲁门对艾奇逊说："我很担心，麦克阿瑟会把美国卷入与中国的战争之中。毫无疑问，这不符合我们的亚洲政策。"

艾奇逊说："是啊，我的担心和您是一样的。我建议您派哈里曼去见一见麦克阿瑟，一方面是打探他的底细，另一方面可以重申我们在台湾问题上的立场。"

为了不让麦克阿瑟继续制造麻烦，杜鲁门同意了艾奇逊的建议，决定派哈里曼作为他的私人代表去见麦克阿瑟。临行前，杜鲁门对哈里曼说："此行你一定要让他明白我的意思。你明确告诉他以下两点：第一，我不希望与中国共产党发生任何战争；第二，我会竭尽全力支持他。此外，你还打探一下，看看他向蒋介石承诺了什么。顺便看看在智力、体力上，年近八旬的老将军是否能继续胜任。"

哈里曼和麦克阿瑟是多年的老朋友，所以见面后他们并没有直接进入正题。彼此问了各方面的情况之后，麦克阿瑟就开始谈自己的看法，并向老朋友吐苦水。他说："目前，我们没有必要担心苏联和中国，因为它们根本无意卷入朝鲜战争。我觉得要想没有后患，就只有彻底消灭北朝鲜的军事力量。的确这样做很冒险，也许还会受到联合国、美国国内一些势力的阻挠，但是除此之外，别无选择。现在，最重要的就是缺少兵力。你看，我不仅兵力严重不足，而且质量非常差。请你回去告诉总统这里的情况，并转告他我还需要更多的联合国军队。"

听麦克阿瑟这样说，哈里曼知道他的看法和杜鲁门的政策是有差距的。于是，他如实转告了杜鲁门的话。麦克阿瑟说："你放心，作为一名军人，我会服从总统的任何命令。"后来，在谈到台湾问题的时候，哈里曼不得不怀疑麦克阿瑟能否履行他服从总统命令的承诺。

麦克阿瑟说："我认为总统的对台政策有问题，美国根本不应该把蒋介石踢来踢去。这不仅对台湾没有好处，而且对美国也不利。我们应该打击所有地方的共产党，是狠狠地打。你回去说服总统，让他发表一个威胁中国的声明。最好在声明中警告中国说，如果它们胆敢继续修建机场，美国就会进行轰炸，就会……"

"这样做只会造成更大的麻烦，为苏联提供机会。我是不会向总统提这样的建议的，即使你提了我也会反对的。"没等麦克阿瑟说完，哈里曼就打断了他。

回国后，哈里曼在交给杜鲁门的报告中说："麦克阿瑟接受了总统的看法，并表示会服从总统的任何命令。他说总统对朝鲜问题的决定是明智的，是把世界从共产党人手中拯救出来的具有伟大意义的历史性决定。"

得到麦克阿瑟如此高的评价，杜鲁门求之不得；得到他答应接受总统指示的承诺，杜鲁门更是欣喜万分。他对报界说："在台湾问题上，麦克阿瑟和我的见解是一致的。"

8月14日，参谋长联席会议给麦克阿瑟发去一个经过杜鲁门批准的通知。在通知中告诉麦克阿瑟说："美国不打算在台湾使用武装部队，我们在该岛的行动仅限于辅助性行动。所以，将军不能答应蒋介石的任何要求。"

麦克阿瑟很快回电说，他会严格按照杜鲁门总统的命令行事。得到麦克阿瑟的承诺后，杜鲁门终于放下了一颗悬着的心。然而，不久以后，杜鲁门的心再次被麦克阿瑟提到了嗓子眼。

8月26日，麦克阿瑟在国外退伍军人协会上发表演说。其中，关于台湾问题的讲话中，麦克阿瑟说：

在太平洋方面，有些人主张采取绥靖政策和失败主义。之所以产生这种荒谬之极的想法，是因为他们根本不了解东方。东方式的心理状态是坚决反对怯懦、优柔寡断的领导，主张听从果断的、有力的领导。

如果我们只防守台湾海峡，就切断了与亚洲大陆的联系。

……

台湾的位置非常理想，既可以防守，又能完成进攻战略。谁掌握了它，就如同拥有了一艘永不沉没的航空母舰。

杜鲁门多次公开宣称，美国在台湾所采取的行动是有限的。显然，麦克阿瑟的演说和他的台湾政策是背道而驰的。

在总统知道之前，麦克阿瑟已经把其讲话内容告诉了新闻界。8月26日，杜鲁门从美联社的报道中看到了麦克阿瑟的演说。看到报道之后，杜鲁门双唇紧闭，连脸色都气白了。

当天，杜鲁门就召集国防部、国务院、财政部领导及参谋长联席会议成员开了一次会。会上，杜鲁门亲自念了一遍麦克阿瑟的演说。听了杜鲁门所念的内容后，与会人员都非常生气。布莱德雷说："他已经登上了傲慢的顶峰。"艾奇逊说："他这是目无总统，简直是侵权行为。"

等众人议论完了之后，杜鲁门问道："在座的各位，事先是否有谁知道麦克阿瑟要发表这样的演说。"

众人异口同声地说："不知道。"

哈里曼沮丧地说："我早就怀疑麦克阿瑟的承诺是否可靠，只是没有想到他竟然这么快就忘了自己说过的话。"

杜鲁门说："其实，我曾经考虑过让布莱德雷将军取代麦克阿瑟，担任远东地区联军总司令。可是我担心别人说我夺他的兵权，而且我也不想伤害他，所以就放弃了。"

沉默片刻后，杜鲁门说："我命令国防部长约翰逊通知麦克阿瑟，说总统要求他立即撤回声明。"

约翰逊不愿意得罪麦克阿瑟，所以半天都没有吭声。于是，杜鲁门重申了他的命令，并口授了指令："美利坚合众国总统命令你立即收回在国外退伍军人协会上所说的话，因为其中涉及台湾问题，而且你的观点与美国政策、美国在联合国中的立场是完全相悖的。"

收到杜鲁门的指令后，麦克阿瑟立即收回了他所说的话。尽管如此，杜鲁门仍不放心，他亲自给麦克阿瑟写了一封信。在信

朝鲜战场上的麦克阿瑟将军

253

中，他写道："我允许任何人和我持有不同见解，这是他们的权利。谁都知道，美国的官方立场应由总统的声明、决定来确定，而且在对外关系上，只允许一个人代表国家发言来说明其立场……毫无疑问，我国的行动是符合联合国宪章的……基于将军之前的所作所为，我不得不再次重申美国在台湾问题上的立场……"

在这次事件中，杜鲁门对国防部长约翰逊优柔寡断的表现很不满意。于是，他决定让马歇尔将军替代他。9月11日，杜鲁门对约翰逊说："我命令你辞职。此外，你必须推荐马歇尔将军接替你。"

突然听到杜鲁门要求自己辞职的话，约翰逊脸色苍白，都快要晕倒了。他请求道："请你给我时间考虑一下。"

杜鲁门不带任何表情地说："你只有一天时间，不过我是不会改变决定的。"

当杜鲁门请求马歇尔担任国防部长的时候，马歇尔说："你还是三思而行啊。现在，仍然有人批评我，说是我把中国搞丢了。你要好好考虑，任命我之后会给你和你的政府带来什么样的负面影响……虽然我愿意帮助你，愿意接受你的任命，但是我不希望因为我给你带来麻烦。"

杜鲁门说："请放心，我已经考虑过了。"

杜鲁门深深地被马歇尔感动了，他对贝西说："你听过这样的自白吗？恐怕那么多追求你的人中，也没有一个人向你如此真挚地表白过。"

9月12日，约翰逊递交了辞呈。杜鲁门对他说："我从来没有这么难过，毕竟我们认识了几十年啊。不管怎样，请你理解我。"

同一天，杜鲁门宣布了约翰逊辞职的消息，并宣布由马歇尔接任国防部长。

在朝鲜，美国和南朝鲜的军队被北朝鲜人民军打得节节败退。为了扭转败局，迫使北朝鲜人民军两面作战，麦克阿瑟决定冒险在仁川港登陆。麦克阿瑟说："这次行动成功的机会很小，但是我愿意冒险。一旦成功，可以拯救10万人的生命。否则，我们就要灭亡。"

起初，除了艾奇逊之外，几乎所有人都不赞成这种冒险行动。后来，经过多次开会讨论之后，美国官方只好寄希望于这位大胆的将军，并将登陆时间定在了9月15日。

9月15日清晨，仁川登陆开始了。

登陆艇上的美国海军密切关注着正在被炮弹轰炸的海岸边，等候登陆。

　　只有涨潮的时候才能在仁川港登陆，而且那里的地势非常复杂，所以北朝鲜人民军根本没有预料到麦克阿瑟会选择仁川港。后来，麦克阿瑟侥幸成功了。9 月 29 日，美军夺取了汉城。短短 2 周时间，局势就完全发生了变化。

　　仁川登陆成功使麦克阿瑟名声大振。当消息传回华盛顿后，所有人都难以置信。随后，全国上下一片狂欢。杜鲁门总统立即给麦克阿瑟发贺电说："这简直是军事奇迹，干得好！我向你们致敬，并代表全国人民向你们表达崇高的敬意。"

　　麦克阿瑟取得胜利后，是否越过三八线追击敌人，是否统一南北朝鲜建立一个独立、自由的国家等问题在美国政府内部引起了争论。除了少数几个人持反对意见外，美国一些好战分子都要求越过三八线。国内大部分舆论认为，绝对不能后退，要一鼓作气统一朝鲜。否则，就是对共产主义的绥靖。麦克阿瑟更不可一世，他说："美国不应受三八线限制，我的任务是占领整个朝鲜，而不只是把北朝鲜人民军赶回三八线。"

朝鲜战争期间，美军准备登陆。

乘胜追击敌人，摧毁其武装力量，这几乎是军事上不变的准则。杜鲁门也被这种乐观的气氛所感染，于是授命麦克阿瑟可以越过三八线。他说："你可以采取任何措施结束战争，但是绝对不可以把战火蔓延到苏联和中国。如果中国参战，你不要卷入与中国的全面战争，积极抵抗即可；一旦苏联和中国都介入，你不要在朝鲜北方打地面战争，守住三八线即可。"接到杜鲁门的命令之后，麦克阿瑟回电说："我会在整个朝鲜进行军事行动。"

9月30日，当麦克阿瑟领命向北推进的时候，中国总理兼外长周恩来发表声明说：中国人民热爱和平，为了保卫和平他们不害怕反抗侵略战争。中国人民决不能容忍外国的侵略，也不能容忍自己的邻国遭到侵略。朝鲜战争必须即刻停止，要和平解决朝鲜问题……美军胆敢越过三八线，中国将派兵援助北朝鲜。

几天后，中国政府通过官方电台再次发表了这样的声明。在美国，所

有的人在为了和平而战，而有的人却为了侵略而战。

有人都认为这一声明是虚张声势，是政治讹诈。麦克阿瑟说："中国之所以发表这样的声明，是为了阻止联合国投票支持建立统一、自由的朝鲜这一决议。"

为了和麦克阿瑟商讨朝鲜局势，10 月 11 日，杜鲁门登上他的专机飞往太平洋中心的威克岛。随行人员除了哈里曼、布莱德雷将军和国务院的腊斯克等人外，还有保安人员和医生。杜鲁门要飞跃 14 400 余海里，而麦克阿瑟只需要飞 4 000 海里就可以达到会晤地点。对此，杜鲁门解释说："战争瞬息万变，我不想让将军离开自己的岗位太久。"

经过几天的飞行之后，杜鲁门的飞机降落在威克岛。当杜鲁门走下飞机的时候，麦克阿瑟迎上前去，扶住了杜鲁门的手臂。熟悉麦克阿瑟的人都知道，这是他最客气的礼节。

见到麦克阿瑟，杜鲁门笑着说："将军，你好！见到你我很高兴。"

麦克阿瑟说："总统先生，希望下次会面不会太久。"

杜鲁门笑着说："希望如此。"

汽车载着杜鲁门和麦克阿瑟来到了一间靠海的小木屋。在小木屋里，他们谈了近半个小时。

杜鲁门问道："将军，中国和苏联介入战争的可能性大吗？这是我最担心的事情。"

麦克阿瑟回答说："可能性很小。"

"一旦这两国介入，我们的胜算如何？"杜鲁门接着说。

麦克阿瑟回答说："现在，我们不怕他们干预。中国没有用于朝鲜战争的空军，苏联没有地面部队，而且这两国的地面部队、空军根本无法配合。"

没等杜鲁门说话，麦克阿瑟就胸有成竹地说道："总统先生，你放心好了。在感恩节前，朝鲜战争一定会结束；在圣诞节前，我军就可以全部撤离朝鲜。"

随后，杜鲁门和麦克阿瑟进行了正式会谈。会上，麦克阿瑟滔滔不绝地叙述了当前的战争形势。杜鲁门除了偶尔问一、两个问题之外，就是作笔记。2个多小时后，正式会谈就结束了。临别时，杜鲁门说他对这次会晤非常满意，并给了麦克阿瑟添加了一枚勋章。

10月16日，在旧金山歌剧院，杜鲁门就威克岛会晤发表了演说。他说："在威克岛，我和麦克阿瑟进行了一次非常愉快的会谈。不久以前，联合国要求我们为联合国军提供一位司令官。道格拉斯·麦克阿瑟正是联合国需要的合适人选，他是一位非常伟大的战士。对美国来说，这是莫大的光荣；对全世界来说，这是莫大的幸运。我希望威克岛成为我们维护世界和平的象征，我希望苏联和其他国家遵守联合国宪章，并和我们一起谋求和平。"

在朝鲜，美军在仁川成功登陆；在美国国内，官方就美军是否越过三八线问题达成了一致；在威克岛，总统和将军进行了令人满意的会晤。看起来，一切都非常顺利，就像麦克阿瑟说的那样，战争很快就会结束。

3 无法取胜的战争
HARRY S TRUMAN

仁川登陆的胜利犹如昙花一现，时局很快就越来越糟糕，战争越打越难。麦克阿瑟关于感恩节前取胜的许诺成了无法实现的空话，他和杜鲁门的美梦彻底被击碎了。

10月19日，向北推进的美军胜利拿下平壤。与此同时，中国人民志愿军雄赳赳、气昂昂地跨过鸭绿江支援北朝鲜人民军。10月25日，中国人民志愿军同骄横的美国侵略军遭遇。中国人民志愿军初战告捷，出其不意地打击了美军。

证实中国人民志愿军参战后，为了阻止志愿军源源不断地支援朝鲜，麦克阿瑟下令轰炸中朝边界的鸭绿江大桥。起初，杜鲁门不同意麦克阿瑟这样做，并让他暂缓行动。麦克阿瑟回电抗议说："中国的军队正不断从鸭绿江大桥开进，我们身陷图圉，若执行总统的命令，后果将不堪设想，也许会导致我们全军覆没。那时，我将不会承担任何责任。"

在中苏边界采取这样的军事行动，杜鲁门非常担心。尽管如此，他还是答应了麦克阿瑟的轰炸要求。杜鲁门无可奈何地说："就按你说的办吧。为了避免扩大战争，绝对不允许轰炸鸭绿江以北的中国城市。"

11月8日，麦克阿瑟收到参谋长联席会议的报告。报告中说："鉴于目前的形势，政府决定重新考虑'消灭北朝鲜军事力量'的计划，并研究政治解决途径。"在回电中，麦克阿瑟满怀自信地说："政治解决就是绥靖，我保证能对付入朝的中国军队。11月15日，我会发起总攻。那时，我会占领整个朝鲜，打到中国边界。"尽管在白宫很多人都对麦克阿瑟的说法表示怀疑，但是包括杜鲁门在内没有一个提出异议。事后，艾奇逊痛心地说："麦克阿瑟的想法是疯狂的，我们正在走向灾难。我和总统的所有顾问都知道会出问题，可是大家都害怕背负阻止将军取胜的罪名，所以没有一个人坦率地发表自己的意见。"

私下里，李奇微将军问范登堡："为什么参谋长联席会议坐视不管？他们为什么不训斥麦克阿瑟，并命令他该做什么？"

范登堡摇摇头说："看起来，政府在朝鲜问题上已经失去了控制。麦克阿瑟根本不会听从指令，命令又有什么用呢？"

李奇微吃惊地嚷道："一个不服从命令的将军，就应该被解除职务。难道不会解除他的职务吗？"

这次，范登堡没有回答李奇微的问题，而是给了他一个惊恐、为难的脸色。

为了在有生之年再赢得一次辉煌的胜利，70多岁的麦克阿瑟决定一直打到鸭绿江。他说："南朝鲜军队根本无力保证在朝鲜的胜利……总攻若和仁川登陆一样顺利的话，朝鲜将获得统一。很快，联合国部队就可以撤离，士兵们也可以回家过圣诞节了。"然而，麦克阿瑟这次失算了。由于后勤准备不充分，麦克阿瑟将总攻时间推迟到了11月24日。麦克阿瑟发起总攻之后，很快就被中朝军队彻底粉碎了。之后，美军被迫撤退，大约损失了2万人。

失败的消息传回美国，华盛顿乱作一团。众人劝说道："总统先生，免他的职吧。"

虽然杜鲁门对麦克阿瑟意见很大，但是他并没有接受众人的建议。他说："尽管我也这样想过，但是我一向不喜欢落井下石。"

在记者招待会上，记者问道："总统先生，人们都在批评麦克阿瑟将军，说他不仅越权了，而且做得非常过分。对此，您怎么看？"

杜鲁门回答说："这都是子虚乌有的事。"

记者接着问道："您的意思是说，麦克阿瑟的进攻是联合国决定的行动吗？"

"没错。"杜鲁门毫不犹豫地回答。

"现在，欧洲报界都在大肆批评麦克阿瑟。对此，你如何看？"《华盛顿邮报》的记者问道。

杜鲁门回答说："一个人在遭遇挫折或失败的时候，人们往往会毫不留情地批评他；在成功的时候，人们总会拥护他、表扬他。"

虽然杜鲁门一再为麦克阿瑟辩护，但对这位总给他惹麻烦的将军，他实在是头痛不已。

玛格丽特在回忆录中写到："在这些可怕的日子里，爸爸依然忠实于麦克阿瑟将军。现在，麦克阿瑟依然在那里信口开河。在国内和欧洲，他让自己陷入了困境。虽然麦克阿瑟让爸爸伤透了脑筋，但爸爸不得不为他辩护，保全他的面子。即使麦克阿瑟经常出言不逊伤害爸爸，但是他没有办法不支持他的下属……"

总攻失败了，麦克阿瑟来电说："我的处境十分困难，我面临的是 26 万中国大军，而不是少量中国志愿军。现在，我们不得不反攻为守。我主张采取积极行动，封锁中国沿海，让台湾的国民党助战，并轰炸中国东北。否则，我们不但胜利无望，而且会彻底毁灭。"麦克阿瑟的提议很可能会导致盟国的分裂，并使美国陷入孤立境地，所以遭到参谋长联席会议的拒绝。

战争越来越难打，到底该如何坚持下去，美国国内及盟国之间众说纷纭。杜鲁门感叹道："总统难当啊！我多么希望有一种简单的方法，让我干完所有的事情，解决所有的难题。"

11 月 28 日，杜鲁门召开了国家安全会议。会上，杜鲁门说："我们必须避免全面进攻中国的行动，绝对不能让朝鲜的行动扩大成第三次世界大战。否则，我们会掉入一个血淋淋的窟窿里。"

马歇尔说："毫无疑问，绝对不能与中国开战。否则，我们会掉进苏联的陷阱。美国介入朝鲜是联合国的决议，所以现在，对我们来说，最重要的就是如何'光荣撤退'。"

艾奇逊说："我们没有办法击败中国军队，他们的增援比我们快得多。轰炸东北，掩护美军撤退并不是不可行的，但是一定要三思。一旦我们在东北开始行动的话，苏联肯定会有所行动。现在，我们应该找出底线，然后坚持到底。"

布莱德雷说："其实，所有问题都无法避开苏联。也许，与苏联的决战随时都会爆发。"

艾奇逊说："我觉得宁愿被打走也不能轻易撤退，因为放弃朝鲜就意味着放弃整个亚洲，意味着对共产党的绥靖。实在不行了，再来个'敦刻尔克式'的大撤退。"

马歇尔说："长期打下去的话，支持者会越来越少，分歧会越来越多。到时候，恐怕连'敦刻尔克式'的撤退也晚了。"

布莱德雷将军说："确实如马歇尔将军所言，长期打下去对我们没有任何好处。最好是体面地停战。"

会议快结束的时候，杜鲁门说："我们最好是做两手准备，即一面作好被迫撤离的准备，一面争取体面地停战。"

虽然停火是比较好的结果，但杜鲁门并不想立即停火。于是，他命令麦克阿瑟全力顶住。毫无疑问，杜鲁门希望麦克阿瑟能扭转不利局面，好在停火谈判中讨价还价。

11 月 30 日，杜鲁门在白宫召开了记者招待会。他在会上发表声明说："现在，我们遭遇了挫折，但我们要在逆境中保持镇定，做好战争进一步扩大的准备。虽然我们暂时失利了，但联合国绝对不会放弃在朝鲜的使命。为了阻止北朝鲜的侵略行为，我们会继续在联合国争取各种力量。此外，美国将大幅度增加军事拨款用来扩充军队，并给原子能委员会拨款……其实，联合国和美国都无意与中国为敌，但在朝鲜的事端是以苏联为首的共产主义势力发起的侵略行为……"

敏锐的记者好像从杜鲁门的声明中嗅到了什么气息，有记者问到："总统先生，如果联合国命令麦克阿瑟将军继续推进……"

没等记者说完，杜鲁门就开口说："我们会和以前一样，采取各种必要的措施。"

"包括使用原子弹吗？"美联社的一位记者问道。

杜鲁门毫不犹豫地回答说："包括我们所拥有的各类武器。"

《华盛顿邮报》的记者立即追问道："总统先生，您的意思是不是说美国正积极考虑使用原子弹。"

杜鲁门回答说："虽然原子弹是一种可怕的武器，我不希望使用它，更不希望把它用在无辜的百姓和儿童身上。尽管如此，我们一直在积极地考虑使用它。"

记者继续追问道："总统先生，你确定吗？"

"是的，原子弹是我们的一种武器，我们一直在积极地考虑使用它。"杜鲁门非常肯定地回答说。

国际新闻社的记者问道："总统先生，请问利用原子弹针对的是民间目标还是军事目标？"

一旦使用原子弹，杜鲁门希望军事顾问自己选择真正的军事目标。于是，他回答说："这不是我能决断的事情，应该由军事当局自己决定。"

杜鲁门在记者招待会上的一席话不仅令美国上下人心惶惶，而且让英国人也忧心忡忡。作为美国的主要盟国，英国担心美国在亚洲陷得太深而不顾欧洲事务。此外，英国还担心自己被拖入大战之中。为了平息国内的不安情绪，了解美国的真实意图，协调双方的关系；为了试图说服美国不要扩大战争，寻求政治途径解决朝鲜战争，艾德礼首相决定亲自前往美国同杜鲁门总统会晤。艾德礼千里迢迢来到美国，但他并没有达到自己的目的。他说："会晤进行得非常不顺利，我都有些烦躁了。"

艾德礼首相在会谈中一再强调，目前情况不利，必须靠停火来避免更大的损失。他说："我认为可以把同意中国进入联合国，从朝鲜、台湾地区撤军作为换取停火的条件。"

艾奇逊说："在朝鲜问题上，我们的立场主要有4个方面：第一，在台湾问题或中国的联合国席位等问题上，美国不得作任何让步；第二，出于军事上的需要，联合国部队在中国部队拒绝停火，并向三八线以南推进的时候，会考虑撤出朝鲜；第三，如果实现停火，联合国必须保证南朝鲜的稳定，并通过政治途径统一朝鲜半岛；第四，如果中国拒绝停火，联合国将宣布中国为侵略者。此外，还要在政治、经济上对中国政府施加压力；在军事上，搞破坏活动，包括动用国民党的力量。"

对于美国的立场，艾德礼并不完全同意。会晤根本没有实质性的进展，对此艾奇逊抱怨说，每次都是旧话重提，他的耳朵都快磨出泡了。后来，杜鲁门也着急了。他对艾德礼说："首相先生，我很明确地告诉你，我已经决定不撤出朝鲜了，我们将战斗到底，因为我们不是为了挨打而战的。如果得不到他人的支持，我们也会坚持下去；如果能得到帮助，那更好。只要有一丝希望，我就不会撤出。如果哪天撤出来，那也是被迫的。"

看杜鲁门急了，艾德礼连忙表态说："我们一定支持你们，而且会一直和你们站在一起。"

尽管艾德礼表明了英国的立场，但是他仍然劝美国不要扩大战争。他说："一旦扩大战争，伤害了同亚洲国家的感情将会非常危险。"

"没有比削弱美国更危险的了。"听了艾德礼的话后，艾奇逊立即反唇相讥。

艾德礼继续说道："我知道，对你们来讲，既让中国进入联合国，又保住台湾是无法接受的事情。但是你们想想，在联合国之内同中国谈判有面子，还是在联合国之外与之谈判更有面子？"

自从中国援助朝鲜之后，美国和欧洲盟国之间的矛盾日益加剧。为了避免陷入孤立境地，美国必须协调与盟国的关系。毫无疑问，争取英国的支持是非常重要的。尽管艾德礼的话不合杜鲁门和艾奇逊的胃口，而且令他们非常厌烦，但为了得到英国的支持，他们仍然耐着性子听着，并不停地解释着。谈了几天之后，仍然没有达成共识。最后，美英双方同意共同发表了一个公报。公报中说："美英两国领导人就国际问题讨论之后，两国政府更有决心共同合作、加强团结。因为对基本问题的看法，两国是非常接近的；在外交政策上，两国的目标也是一致的……为了增进共同防御，我们将进一步加强军事力量。"此外，公报中还指责中国政府的行为；杜鲁门还向艾德礼承诺，不会使用原子弹，一旦使用会立即告知英国。

在会谈结束期间，杜鲁门还邀请艾德礼在宪法大厅欣赏了他女儿玛格丽特的演唱会。玛格丽特说："演唱结束之后，首相和爸爸都非常高兴。爸爸紧紧地抱着我，不停地说从来没有听我唱得这么好。"

在美国，围绕朝鲜战争的争吵越来越激烈。有人说应该力保欧洲，放弃朝鲜；有人说应该放弃欧洲，在亚洲打一场全面战争；也有人说应该回到孤立主义，从亚洲、欧洲撤出。总之，众说纷纭，说什么的都有，有人还把矛头指向杜鲁门。在玛格丽特的演唱会结束之后，杜鲁门还收到了大堆指责的信函。其中有一封写着：

杜鲁门先生：

不管在任何情况下，父母都会捍卫自己的子女。作为父亲，你也一样。否则，为什么别人的子女在朝鲜浴血奋战的时候，你的女儿却过着高雅、富贵的生活？你为什么不叫你的女儿不要再唱了，让她上战场做点令人感激的战地服务？那里的士兵们同样也需要高雅的音乐，需要享受生活。

……

别人的孩子在战场上挥洒血汗，你却在这里关心你女儿的演唱会。与美国人的利益相比，孰重孰轻，你仔细掂量过吗？你难道不觉得在全国人民都喘不过气来的时候，你在那里过分关心你女儿的音乐生涯，有点可笑吗？正是你不经意流露出对你女儿的关心，说明了你是个自私自利的小人、伪君子。

……

在朝鲜，多少人的儿子战死沙场。对此，你要负直接责任。
也许为了纪念你的历史性决定，你在自己的纪念品室中珍藏了一
枚勋章。尽管如此，我仍然为你感到遗憾，因为你的宝贝女儿没
有和千千万万人的宝贝儿女一样接受战火的洗礼。

......

一位和你一样深爱自己孩子的父亲

面对这样的指责，杜鲁门的心情很复杂，他什么也没有说。杜鲁门还把这封信一直放在抽屉里，珍藏了许多年。然而，当人们指责他最信赖的国务卿艾奇逊时，他站出来为他辩护了。

12月中旬，参众两院的共和党议员投票通过一项决议说："国家已经不能再信任艾奇逊了，我们一致要求杜鲁门总统解除他的职务。"议员们的行为激怒了杜鲁门，他生气地说："自从艾奇逊出任国务卿以来，他一心坚持我的政策，我们从来没有在政策上发生过分歧。他是最出色、最具有能力的国务卿。你们攻击艾奇逊，要打倒他，实际上是在攻击我。"

在中、朝军队的打击下，美国第八军正在撤退。他们一直退到了三八线以南，而且沿线筑起了防线，企图守住这道防线。有报道说："成千上万的中国士兵涌入朝鲜，美军正向三八线仓皇撤退。"《生活》杂志载文说："第三次世界大战越来越近了。"美国在朝鲜失利，参议员麦卡锡除了要求马歇尔和艾奇逊辞职外，他还准备弹劾总统。尽管如此，杜鲁门不为所动。他说："为了和平，我奋斗了好几年了。如今，第三次世界大战好像就要来临了，我有信心作好万全的准备。"

麦克阿瑟向国内报告说："中国人企图消灭我的部队，我们必须把战争打到中国去。否则，后果不堪设想。"虽然，杜鲁门不同意轻易谈判、撤退，但他不想扩大战争，所以拒绝了麦克阿瑟的要求。正如和艾德礼谈判的时候说的那样，美国如果打不下去，宁愿被打跑也绝对不能让步；若能坚持就一定要打到最后，打出一个体面的结果。

12月29日，杜鲁门、艾奇逊以及将军们共同草拟了一份给麦克阿瑟的指令。命令他采取步步为营的防守方式，在充分考虑自己安全的情况下，尽可能给敌人以最大的打击。还说，不到万不得已的时候千万不要撤退，至于撤退的具体时机，等参谋长联席会议作出决定之后另行告知。

对于这样的指令麦克阿瑟非常不满意，他拍电报回华盛顿说："这与投降没有什么区别。应该在朝鲜使用中国台湾的国民党军队，并让蒋介石反攻大陆；应该把战争扩大到中国，立即封锁中国海岸、轰炸中国的城市。如果既不增兵，也不采取以上行动，我只好将部队撤到釜山。一旦在朝鲜彻底失败，责任在政府而不在我，因为我提出了解决朝鲜问题的方法。"除了告知美国当局自己的意见外，麦克阿瑟还把自己的主张透露了出去。麦克阿瑟想让人们知道，无法取胜是因为他的行动受到了限制。

在杜鲁门眼里，能体面地结束这场战争就是最满意的结局了，因为这场战争是无法打赢的。然而，固执己见的麦克阿瑟一再要求政府接受他的建议。对此，杜鲁门非常担心。他对艾奇逊说："麦克阿瑟准备发动一次大战，可这与我们的决定是相悖的。他的看法和我的相差太远了，这令我感到很不安。"

艾奇逊说："我和你有同感。很简单，我觉得他之所以这样做主要有两个目的。第一，向华盛顿施加压力，迫使战争扩大到中国；第二，推卸应该承担的责任。毫无疑问，他不仅违背了总司令的意思，而且到了不可救药的地步。"

1951年1月4日，中、朝军队打败美军，再度夺回了汉城。战场上一退再退，联合国内反对美国扩大战争，要求停火的呼声越来越高。

在麦克阿瑟和华盛顿当局争吵不休的时候，接替沃克将军的李奇微将军集中兵力发起了猛烈的进攻。3月中旬，中、朝军队为了积蓄力量暂时放弃汉城，将主力撤到三八线附近。美军向北推进，再次兵临三八线。麦克阿瑟高兴地说："我们应该继续向前推进，把敌人杀得片甲不留。只有打过鸭绿江，才算真正的胜利。"美国官员几乎没有一个人同意麦克阿瑟的观点，所有人都认为必须尽快从这场战争中脱身，不能再继续打下去。

4 罢黜将军
HARRY S TRUMAN

为了从朝鲜体面地脱身，美国一直在寻求停火谈判的最佳时机。现在，美军再次打到三八线，几乎所有人都认为停火的时机已经成熟了。杜鲁门说："为了大规模的反击，中国军队正在积极准备。毫无疑问，对我们来说，这是一场无法取胜的战争。现在，我们必须立即停火。与被他们赶到海里的结局相比，在三八线停火算是比较体面的了。"于是，杜鲁门开始积极谋求停火谈判，并指示幕僚们拟订停战声明。

3月20日，参谋长联席会议给麦克阿瑟发去了一份电报，告诉他总统的停战决定。收到电报之后，麦克阿瑟说："杜鲁门总统的精神已经濒临崩溃的边缘了，否则他不会作出这样的决定。"

3月21日，美国国务院把杜鲁门总统停战声明的草稿交给了联合国一些派兵助战的国家代表，希望得到他们的同意。仗打了这么久，好不容易有了一致的看法，人们都希望事情能进展顺利。然而，麦克阿瑟的举动令局势恶化了。

3月24日凌晨，麦克阿瑟以个人名义发了一份措辞严厉的声明。在声明中，麦克阿瑟说："目前，敌人的持久力已经远不如我们的部队。此外，敌人的军事力量被过分地渲染、夸大了。事实表明，他们缺乏工业能力，根本无力提供现代战争所必需的重要物资……现在，敌人必须痛苦地认识到美国正在考虑扩大军事行动，而不是局限于朝鲜一隅。毫无疑问，中国正笼罩在阴影之中，它正面临军事崩溃的危险……"

在任何人看来，这份声明都是对中国共产党的最后通牒。在美国，看到这份声明的人都气得暴跳如雷。艾奇逊怒不可遏地说："我们反复讨论、精心设计的总统声明还未公开，他就粗暴地破坏了作战行动。这简直是在向参谋长联席会议挑战，是蔑视总司令。"连一向很少生气的洛维特也大声喊道："撤了他，必须立即撤了这位将军。"杜鲁门强压着满腔的怒火说："麦克阿瑟发表这种声明，根本就是蔑视国家的外交政策，公然侮辱我这个三军统帅。他竟敢把联合国的政策不当一回事……毫无疑问，麦克阿瑟的行动无异于向中国发出了最后的通牒。他让我无路可退，我再也无法容忍他的越权行为了。"多年后，回忆起此事的时候，杜鲁门仍然余怒未消。他说："我和马歇尔、艾奇逊等人已经商量好了，决定向中国发出最后通告要求停火。而且我们已经把此事告知了麦克阿瑟，并征求他的意见。在得知我们的决定之后，他竟然私自向中国人发出了最后通牒。如此一来，我真不知道如何再和中国人传递信息。有生以来，我从未处于如此为难的境地。……该死的家伙，他阻挠了停火的建议。在看到声明的一刹那，我真想一脚把他踢进鸭绿江。这辈子，我永远都没有办法原谅他……麦克阿瑟真以为自己是派到国外的总督，可以为所欲为吗？"

麦克阿瑟的声明不仅搅乱了美国政府的计划，令美国领导人寝食难安，也引起了盟国的骚动，令他们对美国产生了怀疑。尽管华盛顿的官员们一再解释，但盟国还是难以消除心头的疑惑。虽然麦克阿瑟一再给杜鲁门惹麻烦，还捅了这么大的娄子，但杜鲁门并没有立即解除他的职务。

3月24日早晨，杜鲁门召集艾奇逊、洛维特等人开会，商讨处置麦克阿瑟一事。众人除了生气之外，都不敢建议总统解除麦克阿瑟的职务。因为一旦解除他的职务，肯定会在美国引起轩然大波。最后，杜鲁门决定寄一份谴责信给麦克阿瑟，并让他不得擅自向外发表声明。虽然杜鲁门很愤怒，也想撤换麦克阿瑟，但是他知道其中的利害，所以迟迟没有下定决心，也没有对任何人提及自己的这一想法。

对于麦克阿瑟，杜鲁门是一忍再忍。终于有一天，杜鲁门下定决心解除他的职务。他生气地说："我不能让他辞职，我要在他辞职前先开除他。"原来，麦克阿瑟写的一封批评政府的信激怒了杜鲁门。

4月5日，在众议院，共和党少数派领袖约瑟夫·马丁当众宣读了麦克阿瑟给他写的一封信。信上说："毫无疑问，我是在为欧洲作战。因为在亚洲赢得胜利，欧洲就可能避免战争，保持自由；若输了，欧洲的陷落是无法避免的。我们必须胜利，所以我提出了与政府相悖的建议。然而，不懂军事的外交家们宁愿在那里进行徒劳的舌战，也不采纳我的建议……"

得知麦克阿瑟写了这样的信后，杜鲁门决心立即放弃麦克阿瑟。他在日记中写到："麦克阿瑟一再公开制造麻烦，与政府唱反调，现在又通过马丁投下了另一枚政治炸弹。不知道什么时候他还会再制造出事端，我不能再容忍了……"

4月6日，为了商讨处理麦克阿瑟的事情，杜鲁门让艾奇逊、马歇尔等人来白宫见他。众人都到齐了之后，杜鲁门直截了当地说："大家认为应该如何处理麦克阿瑟将军的事？"

哈里曼干脆地说："两年前，总统就该撤了他。"

艾奇逊说："只有解除他的兵权才能解决问题……一旦解除他的职务，肯定会在政府中引起一场激烈的斗争。为了避免引起混乱，在行动之前，我们必须取得参谋长联席会议的一致同意。"

马歇尔说："如果我们撤了他，要求国会通过军事拨款可能会面临更大的困难。所以，我们还是多考虑一下吧。"

布莱德雷说："此事关系重大，一定要慎重考虑，还是和参谋长们再商量一下比较妥当。"

接下来的几天，杜鲁门经过反复考虑，并争得参谋长联席会议的一致同意之后，他终于决定解除麦克阿瑟的职务。在和幕僚们召开会议的时候，杜鲁门告诉大家不要再猜疑了，他决定立即解除麦克阿瑟的职务。其实，在第一次讨论此事的时候，所有人都知道杜鲁门一定会对麦克阿瑟采取行动的。

为了保住麦克阿瑟的面子，杜鲁门决定以一种比较礼貌的方式把解职的命令传给这位有影响的将军。于是，他决定不通过陆军军令系统，而是通过外交系统直接传令。在命令传出之前，保密工作做得非常好。《华盛顿邮报》的记者说："只要问的问题和麦克阿瑟有关系，都得不到答案……白宫很少把秘密藏得这么紧。"

美国领导人费尽周折，最后不得不通过陆军军令系统向麦克阿瑟传达命令，而且还让新闻秘书召开记者招待会公布了此事。原来，在传递命令的过程中不小心走漏了风声。4月11日，芝加哥一家报纸将会刊登这个新闻。为了防止麦克阿瑟在接到正式通知之前自动辞职，杜鲁门最终没有让他体面地离职。杜鲁门在日记中写道："在考虑局势、权衡利弊之后，我决定立即把解职的命令直接传给麦克阿瑟。"

4月11日凌晨1点，在白宫举行了一次特别的新闻记者招待会。当睡眼惺忪的记者们纷纷猜测、议论的时候，白宫新闻秘书发给他们的政府文件解开了谜底。其中一份声明上写着："陆军五星上将麦克阿瑟不能全心全意地支持美国政府、联合国的政策，我已经决定免去他的指挥权，任命李奇微将军接替他的职务。"杜鲁门说："虽然麦克阿瑟将军是我国最伟大的领袖之一，但和世界和平相比，个人的荣誉是微不足道的。虽然更换了远东地区的指挥官，但是这并不意味着我国改变了对外政策。在朝鲜，我们会继续奋战。事实表明，新指挥官李奇微将军有这个领导才能……虽然我们已经准备好在朝鲜商谈和平一事，但我们要的是真正的和平，不会只求苟安……"

麦克阿瑟从广播里听到了他被解职的消息之后，过了1个多小时他才收到正式命令。在美国历史上，被总统以这样的方式解除职务是从来没有过的事情。有传闻说，麦克阿瑟说他要是早知道杜鲁门的打算，他会自动离职的。还有传言说："麦克阿瑟说，杜鲁门心理不稳定，总是胡思乱想，说他最多不会活过 6 个月……"

4 月 11 日，几乎所有报纸的头版头条刊登的都是麦克阿瑟被解职的消息。消息传出后，十几万份挖苦、咒骂的电报、信函像潮水一样涌向白宫。有一封信上写着："我们唯一的选择，就是弹劾那个自称总统的杂种、叛徒、低能儿，因为他把我们的国家引上了毁灭之路。"为了抗议杜鲁门解除麦克阿瑟的职务，人们用各种方式表达他们的不满。许多人走上街头游行示威，焚烧杜鲁门和艾奇逊的画像；在俱乐部，人们玩的游戏的名字叫"拳打哈里"；在路边的广告旁，贴着"杜鲁门靠边站"的标语。在《华盛顿邮报》上，还有一幅名叫"平息骚乱之后，名将们与总统分手"的漫画。漫画上的内容是：桌上堆满了各种报告，上面标着联合国、欧洲、朝鲜、原子弹、军队、经济计划、战争等，为了看完这些文件，杜鲁门不得不独自一人彻夜工作。此外，人们还故意把国旗倒挂起来或降半旗为麦克阿瑟的政治死亡致哀。

杜鲁门宣布解除麦克阿瑟的职务之后不久，共和党主要人物塔夫脱、马丁等人召开了一次会议。会议结束后，马丁对外宣布说："我们刚刚召开了会议，除了讨论可能进行的弹劾问题外，我们一致同意以下决定：第一，立即邀请麦克阿瑟将军回国，并让他来国会陈述自己的观点；第二，国会必须审查政府的对外政策。"

面对人们的指责、批评，杜鲁门没有站出来作任何解释。在记者招待会上，他有解释的机会，但是不管记者如何问，他始终拒绝评论麦克阿瑟离职一事。他对幕僚们说："虽然接下来的这段日子我们会苦不堪言，但熬过这段日子就好了。总有一天，美国人民会知道我作了正确的决定。越来越多的人，包括共和党议员他们也会反思，问自己是否该无限制、无原则地支持麦克阿瑟。到那时，人们就会把麦克阿瑟看作普通人，而不是当做神来崇拜。"

在很多人责怪、辱骂杜鲁门的时候，仍然有许多人是支持他的。在欧洲各国，很多人都为杜鲁门叫好。法国记者弗莱纳在《纽约客》上写文章说："我永远毫无保留地支持杜鲁门总统。"在巴黎，许多报纸都支持弗莱纳的观点。伦敦《旗帜晚报》报道说："麦克阿瑟终于被撤掉了，真是大快人心！"

虽然美国国内很多人反对杜鲁门的决定，呼吁立即恢复麦克阿瑟的职务，但是仍然有许多人是支持他的。自由派人士说："你早就该这样做了……在以后的日子里，你会需要朋友的，我是永远为你呐喊、助威、支持你的朋友。"

4月19日午夜，麦克阿瑟飞抵华盛顿。中午12点31分，在参众议员的簇拥下，麦克阿瑟来到国会大厦发表演说。他滔滔不绝地说：

> 虽然我即将淡出政治舞台，52年的军事生涯即将结束，但今天在这里发表演说我心中没有一丝怨恨。此刻，我有的只是对国家的忠诚和为国、为民服务的信念。
>
> ……
>
> 为了打赢这场仗，我明确地告诉我的上司必须派兵支援，必须征集台湾的国民党军队，彻底摧毁他们。此外，我还一再要求封锁中国沿海，轰炸他们的城市，摧毁他们的工业。然而，我得到的回答是不可能派兵，而且即将就停火一事进行谈判。之所以作出这样的决定，是因为有人根本没有吸取历史的教训，根本没有认识到偷安只会导致更多的战争，带来更大的灾难。没有一个事例能说明姑息是有好结果的，姑息带来的是虚假的、暂时的和平。我们现在这样做就如同面临敲诈勒索一样，我们一味地姑息，他们的要价就会越来越高。最后，除了选择暴力来对付外，别无他法。
>
> ……
>
> 在战场上，我的士兵们问，将军，为什么要把军事优势拱手让给敌人？
>
> 我无言以对，因为这也是我要问上司的问题，但得到的答案并不可信。在我看来，他们给我的答案就是谬论。
>
> ……
>
> 参军让我实现了童年的梦想，虽然希望和梦想破灭了，但是我依然清晰地记得当年兵营里最流行的一首歌。其中，有一句歌

词是：老兵永远不会死，只会慢慢凋零、逐渐地消失。

今天，就像歌词中唱的那样，我结束了军事生涯。我这个老兵，要努力去完成上帝指引我完成的其他任务。

……

再见！

虽然高傲的麦克阿瑟有些目中无人，但他丰富的表情、动人的演说迷倒了所有听他演说的人。34 分钟的演说，竟然被人们热烈的掌声打断了 30 次。据估计，通过电视观看麦克阿瑟演说的人有 3 000 多万。为了让工人们观看这次演说，全国各地的工厂都停工了，酒吧和沙龙挤满了人。此外，学生们也没有上课，他们不是在听收音机，就是在教室、礼堂听这场精彩的演说。

在麦克阿瑟的生命中，这是最荣耀的一刻，好评像雪花般飞向他。在接下来的游行和欢迎仪式中，除了用盛况来形容外，几乎无法找到更准确的词来形容。《时代周刊》载文说，每个人都在大声欢呼。人们之所以对这样一位被撤职的将军表现出如此大的热情，主要是因为人们歇斯底里地仇视、反对共产主义，厌恶、恐惧战争；人们对麦克阿瑟将军充满敬意；人们不满意民主党政府的对外政策，尤其对朝鲜战争的失败非常不满意。

当麦克阿瑟在国会发表演说的时候，杜鲁门和艾奇逊正在共商大计，并没有观看他的演说。当杜鲁门看了麦克阿瑟的演说辞之后，他说："简直是一派胡言，一堆垃圾。"

正如杜鲁门之前所言，在举行了听证会之后，麦克阿瑟风波终于平息了。

5 月 3 日，在参议院办公大楼，听证会拉开了序幕。经过商议之后，这次听证会由参议院军事委员会、外交委员会联合主持。除了报纸可以披露删除了军事机密的证词外，听证会的内容不允许公开。

听证会的头三天，麦克阿瑟都出席作了证。在听证会上，他辩解说："我在朝鲜的所作所为都是为了取得胜利，尽快结束战争。我认为，打仗的唯一目的就是胜利，绝不能半途而废。政府只有采取我提出的建议，像封锁中国、轰炸中国、让蒋介石参战等，我们的胜利就指日可待了。我坚信，轰炸中国并不会使苏联介入战争，而且苏联根本没有西方人想象的那么强大。政府一味地限制我的行动，结果只会导致失败。这辈子，我见过不少流血牺牲的战争场面，可是我从来没有见过像朝鲜这样的战争场面。血流成河，到处都是逃难的妇孺老幼。谁见了忍心让战争继续下去？然而华盛顿的官员们想苟且偷安，所以决策不力，瞻前顾后，让战争永远没有完结的时候。杜鲁门的政策是消极的，其代价是惊人的，而我的建议是积极的，不是拖延战争，而是为了早日胜利结束灾难。"

听了麦克阿瑟的证词之后，参议员麦克马洪问道："万一你的判断失误，把美国卷入一场全面战争怎么办？"

麦克阿瑟说："参议员先生，那是一场赌博，也是一场冒险。即使战争扩大了，我也不在乎。"

麦克马洪继续问道："那应该由谁来负责，难道你不应该承担责任吗？"

麦克阿瑟推诿道："不管后果如何，不应该由我来承担责任，因为我的责任仅仅在太平洋地区。全球性的问题是政府部门及参谋长联席会议策划的，我没有机会卷进去。理所当然，责任应该由他们来承担。"

为了为有限战争论辩护，政府派了艾奇逊、马歇尔将军、布莱德雷将军3人作为主辩人。因为艾奇逊参与了外交决策的每一个过程，而且有三寸不烂之舌；与麦克阿瑟相比，马歇尔将军的威望绝不比他逊色；而布莱德雷将军对军方的情况了如指掌。他们的证词不但猛戳了麦克阿瑟的软肋，而且证明了政府的决定是正确的。布莱德雷将军说："若按麦克阿瑟的建议行事，最终会导致战争扩大化，而且是在错误的地方、时机和错误的敌人打仗。与中国较量并不能保证朝鲜战争结束，这不是具有决定意义的行动。看看日本这个军事强国，它曾侵占了中国整整5年，但最后还是宣告失败。毫无疑问，我们把较小的冲突演变成大的悲剧，付出的代价将是惨重的。"艾奇逊说："解除麦克阿瑟的兵权不仅是形势所趋，而且是必然的。"马歇尔补充说："形势不断恶化，而麦克阿瑟屡屡违令，挑战政府、联合国的权威，所以政府不得不解除他的指挥大权。"不久以后，在军人节的晚宴上，杜鲁门说："为了和平，我绝对不会改变有限战争的初衷。一个有责任感的总统绝对不会冒险在朝鲜扩大战争，绝对不会玩战争与和平的游戏。"

有人问马歇尔："美国在朝鲜的行动到底算什么，是小规模的战争、大规模战争还是警察行动。"

马歇尔镇静自若地回答说："是一场有限的战争，而且我希望继续打下去。其实，政府并不是反对乘胜追击，只是因为我们现在还没有筹划好。若贸然进攻，很可能会引发第三次世界大战。我们的政策是在世界各地遏制共产主义，但前提是不打第三次世界大战。虽然现在的伤亡很大，但是与使用原子弹付出的代价相比，却是微不足道的，而且是我们能承受的……"

面对政府官员的频频反击，理直气壮的麦克阿瑟还在为自己狡辩。最后，马歇尔说："所有军事指挥官服从政府的统治，这是我国不容侵犯和动摇的治国理念。"

听了此话之后，麦克阿瑟和支持他的共和党议员们一个个目瞪口呆。有报道这样描述麦克阿瑟：开始，他理直气壮，就像检察官；最后，他成了被告，就像泄了气的皮球一样。

6月27日，听证会宣告结束。两个委员会的负责人说："免去麦克阿瑟的职务是宪法赋予总统的权力。"尽管如此，麦克阿瑟坚持说："战场指挥官本来就不应该受到总统或其他任何人的干扰，应该独立行驶自己的职权。否则，他的军令会被人遥控。"杜鲁门在回忆录中写道："政策不是由将领们来决定的，而是由政治官员来决定的。既然如此，军人就应该由文官控制。然而麦克阿瑟却再三表示他不愿意接受政府的政策，不仅如此，他还用实际行动来挑战总统的权威，反对他的政策。"

为了走和平谈判的路，为了不使和欧洲盟国的关系破裂，杜鲁门总统终于抛弃了他的将军。1951年7月，朝鲜战争双方开始了停战谈判。直到1953年7月27日，美国才被迫在停战协定上签字。至此，美国不可战胜的神话彻底破灭。

HARRY S TRUMAN
第九章
最后的努力

　　杜鲁门告别白宫、告别华盛顿，留下了令人敬畏的职位和权力，就这样踏上了归途。在堪萨斯独立城，成千上万的父老乡亲迎接他的归来。杜鲁门深情地对他们说："在这个世上，没有任何事情比得上国家，没有任何地方比得上家乡……"

HARRY S TRUMAN

1 风波不断

麦克阿瑟的危机结束了，朝鲜的事情也开始按照杜鲁门的设想开始了谈判，所有的事情都在按部就班地进行。然而，杜鲁门的负担并没有减轻，烦恼和挫折持续不断。美国国内风波四起，杜鲁门再次被麦卡锡制造的风波所缠绕，陷入了剪不断的麻烦之中。这次，麦卡锡把矛头对准了马歇尔将军，用最恶毒的语言攻击他。

在参议院会议上，麦卡锡对马歇尔疯狂地攻击，时间长达 3 小时之久。麦卡锡说："马歇尔制定了灾难性的对华政策。毫无疑问，他的军事战略让美国陷入了一场灾难。其实，有权势的马歇尔是共产主义阴谋集团的一员，这是一个臭名昭著的阴谋集团。否则，他不会制定不利于美国的政策。"此外，讲话快结束的时候，他还攻击杜鲁门："他不再是白宫的主人，他正在为共产主义编织一场更大的阴谋。"麦卡锡的讲话没有任何证据，他才讲了 1 个小时，除了 3 名参议员之外，会议厅里的人都走光了。有报道说："这是恶毒的、愚蠢的指责，没有任何根据。"尽管没有任何证据，也揭露不出政府中到底谁是共产党员，但麦卡锡仍然继续在全国各地发表这样的演说，并大肆恐吓人民。

为了讨论如何处理麦卡锡，杜鲁门召开了一个秘密会议。与会者有司法部长麦格拉思、司法部副部长菲利普·珀尔曼、民主党主席威廉·博伊尔、作家约翰·赫西和几位民主党参议员。会上，杜鲁门说："麦卡锡不惜含沙射影、威胁恐吓，用一切卑鄙可耻的伎俩来毁坏民众的良知。他这样做的目的只有一个，那就是想把国家搞得四分五裂。作为总统，我不能置之不管，你们说该如何对付他？"

参议员克林顿·安德森说："我已经收集到一份麦卡锡和他的姘头鬼混的材料，这份材料足以驳倒他。如果把资料透露给报社，就万事大吉了。"

杜鲁门当即否定了这一建议。他说："我不能和这样一个杂碎一般见识，没有谁用下流的手段解决事情之后还可以全身而退的，即使是美国总统也不例外。如果别人把莫须有的罪名扣在你头上，用子虚乌有的事情来毁谤你，最好的解决办法就是用事实来说话。"

在记者招待会上，记者问道："总统先生，对于麦卡锡的行为您如何评价？"

虽然杜鲁门很气愤，但他只是淡然地说了一句，不值一提。

对麦卡锡的卑劣行径，除了杜鲁门觉得不屑一提之外，马歇尔将军本人也持有同样的看法。在和朋友聊天的时候，他说："有时候，的确需要为自己辩解。但是若要我去向众人解释说我不是叛徒，我觉得这是不值得的。"

后来，马歇尔提出辞职。至于他的决定是否受到麦卡锡攻击的影响，就不得而知了。在宣布马歇尔辞职的消息时，杜鲁门有些遗憾地说："与国防部长马歇尔将军相比，还没有人为自己的国家带来如此大的贡献。今天，他的军旅生涯就要画上完整的句号了。"

对于马歇尔的辞职，杜鲁门确实觉得有些遗憾。这一阵子，一些得力干将都纷纷离开了舞台，像谢尔曼海军上将因心脏病突然逝世，阿瑟·范登堡死于癌症。而现在杜鲁门的得力干将马歇尔将军也要离职而去，他难免会觉得落寞、遗憾。

8月的一天早晨，杜鲁门看到了一则这样的消息：一名阵亡美国士兵的遗体运回美国后，在艾奥瓦州下葬的时候，陵园负责人阻止了安葬仪式的进行。他们之所以这样做，是因为这名士兵不是白色人种。

看到这样的消息之后，杜鲁门气愤地抓起了电话训斥了当地官员。此外，杜鲁门除了把这位士兵的遗体安葬在阿灵顿国家公墓外，还派一架空军飞机特意把这位士兵的妻儿接到了华盛顿。他说："作为总统，我必须做到让阵亡的士兵安息。"

除了麦卡锡、士兵无法下葬等麻烦外，杜鲁门又被新的问题所困扰。国会和各大报纸纷纷指控说："政府官员贪污舞弊、任人唯亲，而杜鲁门总统一再纵容这些官员。若一直这样下去，不仅总统个人，而且整个民主党都会陷入无穷尽的麻烦之中。"杜鲁门不相信有人打着他的旗号胡作非为，他对外宣布说："我的家里很干净，一点污迹也没有。至于报纸和国会的指控都是捕风捉影，是子虚乌有的事。"

民主党籍参议员组织调查小组写了一个名叫《复兴金融公司研究：循

私舞弊及影响》。调查小组的工作人员在这份报告中指出，在向企业发放政府低息贷款方面，复兴金融公司有违法行为。其中，受到牵连的人当中有白宫事务助理唐纳德·道森、道森的朋友摩尔·扬、民主党主席威廉·博伊尔等人。因为这些人都和杜鲁门有一定的关系，所以批评的矛头直指白宫。复兴金融公司的记录显示，在支持贷款申请人方面，道森、博伊尔两人表现得过分积极，甚至还有帮助借贷者逃税的记录。有传言说，道森为了控制这个机构，一度向该公司的负责人施加了很大的压力。尽管如此，最引人注目的还是摩尔·扬。他凭着道森的关系，仰仗杜鲁门的影响及与复兴金融公司的关系，经常以很低的利率贷款给别人。据说，一名律师送给他太太价值不菲的貂皮大衣竟然成了杜鲁门政府腐败行为的象征。原来，摩尔·扬答应以低利率贷款给一名律师，条件是让他送一件貂皮大衣给自己的太太。其实，摩尔·扬和杜鲁门一点关系也没有。为了让人以为他和杜鲁门有关系，他故意经常在人前提起自己与杜鲁门的祖母同姓。

因为道森、博伊尔、摩尔·扬三人都是密苏里人，所以人们除了指责政府官员贪污外，还说杜鲁门任人唯亲。《时代周刊》载文说："经过调查之后，参议员们发现这些人都见钱眼开。此外这些人不仅和杜鲁门认识，而且和他的助手或顾问关系非常密切。"看了这样的报道之后，杜鲁门批评说："他们根本不用脑子，像蠢驴一样。"

杜鲁门的批评激怒了参议员富布赖特，他对外宣布说："我要举行公开听证会。"

对此，杜鲁门毫不在意地大骂："富布赖特是个古板的家伙，是个受教育太多的狗杂种。"

为了弄清楚事情真相，杜鲁门派道森迅速检查复兴金融公司的所有来往信件。最后，果真发现有几百封信是官员们施加压力的信件，不过这些人都是国会调查小组的人，而不是杜鲁门身边的人。对此，杜鲁门非常生气，他对自己一直都很仰慕的共和党资深议员托比说："真正的罪魁祸首是你们这些议员，你给我小心一点。总有一天，我会把事情的真相抖出来。"

参议员富布赖特、保罗·道格拉斯就是给复兴金融公司施加压力的人，但是他俩还冠冕堂皇地对杜鲁门说："总统先生，请你清理门户。"

虽然杜鲁门知道他们就是背后的黑手，但是他仍然笑着回答说："我会的。"

两位参议员没有想到杜鲁门如此合作，于是继续提出自己的要求说："在听证会上，我们想请道森去作证。"

杜鲁门仍然没有任何异议，他说："绝对没问题。"

道格拉斯继续说："总统先生，你的朋友对你不忠诚，但是你对他们却很够意思。"

杜鲁门面无表情地说："你说得一点也没错。"

在和富布赖特、保罗·道格拉斯交谈的时候，杜鲁门很合作，而且还答应了他们的要求。所以，他俩根本没有想到杜鲁门知道真相，以为杜鲁门会处理他们指控的那些人。不久以后，杜鲁门任命斯图尔特·赛明顿为复兴金融公司的负责人。新官上任三把火，赛明顿烧的第一把火就是按杜鲁门的意思抖出了事情的真相。一时间，所有人都在质问："我们的道德信念、政府的诚信原则、是非观念都到哪里去了？"

道森、扬、博伊尔等人纷纷到国会作证之后，调查小组对政府官员的指控几乎全都被证实了。许多摇摇欲坠、濒临破产的公司都是通过政治影响，从复兴金融公司得到了低利率的贷款，所以才起死回生。复兴金融公司的主任邓纳姆在听证会上作证说："在询问我们公司业务的电话中，一共有 45 个是与道森有关系。其中，有的是他亲自打的。不过道森从未向我们施加任何影响。此外，博伊尔及与他有关系的人也曾打了 100 多次电话。

在听证会上，道森坚持说："我并没有做错什么。"

有议员提醒他说："你再仔细想想，你不记得迈阿密宾馆的事情吗？"

道森说："哦，我除了有 2 次在那里住宿没有付费外，其他的没有什么啊。我这样做没有错啊，政府不是有官员住宾馆不用付钱的优惠政策吗？"

一位议员继续问道："迈阿密饭店曾经从复兴金融公司获得过 150 万美元的低息贷款，这难道不是你所为吗？"

对于 150 万美元贷款的事情，道森满口否认说："这与我没有任何关系。"

《圣路易斯邮报》有一则报道指控博伊尔，说他从复兴金融公司为美国利索福德印刷公司弄到了 50 万美元的贷款，而他却因此获得 8 000 美元。对此，杜鲁门并不相信，他对朋友说："我不相信道森、博伊尔会做出太过分的事情。参议院的这帮人在玩弄权术，其实他们针对的就是我。"就像杜鲁门说的这样，他觉得有人在玩弄权术，所以他并没有惩戒道森和博伊尔。对于杜鲁门而言，对博伊尔的攻击就像是用针在刺他。因为在博伊尔还是孩子的时候他们就相识了，杜鲁门一直很喜欢他，而且博伊尔工作一直很认真、努力。当有人劝杜鲁门解除博伊尔的职务时，杜鲁门说："我仍然信任博伊尔，而且一如既往地喜欢他。"

尽管如此，许多人仍然不放弃。有人继续恳切地劝说杜鲁门："博伊尔不仅愚蠢、无能，而且好像是个骗子。现在，他成了你的负担，他会毁了你。为了拯救自己，你只有让他辞职。"

杜鲁门并没有表露自己的感情，他笑着回答说："没有关系，没有关系，博伊尔不会的。"

虽然杜鲁门相信博伊尔，但他还是让顾问查利·墨菲去秘密调查报纸所指控的事情。调查的结果令杜鲁门非常高兴，因为美国利索福德印刷公司从复兴金融公司取得的贷款和博伊尔没有任何关系。于是，杜鲁门更加坚信，任何对博伊尔的攻击都是针对他的。虽然杜鲁门没有解除博伊尔的职务，但是后来因为健康原因，他自己辞职了。

当复兴金融公司的听证会如火如荼地进行的时候，为了调查关于敲诈勒索、贿赂、偷税漏税、玩忽职守等的指控是否属实，众议院开始着手调查税务部门的不正当行为。一年多以来，为了弄清楚税收部门腐败行为的真相，财政部长一直在努力调查，但是收效甚微。

有人指控波士顿的收税官德兰尼犯有受贿赂行为，芬尼根有渎职、受贿行为，史密斯有欺诈行为。此外，收税官马塞尔被指控为欺骗行为，而且他还利用职权之便，为自己聚敛了 25 万美元。其实，这 4 个人在职期间一直胡作非为，十分猖獗。经过众议院调查后，发现这些指控都是事实。所以，他们被杜鲁门解除了职务。此外，司法部税务司司长考德尔因无力遏制税务人员的腐败之风，也被杜鲁门解职了。杜鲁门解释说："虽然考德尔的操守没有任何问题，而且是位值得尊敬的人，但是因为他的能力问题，我不得不这么做。"

税收局的腐败行为确实令人震惊，总统的助手埃尔西在为白宫准备的忘录中写道："腐败蔓延得太快了，白宫工作人员根本来不及用文件证明所有的事情。"有人为杜鲁门辩解说："总统雷厉风行地进行了整顿，到目前为止已经解雇了 100 多名税务官。其实，这些人都是罗斯福政府的留用人员。"

在记者招待会上，有人问道："总统先生，你会继续清查下去吗？"

杜鲁门毫不犹豫地回答说:"是的,我绝不和违法乱纪者为伍。"

记者继续问道:"总统先生,你有被朋友出卖的感觉吗?"

"我不会这样想。"杜鲁门生气地回答。

这段日子,关于揭露政府官员贪污、行贿受贿等丑闻弄得杜鲁门疲惫不堪。他说:"从政以来,这是我面对的最多的谣言和攻击……"

除了令杜鲁门烦心的攻击之外,此时也有令他高兴的事情,那就是重返首相岗位的丘吉尔来访。1952年1月5日,77岁高龄的丘吉尔抵达华盛顿,并进行了短期访问。共进晚餐的时候,杜鲁门称赞丘吉尔是这个时代的伟人。艾奇逊说,他觉得往回追溯4个世纪也无法找到和丘吉尔相提并论的人。丘吉尔对杜鲁门说:"那次,我们见面的时候是在波茨坦会议上。"

杜鲁门点点头说:"是啊,时间过得真快,一晃几年就过去了。"

丘吉尔笑着说:"说句实话,那时我根本瞧不起你,甚至不愿意你接替罗斯福。"

杜鲁门微笑说:"从那时起,我就觉得你是个了不起的人。"

"看来,我错了。从那个时候开始,在拯救西方文明方面,你的贡献超过了任何人。此外,你让美国参加朝鲜战争的勇气、你超群的领袖风范都令我折服。"丘吉尔真诚地说。

丘吉尔的这番话无异于雪中送炭,温暖了杜鲁门的心。

2 选择接班人
HARRY S TRUMAN

时间飞逝,转眼杜鲁门的任期就要满了。在离职之前,他不仅希望为白宫找个新主人,也希望为民主党找一位领袖。说实话,杜鲁门不愿意共和党人当选,他不想自己苦心经营的国际局势被他们毁掉。

把所有的人逐个筛选了一遍之后,杜鲁门选定了司法部长文森。于是,杜鲁门和文森进行了一次长谈。他说:"在我眼里,你最合适、最有资格当总统候选人。不知道你是否愿意出任民主党的总统候选人?"

文森乐于听取他夫人的意见,凡事都要和她商量,所以他对杜鲁门说:"总统先生,请您给我时间考虑,因为我需要和夫人商量一下。"

哈里·S. 杜鲁门和约翰逊在谈论公事

第二天晚上，文森打电话给杜鲁门说："总统先生，很抱歉，我无意卷入政治，而且我的身体状况也不允许我承受一场极度疲劳的竞选运动。此外，我的家人也不同意。"

听了文森的回答之后，杜鲁门非常遗憾地说："听到这样的消息，我失望极了。"

遭到文森的拒绝之后，杜鲁门只好把目光转移到伊利诺斯州州长艾德莱·史蒂文森身上。来自工业大洲的史蒂文森年轻力壮、能干、廉洁。最重要的是，他有一定的实力。杜鲁门在日记中写道："我对史蒂文森的印象非常深刻，在他第一次竞选公职的时候就得了近 60 万票。他不仅有学识、有实力，而且对政治有感觉，懂得其中的艺术。"

1952 年 1 月末的一天晚上，杜鲁门把史蒂文森约到布莱尔大厦。他开门见山地说："史蒂文森，我认为你最合适当民主党总统候选人。如果你愿意，我会利用一切可能的方式来支持你，并帮你获得提名。"

听了杜鲁门的话之后，史蒂文森有些不知所措。他既高兴，又苦恼。高兴的是愿意得到提名，苦恼的是怕和杜鲁门关系过密而遭到攻击。这天晚上，虽然他们谈了1个多小时，但杜鲁门并没有搞清楚史蒂文森的意思，因为他的回答非常含糊。

后来知情者问杜鲁门："史蒂文森究竟是什么态度？"

杜鲁门回答说："看上去，他好像有点不愿意，但是他并没有明确地拒绝我。"

其实，史蒂文森只是不愿成为杜鲁门亲自提名的总统候选人罢了，因为他知道让不受人民欢迎的总统提名，获胜的几率肯定很小。当他得知总统对别人说他没有拒绝的话之后，他立即对外宣布："我并没有答应总统。"

听了这样的话之后，杜鲁门非常窝火，他说："接受就是接受，不接受就是不接受，一个男人，竟然这样优柔寡断、拖泥带水。"

杜鲁门一心想找个合适的总统候选，可是他没有想到竟然这么困难。早在1951年11的时候，为了替民主党物色一位合适的总统候选人，杜鲁门还和艾森豪威尔将军秘密接触过。后来，艾森豪威接受了共和党人的提名。杜鲁门不仅没有到达目的，反而还引起了一场很大的波澜。

在杜鲁门和艾森豪威尔会面之后不久，《纽约时报》刊登了一则这样的报道：

> 据有关人士透露，在会面的时候，杜鲁门总统向艾森豪威尔将军提起了总统候选人的事。他们之间有一段这样的对话：
>
> 杜鲁门总统说："艾克，你不可以为了竞选而投入共和党的怀抱啊。"
>
> 艾森豪威尔反驳道："总统先生，你怎么知道我是民主党人呢。其实，我和我的家人都是忠实的共和党人。"
>
> 杜鲁门总统说："艾克，只要你转投民主党，我会全力支持你的。"
>
> 艾森豪威尔毫不犹豫地拒绝说："谢谢总统的好意，请您原谅，因为我无法承受。对此，我觉得非常抱歉。"
>
> 杜鲁门总统沮丧地说："艾克，我觉得很遗憾。"

报道登出来后，杜鲁门站出来否认说："没有这样的事情，这都是空穴来风。"不仅杜鲁门不承认，艾森豪威尔将军也矢口否认。

其实，早在 1945 年的时候，杜鲁门就曾对艾森豪威尔说："艾克，我愿意帮你在 1948 年获得总统职位。"艾森豪威尔不知道总统是真心，还是有意试探。尽管如此，听了他的话之后，艾森豪威尔惊慌失措地向总统表白说："总统先生，您的好意我心领了。但是很遗憾，我从小就对政治不感兴趣，而且也没有这方面的野心，我不会去谋求一个政治职务。虽然我不知道您 1948 年的竞选对手是谁，但是我可以明确告诉您绝对不会是我。"

也许，杜鲁门在 1945 年说这番话是为了试探艾森豪威尔。毫无疑问，他的目的达到了。然而这次和艾森豪威尔秘密接触，杜鲁门是想真心实意地邀请他，显然杜鲁门很失望。尽管如此，杜鲁门还是给远在欧洲的艾森豪威尔将军写信，继续游说他出任民主党候选人。他说："亲爱的艾克，1948 年的时候，我可以竭尽全力参加竞选。对我来说，当 8 年总统已经足够了。现在，情况不允许，我想回到密苏里老家去……我不希望共和党人入住白宫，所以希望你结束欧洲的事业之后，能够接受我的请求。艾克，你放心，我会保守秘密的。"

收到杜鲁门的信之后，艾森豪威尔立即回信说："总统先生，其实，我不想参加总统竞选。你应该知道，比我合适的人多得是。说实话，我也和你一样，想回老家去和我的家人共享天伦。然而，我无法跻身世外，因为国家的责任压在了我的肩上……一直以来，都有很多人敦促我参加竞选，但我一直没有答应。世事难料啊，谁也无法预测未来到底会如何……"

在给杜鲁门的信上，虽然艾森豪威尔说不想参加统竞选，但是不久以后，艾森豪威尔就对外宣布，他要接受共和党人提名。得知这一消息后，杜鲁门对外宣布说："艾森豪威尔将军是世界人民的英雄，我崇敬他，所以我不想成为他走向白宫的拦路人。至于他要接受淤泥的洗礼，那是他自己的事情。"后来，杜鲁门忧心忡忡地对幕僚们说："好好的一件事情，现在却搞得这么糟糕。我很遗憾，那些居心叵测的人把艾克拖下水。也许，他的名声会毁于一旦。"

虽然杜鲁门在积极游说别人参加总统竞选，但是也有人在打他的主意，让他再度参加竞选。2 月 11 日，哈里·沃恩将军对杜鲁门说："老板，事已至此，你就自己出马吧。"

杜鲁门笑着说："放心吧，我们会有人的。"

沃恩说："艾克成了别人的候选人，文森和史蒂文森又都不答应，您还有其他什么人呢？其实，你知道没有人了。老板，你就亲自参加竞选吧。"

"咱们走着瞧吧。"杜鲁门自信地说道。

其实，杜鲁门自己很清楚沃恩心里在想什么。一旦他离开白宫，沃恩的情况将会怎么样，他其他幕僚们的情况又会如何？这天，吃午饭的时候，杜鲁门自言自语地说："一旦我成了平民，当我走在大街上的时候，那些平时对我点头哈腰、恭恭敬敬地叫我总统的人肯定不会再搭理我了。也许，他们会骂，看那个胖乎乎的兔崽子。"

1952年，哈里·S.杜鲁门表示自己不会再参加总统竞选。

民主党连着执政已将近20年了，人们对民主党的不满积蓄已久。除了批评政府的对外政策之外，人们还批评政府官员道德败坏、贪污腐化等。不仅仅是人民和共和党决定结束杜鲁门的统治，就连民主党也准备抛弃他。南部民主党人发誓说："只要不是杜鲁门，选谁都行。如果他再度成为总统候选人，我们将孤注一掷。"此外，许多人为了怕败坏自己的名声，还有意批评杜鲁门的政策，甚至不愿亲近他，像史蒂文森不愿意接受杜鲁门的提名就是其中一例。还有一些有影响力的人，怕与总统的密切关系会导致政治上的失败，所以他们刻意与杜鲁门保持距离，甚至拒绝与总统亲近的人，像与艾奇逊等人拍照。由此看来，现在不管谁担任民主党的候选人都比杜鲁门合适。对此，杜鲁门认识得非常清楚。他对幕僚说："我的头脑是清醒的，所以我认为我不宜再参加竞选，而且我是不会改变主意的。我不想不顾一切地去竞争，那绝对是不明智之举。因为我既不想被赶下台，也不想死在这个职位上。我只希望体面而光荣地告别白宫，结束我的政治生涯。变换国家领导人，不仅对我、对民主党有好处，而且对国家也有好处，这是毋庸置疑的。"

其实，杜鲁门并不想再次参加竞选。早在1949年宣誓就职的时候，他就在心里对自己说："1952年，我绝对不会参加总统竞选。"1950年春，他还写了一个这样的备忘录：

1922年11月，我第一次当选公职。到1952年，在任满整整两届总统后，我担任公职的时间正好是30年。在我看来，8年总统就足够了。若继续担任这个职位，我会吃不消的。

虽然我知道自己在1952年能再度当选，但我不想打破连任旧例，即任何人不得任总统之职两届以上。虽然富兰克林·罗斯福已经开了先例，但是我不想这么做。不管面临何种情况，我决不这样做。要保持这种先例，应该靠每一位在职总统的道德素质，而不应该依靠宪法修正案。

其实，权力有一种诱惑力，它可以透入人的骨髓，渗入人的血液，就像赌博和贪财一样……

虽然我可以说自己只当了一届总统，但为了重新建立惯例，我不愿意接受下一届总统候选人的提名，也不想继续做总统候选人。

写好这份备忘之后，杜鲁门就把它藏了起来，没有告诉任何人。直到半年以后，他才告诉几位白宫亲信。他说："为了让你们有充足的时间另谋出路，我必须提前让你们知道。"

众人纷纷劝说："老板，你就继续竞争吧。"

杜鲁门说道："我疯了吗？我绝对不可以这样做。"

众人沮丧地说："老板，我们觉得很失望，也很遗憾。"

杜鲁门说："早晚会有这一天的，你们好自为之吧……千万记住，要保守秘密，不要透露给任何人，因为现在我无意公开此事。等时机成熟了，我会公开的。"

这个秘密一直保守了2年，现在是到了公开的时候了。1952年3月29日，在一次5000多民主党人参加的午宴上，杜鲁门公开了自己的决定。在午宴上，他发表演说，有力地回击了共和党人对他的攻击，颂扬了民主党为国民、为世界和平作出的种种贡献。

哈里·S.杜鲁门在发表演说

当他的演说进行到一半的时候，艾奇逊夫人问道："亲爱的，你说总统会不会在这时候公开自己的决定？"

艾奇逊不假思索地回答说："完全不会。"

艾奇逊夫人对于国务卿的武断、傲慢的态度非常不满，她冷哼一声之后就没有再说一句话。

艾奇逊一向都和杜鲁门很有默契，然而这一次他完全预料错了。在演说快结束的时候，杜鲁门公布了他的决定。他说："今年，我不会接受民主党的提名，参加竞选。因为我为国家服务的时间已经够长了，而且自认为是很有成效的……今年，任何被民主党提名的候选人都可以依靠我们取得的成就来竞选。"

杜鲁门说出这样的话，让很多人都觉得很突然。片刻的安静之后，就是一片喧闹之声。拥护他的人大声喊着："不，不……"就连一向不喜欢他的人，也跟着人群大声喊叫着。人们高声喊"不"，其实都是发自内心的，并不是希望总统再次拒绝。虽然人们知道，杜鲁门总有一天会离开白宫的，但是当这一天突然降临的时候，人们仍然不免难过。得知杜鲁门的决定之后，一些白宫的服务人员还流泪了，连侍候总统岳母的两位女仆也泣不成声。

真是有人欢喜有人愁啊。杜鲁门的决定让共和党人、南部民主党人欢欣鼓舞，而他的那些亲信却不得不为自己的前途担忧。虽然杜鲁门决定退出舞台，但他仍然时刻关心着民主党的前途，并为之努力。

共和党的竞选活动如火如荼地展开的时候，杜鲁门还没有物色到合适的接班人。一天，哈里曼对他说："我希望成为总统候选人，你是否愿意让纽约代表提我的名？"

杜鲁门如实回答："你缺乏政治经验、缺乏竞选公职的经验，我还是倾向于史蒂文森。"

虽然杜鲁门遭到史蒂文森的拒绝，但依然看好他。沉默片刻之后，杜鲁门说："哈里曼，若史蒂文森和你竞争的话，我会支持他的。在民主党代表大会上，我希望你能主动让步。"

虽然哈里曼很想获得提名，但他是位忠实的党员，所以毫不犹豫地答应了杜鲁门的要求。

7月24日，史蒂文森在电话里吞吞吐吐地对杜鲁门说："总统先生，如果我现在答应你参加竞选，你……"

"自从那次谈话之后，我一直在努力想办法让你说出这样的话。"没等史蒂文森说完，杜鲁门就在电话里大声喊道。

7月25日，在民主党代表大会上，史蒂文森一直没有打败竞争者，未获得多数。后来，杜鲁门利用自己的一切关系，才使史蒂文森顺利获得了提名。此外，民主党人还采纳杜鲁门的建议，让阿拉巴马州的约翰·斯巴克曼作史蒂文森的竞选伙伴。在民主党大会上，杜鲁门说："我会竭尽全力帮他竞选的。"

7月26日，杜鲁门给史蒂文森写了一封热情洋溢的信。在信中，他写道：

亲爱的州长：

昨天晚上，是我有生以来度过的最非凡的夜晚之一。清晨2点，那么多代表心甘情愿地听我介绍你，听你极为精彩的受命发言。毫无疑问，这一切都表明我们是正确的，是符合公众利益的……你是一个勇敢的人，你将承担起上帝赋予你的责任，最沉重的责任。

无论从家世、教育、政治背景来看，你都是最适合的人选。我这样一个没有上过大学的人都能胜任，相信你一定会干得更好。如果你认为合适的话，我会全心全意支持你。

……

为了共商大计，我希望你在喧闹和欢呼结束后能来华盛顿。

哈里·杜鲁门

虽然史蒂文森依然和以前一样不愿意和杜鲁门过于亲近，但他最终选择了和杜鲁门在白宫会晤。史蒂文森的朋友乔治·鲍尔说："杜鲁门政府的道德观念很差，而且不廉洁的行为也很严重，所以史蒂文森总是刻意疏远杜鲁门。在竞选策略上，他从来不征求杜鲁门的意见。此外，他还把民主党的总部从华盛顿迁到了伊利诺伊州，并让他的朋友斯蒂芬·米切尔接替弗兰克·麦金尼民主党主席一职。毫无疑问，史蒂文森的所作所为冒犯了杜鲁门总统。"除了鲍尔说的事情外，史蒂文森还要求杜鲁门解除艾奇逊的职务。他说："为了有利于竞选，必须解除国务卿的职务。"杜鲁门拒绝了史蒂文森的要求，他说："弗兰克·麦金尼是党最杰出的主席，艾奇逊是我最好的搭档……我无法忍受他一再冷落我……其实，我不想让别人把我当成负担。因为我站在史蒂文森的身旁让他觉得为难，所以我会保持沉默，并且一直待在华盛顿直到大选结束。"后来回忆起史蒂文森的这些作为时，玛格丽特说："史蒂文森真够直截了当的，竞选才刚刚开始呢。对父亲来说，这不是令人生气的事情，而是令人悲哀的事。"

8 月初，史蒂文森接受了《俄勒冈日报》的记者采访。记者问道："你真的能够清理华盛顿乌烟瘴气的东西吗？"

史蒂文森信誓旦旦地说："为了清除华府那些乌烟瘴气的东西，我会充分利用我这些年的工作经验，慎重行事的。"

毫无疑问，史蒂文森的话让共和党抓住了把柄。共和党人幸灾乐祸地说："连民主党候选人都承认杜鲁门把华盛顿搞得乱七八糟、乌烟瘴气。"

看了《俄勒冈日报》的报道之后，杜鲁门无奈地摇摇头说："现在，史蒂文森让竞选活动变成了闹剧，十分滑稽可笑。"

8 月 12 日，史蒂文森应杜鲁门之邀来到白宫。在与内阁成们员共进午餐的时候，听取了有关国情咨文的简要介绍。在长达几个小时的讨论过程中，杜鲁门一再强调说："现在，史蒂文森是老板。除了竭尽全力给他提供帮助外，我不想用任何方式来指挥、操纵竞选活动。"

午宴结束后，杜鲁门和史蒂文森两人走出餐厅，准备向新闻界发表讲话。和往常一样，当杜鲁门率先走出餐厅大门的时候，摄影师大声喊道："总统先生，等一等州长。"这时，杜鲁门才意识到事情起了变化，一种新的秩序也悄然开始了。吃饭的时候，杜鲁门的兴致似乎一直都很高。然而在史蒂文森讲话的时候，他好像有些心不在焉。史蒂文森的讲话结束后，杜鲁门没有多留片刻就回到了自己的办公室。白宫的一位工作人员说："眼看着史蒂文森要取代自己，杜鲁门难免有些落寞。看着他转身离去的孤单的背影，我觉得很痛心。"

3 1952 年的大选
HARRY S TRUMAN

眼睁睁地看着别人要取代自己，杜鲁门有些难过；当新老板冷落他的时候，他的自尊受到了伤害。尽管如此，杜鲁门很快就忘记了心痛，忘记了他曾经遭受过的伤害。9 月，竞选活动如火如荼地进行的时候，杜鲁门抱着全部热情投入了这场竞争之中，就像 1948 年他自己参加竞选时一样。通常杜鲁门一天要演讲七八次，随行的家属、工作人员都疲惫不堪，而他却像年轻人一样有精神，一点也不觉得疲倦。共和党人说："在 1952 年的竞选中，虽然杜鲁门总统本人没参加这次竞选，而且史蒂文森一心想让他躲在幕后，但实际上杜鲁门仍然是主角。也许，杜鲁门只不过是想利用这次机会，为自己的政治生涯，也为民主党争取最好的结局罢了。"民主党的新任主席米切尔说："我们并没有要求杜鲁门总统参加竞选运动，但是他一心要参与，并积极为我们造势……不过，他表现得确实不错。"

这次，杜鲁门再次乘坐总统专列走遍了全国。像过去一样，极度疲劳的竞选活动似乎使杜鲁门重新恢复了活力。一天的演说结束之后，大家都在休息，而他常常在浴室里洗自己的袜子或找一个安静的角落弹钢琴。有时，他还会在总统专列上一边吃火鸡，一边听他的工作人员讲故事、笑话或者享受与他们进行智力较量的乐趣。

哈里·S. 杜鲁门和他的家人

在杜鲁门乘火车为史蒂文森拉票的时候，史蒂文森也乘飞机开始了四处奔波。他们都有各自的日程安排，几乎从未谋面。在演说的时候，除了极力赞扬史蒂文森、大肆攻击共和党之外，杜鲁门还不断地为自己的公平施政纲领辩护。杜鲁门的演说策略仍然和以前一样，他鼓动民众说："投民主党的选票吧，因为只有民主党才是关心普通人和老百姓利益的政党。其实，你们是在为自己的利益投票。如果你们和我一样喜欢英雄，喜欢艾克将军，你们就应该义无反顾地投民主党的票，让将军回到军营里去。"

正如杜鲁门说的那样，他很喜欢艾森豪威尔。他在给艾森豪威尔的信上写道："亲爱的艾克，我希望和你是永远的朋友。现在，你竟允许一帮疯疯癫癫的人插在我们之间，破坏我们的友谊。对此，我感到非常遗憾。但愿上帝指引你，并赐给你光明。"

尽管杜鲁门在信上说希望和艾森豪威尔是永远的朋友，但是在竞选活动中，为了给共和党人以沉重的打击，他还是无情地攻击了艾森豪威尔。他说艾森豪威尔将军已经落入狡猾的共和党手中，说将军是现代的克伦威尔。

共和党针锋相对，并与民主党展开了激烈的较量。除了抨击了民主党的对外政策之外，艾森豪威尔还在全国各地组织了揭露民主党真面目的活动。此外，艾森豪威尔还说："在二战快结束的时候，杜鲁门不主张进攻柏林；在朝鲜战争有利于美军的时候，杜鲁门主张和谈。毫无疑问，他这一系列的决定都是错误的……还有，艾奇逊等人把华盛顿搞得一团糟，靠民主党的这帮人来收拾这个烂摊子，简直是天大的笑话。因为史蒂文森是艾奇逊无能的国务院调教出来的，一旦他当选的话，事情不但不会有起色，反而会越来越糟糕。"

杜鲁门回击说："在柏林和朝鲜问题上，艾森豪威尔了解具体情况，他甚至亲自参与了决策过程。身为北约组织的三军统帅，身为军事顾问，艾森豪威尔对于所制定的外交政策应该负一定的责任。然而现在，就是这个提出建议的人，这个攻击自己的人是共和党的总统候选人。其实，说别人可笑的人，他自己才真正可笑……把一生都献给了军事生涯的艾森豪威尔，他就这样把灵魂和肉体卖给了有钱人，成了他们的走狗。"私下里，杜鲁门对幕僚们说："听了艾森豪威尔的这番话，我简直快要气死了。一个参与过决策的人，怎么会厚颜无耻地说出这样的话，完全把自己置身事外。看来，他是彻底让那帮人给收买了。这位将军，已经不再是我从前认识的人了。"

共和党的副总统候选人尼克松死死抓住腐败问题、朝鲜问题、共产主义问题不放，大肆攻击民主党，说要求清除腐败、驱除恶棍。此外，他还大肆攻击杜鲁门、史蒂文森、艾奇逊等人，他说："艾奇逊是叛徒，他背叛了全国民主党人所信仰的最高原则。"毫无疑问，这是在说杜鲁门是叛徒。面对这样恶毒的攻击，杜鲁门非常难过，终生都

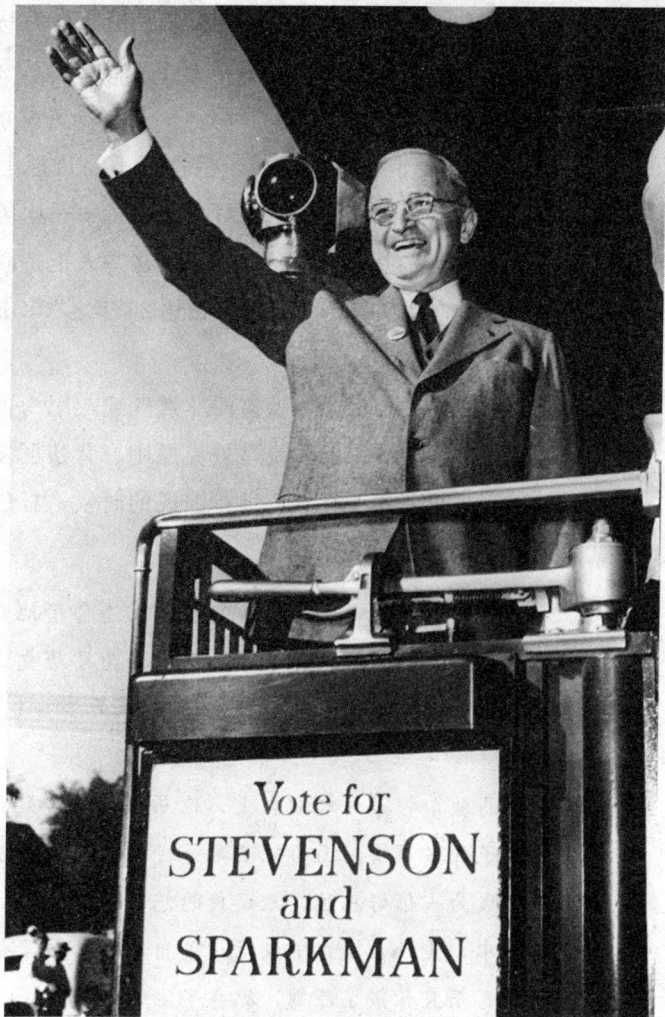

为了史蒂文森能在竞选中获得胜利，哈里·S. 杜鲁门在为他演说拉票。

无法忘记。9月中旬，有人揭露了尼克松受贿的证据，杜鲁门的同伴们都非常振奋。然而，杜鲁门却淡淡地说："虽然尼克松受贿的事情对我们有利，但是我觉得遗憾的是公众会因此降低对政府的信任。"

两党之间的争夺、攻击越来越激烈，为了避免攻击得太过分，杜鲁门让工作人员暂时先不要攻击艾森豪威尔，选择其他目标。然而，接下来发生的事情却令杜鲁门非常生气。于是，他又紧紧咬住艾森豪威尔不放。

10月初，艾森豪威尔来到参议员麦卡锡的家乡威斯康星州。此时，麦

卡锡正在寻求连任。所有人都认为艾森豪威尔会在为马歇尔将军准备的欢迎会上为他辩护，极力颂扬他，杀杀麦卡锡的锐气。然而，大家想错了。在欢迎会上，艾森豪威尔删掉了颂扬马歇尔的演说词。他对听众们说："虽然我与参议员麦卡锡有些分歧，但这都不是目标上的，而是方法上的分歧。其实，我很感谢参议员先生对我的支持……中国的陷落、东欧国家投降都是华盛顿的赤色分子所为，要不是这些人把持政府，也不会出现这样的结果……共产主义毒害我们国家长达20年之久，这都是国家对其容忍的恶果。"

艾森豪威尔这样的演说令杜鲁门非常气愤，因为他一直对马歇尔很忠诚，所以觉得艾森豪威尔的演说是放弃原则、背叛朋友的行为，是不可宽恕的。在加利福尼亚州奥克兰市进行演说的时候，杜鲁门再次把矛头对准了艾森豪威尔。他说：

> 在竞选运动中，这位共和党候选人违背了他自己的本性和原则，这真是太悲哀了。为了子孙后代，为了历史，我希望他没有玷污作为一名将军、一位英雄的显赫名声。这是我的肺腑之言……

> 在马歇尔将军的欢迎会上，他居然说这样的话。显然，他一定发生了什么事情，因为他不再是我们所熟悉的艾克。曾经我以为他会成为一位好总统，无疑我的想法是错误的。因为在这次竞选活动中，艾森豪威尔不仅背叛了自己，背叛了他过去主张的所有事情，而且背叛了原则，抛弃了他的朋友。

> 不管是过去还是现在，他都知道麦卡锡是个极不诚实的人，马歇尔将军是忠实的爱国主义者。他应该鄙视麦卡锡，应该尊重马歇尔，就像我希望他做的那样。然而，他并没有这样做。现在，为了获取麦卡锡的支持，为了拉选票，他竟然赞成麦卡锡竞选连任参议员，甚至还说感谢麦卡锡。对此，我无法理解，我不知道他感谢什么。其实，他真正应该感谢的人是马歇尔将军。因为马歇尔将军的提携，他才会有今天。然而，艾森豪威尔的回报就是无情地出卖马歇尔将军。他竟然干出这样可耻的事情，竟然堕落到这般境地……

后来，回忆起艾森豪威尔在这次竞选中的所作所为时，杜鲁门仍然余怒未消。他愤怒地说："艾森豪威尔是个忘恩负义的家伙，我永远也无法真正原谅他。一想起马歇尔，我就会想起艾森豪威尔和麦卡锡，想起艾森豪威尔恶毒地攻击我的对外政策的那些话。"

艾森豪威尔在马歇尔欢迎会上的演说不仅惹恼了杜鲁门，而且引发了更多的新闻。因为在演说之前，记者们从他的工作人员那里得到消息说，艾森豪威尔将军会在会上颂扬马歇尔将军。然而，事实并不是这样，连那些坚决支持他的人也感到非常惊讶。毫无疑问，这样做肯定会引起人们纷纷议论。一时间，说什么的都有。《纽约时报》负责人还对艾森豪威尔竞选运动的负责人谢尔曼·亚当斯说，他打心眼里厌恶这种做法。

杜鲁门的攻击，媒体和大众的议论令艾森豪威尔不知所措。他愤怒地说："我看你杜鲁门还能卑鄙多久。我发誓，一旦我获胜，在就职的那天，我绝对不会和你坐车游行。"

虽然马歇尔和麦卡锡的事情或多或少影响了艾森豪威尔，但是多数报纸都是支持他的，而且民意测验的结果表明艾森豪威尔依然处于领先地位。

为了争取选票，为了不让多数选民担忧，艾森豪威尔加快了攻击政府处理朝鲜问题的步伐。10月24日，他在底特律市发表演说。他说："朝鲜是2万名美国阵亡士兵的坟场。一旦我当选，我会亲自去朝鲜。此外，我会竭尽全力想办法结束这场战争，尽快让孩子们回家。"

因为朝鲜停战的事情，艾森豪威尔和杜鲁门之间闹得非常不愉快，而且还把麦克阿瑟也卷了进来。原来，在竞选的时候，麦克阿瑟公开在一次集会上说："我有一个解决朝鲜冲突的办法，而且这个办法不会挑起全球冲突。但是除了艾森豪威尔将军以外，我不会把这个办法告诉任何人。"得知这一消息后，艾森豪威尔的顾问不太相信麦克阿瑟的话。他们一致认为在竞选总统的关键时刻，与麦克阿瑟牵连在一起是不明智的。尽管参谋们反对与麦克阿瑟联系，而且在某些事情上艾森豪威尔和麦克阿瑟还有不同意见，但他坚持要和麦克阿瑟取得联系。艾森豪威尔说："毕竟麦克阿瑟是一个伟大的军人，我想知道他有什么好主意。无论谁有什么好意见，我都愿意倾听。"既然艾森豪威尔决定和麦克阿瑟联系，参谋们再反对也是没有用的。于是他们建议艾森豪威尔秘密联系，但遭到拒绝。艾森豪威尔给麦克阿瑟拍了一份电报，他说："对于你公开表示愿意同我讨论朝鲜问题，我非常感谢。我想知道你的全部意见和经验，期待着同你会谈。"麦克阿瑟回电说："在职务上，我个人同这件事有密切的联系，但是国内没有人对我的意见感兴趣，你是第一个。对此，我特别感谢你。"

不久以后，在艾森豪威尔的授意下，他的新闻秘书詹姆斯·哈格蒂公布了他和麦克阿瑟的这两份电报。当杜鲁门总统从报纸上看到这两份电报后，勃然大怒。第二天，他召开了记者招待会。在会上，杜鲁门对麦克阿瑟和艾森豪威尔大肆攻击。杜鲁门发表声明说："不管是艾森豪威尔还是麦克阿瑟，若有办法解决朝鲜问题，现在就应该告诉我。他作为总统高级军事顾问，艾森豪威尔居然说，等到他胜利之后再去挽救士兵们的生命。毫无疑问，艾森豪威尔去朝鲜考察只不过是一种迷惑人心的举动。如果说他当选后有办法的话，那么我现在就有办法……文官政府的艺术与带兵打仗的艺术是完全不同的，职业将军不可能成为一个好的总统，这是毋庸置疑的。"对于杜鲁门总统的攻击，艾森豪威尔非常恼火。尽管如此，但他并没有立即反击，而是把话埋在了心里。也许，在艾森豪威尔看来，他已经胜券在握，不必再在意杜鲁门最后的挣扎。

在给史蒂文森的信上，杜鲁门写道："艾森豪威尔无法利用朝鲜问题来捞取政治上的好处，他这种蛊惑民心的宣传是毫无意义的。"虽然杜鲁门嘴上这样说，表面上仍然表现得很强硬，但他知道艾森豪威尔已经通过去朝鲜的承诺打赢了这一仗。他对新闻秘书说："看来，我们可能无法左右局面了。"

1952年11月4日，杜鲁门一家来到独立城纪念堂投票。几十年来，杜鲁门不知在这里投过多少次票。几乎每次候选人的名单上都有哈里·S.杜鲁门的名字，然而这次却没有。尽管如此，但杜鲁门没有遗憾和失望。因为一想到不久便可回老家安静、舒适地生活，他就觉得非常轻松、愉快。

投票后，杜鲁门一家就返回了华盛顿。他已预料到共和党会取胜，所以晚上他没有关注选举的结果。一夜间，艾森豪威尔将军取得了空前的胜利，他获得了3 400多万张选票，而史蒂文森只获得了2 700万张。在48个州的选举中，艾森豪威尔赢得了39个州，其中包括杜鲁门的家乡密苏里州和史蒂文森的伊利诺伊州。在人民心目中，艾森豪威尔占有特殊的地位，所以大家毫不犹豫地选择了他。虽然民主党的失败是意料之中的事，但在目睹了共和党取得的辉煌胜利之后，重感情的、忠实的民主党老党员杜鲁门难免有些失望。《堪萨斯城明星报》报道说："显然，杜鲁门对史蒂文森害多于利。否则，他也不会败得这么惨。"除了堪萨斯城明星报之外，还有许多报纸、评论家都持这种观点。毫无疑问，这深深伤害了杜鲁门的感情。令他欣慰的是，仍然有近 3 千万民主党党员忠实于党的信念，投了史蒂文森的票；在国会的选举中，共和党虽然控制了国会，但那是很微弱的多数。因为在参议院仅有 1 席之差，在众议院也只相差了 12 席。杜鲁门对艾奇逊说："民主党执政 20 年了，华盛顿也该有变化了。所以说，艾森豪威尔获胜只是他个人的胜利，而不是共和党的胜利。"

艾奇逊说："在我看来，不管是您卸任，还是民主党政权旁落，这都是顺理成章的事情。因为民主党执政时间太长，积怨太多，选民要求换个党是可以理解的，正如您所说华盛顿也该有变化了。也许，这并不完全是件坏事。"后来，艾奇逊在回忆录中写道："1953 年，我和杜鲁门总统离任的时候，我们都感到精疲力尽。如果他再度当选，也许我们都不可能以同样的热忱、精力继续下去。"

艾森豪威尔获胜之后，杜鲁门发去了贺信。在信上，除了祝贺之外，他还说："你可以乘坐总统专机去朝鲜，如果你现在还愿意去的话。"杜鲁门最后的这句话激怒了艾森豪威尔，所以他毫不犹豫地拒绝说："谢谢您提出让我使用总统专机。不过请放心，三军任意给我提供一架运输机，便足以满足我朝鲜之行的计划。"11 月末，艾森豪威尔乘坐军用飞机飞往朝鲜。在前线视察了 3 天后，他就回到了美国。当艾森豪威尔顺利回来之后，杜鲁门提着的心才放了回去。他说："其实，我不希望他去朝鲜，因为的确太危险了。万一他回不来，我不知道该如何是好。幸亏上帝保佑，让他平安归来。"

4　移交政权
HARRY S TRUMAN

　　艾森豪威尔将军已经是白宫的新主人了，这是无法改变的事实。于是，杜鲁门开始着手交接工作。他说："因为我是在毫无准备的情况下上台的，感到压力很大，而且手忙脚乱。为了不让新上任的总统经历我曾经历过的困难，我希望能尽力为他提供帮助。"白宫的工作人员说："为了让行政机构的事务有条不紊地移交，杜鲁门总统有能力把重大的工作职责和私人感情区分得清清楚楚。尽管没有人这样对待过他，但他愿意竭尽全力去帮助这位新总统。在美国历史上，像他种姿态几乎是没有先例的。"

早在大选刚开始的时候，为了让艾森豪威尔了解外交方面的情况，杜鲁门就曾写信邀请他和他的助手来白宫参加午宴。艾森豪威尔毫不犹豫地拒绝了杜鲁门的好意，他回信说："我希望总统明白，我将凭自己的判断来分析、讨论对外交政策和纲领，总统提供的资料并不能限制我这样做。"

艾森豪威尔的话令杜鲁门非常生气，杜鲁门立即回信说："我无时无刻不在想，如何防止居心叵测的人破坏我们的外交政策。你曾经参与过制定这一政策，应该知道事实……现在，我非常遗憾，你竟然允许这些人离间我们的关系。毫无疑问，你犯了一个严重的错误。我希望，不要因为你的错误而使我们伟大的祖国蒙受损失。"

虽然在竞选的时候，他们互相攻击、谩骂，说尽了恶毒的话，而且两人的关系已经非常紧张了，但是杜鲁门仍然毫无芥蒂地邀请艾森豪威尔到白宫商讨权力交接事宜。

一个星期二的下午，艾森豪威尔如约来到白宫。和杜鲁门在总统办公室会晤之后，他就去内阁会议厅听取杜鲁门、内阁成员等人的简要汇报。一切都按部就班地进行着，而且非常顺利。也许是被白宫如此繁多、琐碎的事情弄糊涂了，艾森豪威尔一直没有微笑，而且面带忧郁之色。艾奇逊说："这个乖戾的家伙，简直让人觉得不可思议。"杜鲁门说："艾森豪威尔是带有肩章的军人，在我眼里，他就是个彻头彻尾的冷血动物。"

所有的事情都商量好了之后，杜鲁门对艾森豪威尔说："总统办公室里有一些拉美国家元首送给我的几幅画，其中有伊达尔哥和波利瓦尔的画像。现在，我想把他们送给你。"

艾森豪威尔无情地拒绝道："总统先生，谢谢你的好意。还是请你带走吧，他们会送画给新总统的。"

遭到拒绝，杜鲁门有些不愉快，但他并没有表现出来，他继续说："几年前，你送了一个很大的地球仪给我。现在，我决定把它送还给你。"

艾森豪威尔毫不犹豫地说："好的。"

他的回答令杜鲁门非常不满意，杜鲁门私下对幕僚们说："对我而言，这个地球仪象征着总统职责，显然他的回答很不礼貌……也许艾森豪威尔早就坐不住了，在听取汇报的时候，他的反应告诉我，他并未真正理解总统面临的任务有多复杂。我想，我们对预算、用人、联合国、朝鲜战争等问题所提出的建议估计他一点也没有听进去，肯定是左耳进右耳出了……处理政务比处理军务困难得多，不久以后，这位叱咤疆场的将军坐在这里后，他肯定会不知所措。想想以后的境况，我都为他担心……"

大势已去，杜鲁门离开白宫已经成了定局。与以前相比，人们好像也不再那么重视他了。有一次，朋友在介绍杜鲁门的时候开玩笑地说："这是玛格丽特·杜鲁门的父亲，哈里·杜鲁门。"虽然仅仅是个玩笑，但杜鲁门感到了些许失落，他一脸沮丧地说："看来，我已经是个过时的人了。"

1953年1月7日，杜鲁门发表了最后一次国情咨文。在咨文中，他指出："在过去的几年里，虽然有些目标没有实现，但是我认为取得的成绩还是值得肯定的。在世界事务方面，我国的贡献是最有价值的，因为我们的援助计划，让世界没有发生经济崩溃；在就业方面，6 000多万人有了工作，失业现象几乎完全消失了；在新建国民住宅，清除贫民窟方面，我们取得了一定的进步，为许多人解决了住房问题；在生活水平方面，与7年前相比，人民的生活水平得到了大大提高。此外，最低工资增加了，社会保险救济金也翻了一番……"《展望》杂志载文说："通过正常的施政措施，杜鲁门政府几乎取得了举世无双的成就。"

在杜鲁门的最后一次记者招待会上，记者问道："总统先生，您有关于未来的计划吗？"

杜鲁门说："暂时还没有。"

"那您打算留在华盛顿吗？"记者追问道。

杜鲁门毫不犹豫地回答说："不会。我要回我的农庄去呼吸新鲜空气，我离开那里太久了。"

总统就职日越来越临近了，杜鲁门依然按部就班地工作着，而且他看上去很快活。在召开完了最后一次内阁会议后，杜鲁门安排了一系列的告别宴会，而且还写了许多告别信。在给艾奇逊的信上，他写道："你是我的得力助手，有史以来，我认为这个国家没有哪个国务卿能和你相比。你不仅把自由世界的人民紧紧团结在了一起，而且还增强了他们要求自由、强大的愿望。"

1月15日晚上时间10点30分，杜鲁门在他的办公室发表了告别演说。他说："艾森豪威尔将军就职后，我将会乘火车返回我的家乡独立城。虽然我的政治生涯就要结束了，但我就要再次成为平民，新的人生才刚刚开始……在任期内，我作出的最重要的决定就是出兵朝鲜。这是防止第三次世界大战，为了世界和平而作出的决定……回顾这些年的历程，我无怨无悔，我衷心感谢那些支持我的人。"

此外，在告别演说中，杜鲁门还回忆了波茨坦会晤、德国战败、联合国、第一颗原子弹爆炸，并用它结束与日本的战争等事情。虽然杜鲁门是在细说自己的功劳，但是他的语言非常朴实、感人，而且很精彩。由始至终，他在演说中都没有空喊口号。人们纷纷议论说："这次是杜鲁门总统最精彩的一次演说，他的收场很坚强。"就连一向批评杜鲁门的评论家李普曼也说："在离任的态度上，杜鲁门先生临行前的风采表明，他无愧职守。"杜鲁门的顾问波伦给了他很高的评价，波伦说："哈里·杜鲁门是时代的产物，他满足了时代的要求。作为总统，他的工作非常出色。杜鲁门善于决断、效率高，这正是一位优秀的总统所必须具备的重要的品质之一。为了恢复欧洲经济，他表现出非凡的领导能力；为了援助希腊、土耳其，为了处理柏林危机、朝鲜问题，他非常果断、谨慎。像这样的例子不胜枚举，这些决策绝对不是一个二流总统所能做得出来的。"

1953年1月20日，这是一个具有特殊意义的日子，它既是杜鲁门总统离开白宫的日子，也是艾森豪威尔总统的就职日。当杜鲁门一家正在收拾行李准备返乡的时候，艾森豪威尔一家正在高高兴兴地为就职典礼做准备。

上午8时，在亲属和官员们的陪同下，艾森豪威尔前往全国长老会教堂做礼拜。礼拜结束后，艾森豪威尔问夫人玛咪："在今天的就职演说中，是否应该有一段祷告词？"得到玛咪的赞同后，艾森豪威尔立即写了一个简短的祷告词。

一切准备就绪后，艾森豪威尔前往白宫会见杜鲁门夫妇。当艾森豪威尔真诚地提出请杜鲁门——这位就要让出总统宝座的人喝咖啡时，遭到了拒绝。也许，杜鲁门想通过这种方式来告诉新总统，他们是对立的。玛格丽特说："在新总统就职典礼这天，新旧总统不那么客气了。按照惯例，就职典礼前，卸任总统要邀请新总统共进午餐。在爸爸邀请艾森豪威尔总统的时候，遭到了拒绝。不知道是因为爸爸拒绝和他一起喝咖啡还是其他原因，总之他拒绝了爸爸。此外，在前往国会大厦的时候，艾森豪威尔总统并没有按惯例下车到白宫去迎接爸爸，后来爸爸自己出来上了车……"

在冷冰冰的气氛中，艾森豪威尔和杜鲁门一起前往国会大厦。为了缓和气氛，艾森豪威尔开口了。他说："我的儿子本应该在朝鲜战场，可不知是谁批准他回来参加我的就职典礼？"

杜鲁门面无表情地回答说："是我，我命令你儿子前来参加典礼的。在就职典礼前，我认为自己还有这个权利。"

为了转移话题，艾森豪威尔说："出于对您的考虑，1948 年我没有参加您的就职典礼。那时如果我出席的话，我怕别人会忽视了您。"

杜鲁门并不理会艾森豪威尔的好意，他回敬道："艾克，我怎么会请你参加呢？"

就这样，在冷漠的气氛中，他们走过圆形大厅，来到国会的东面。为了新总统的就职仪式，有关人员特意在这里建造了一个平台。当他们到达的时候，喜气洋洋的人群已经恭候多时了。在美国历史上，这次参加总统就职典礼的人数是最多的一次，而且前来出席庆祝活动的共和党人脸上都洋溢着喜悦。穿着一件深蓝色双排扣大衣、颈上围了一条白色围巾的艾森豪威尔十分引人注目。所有的目光都聚集在他的身上，几乎没有人去注意即将离职的杜鲁门。仪式过后，人们的全部注意力都转到了新总统夫妇身上。杜鲁门尔夫妇像所有卸任者一样变得黯淡无光，他们悄悄地退了出来。至此，杜鲁门总统的使命完成了，他的政治生涯也彻底宣告结束。

典礼结束后，当共和党开始欢庆的时候，杜鲁门一家驱车前往艾奇逊家赴宴。在车里，玛格丽特突然顽皮地对着父亲喊道："喂，杜鲁门先生，你好！"

杜鲁门笑着应道："你好，我亲爱的女儿。"

玛格丽特说："今天，好像是我第一次和没有任何官衔的爸爸在一起。"

杜鲁门笑着说："是啊，从你出生的第二年起，我就带着官衔。一晃，几十年过去了。我失去了所有官衔，可女儿还是我的。"

艾奇逊为杜鲁门准备了私人欢送宴会，参加的成员主要是亲近的朋友和白宫助理。然而，当杜鲁门的车子来到艾奇逊家所在的那条街时，杜鲁门惊讶地发现街上全是向他欢呼致敬的人群。杜鲁门激动地对窗外的人群说："你们让我以为自己是刚刚上任的总统，而不是刚离职的总统。谢谢你们，非常谢谢你们！与以往任何时候相比，我此刻更感激你们，因为我现在只是一介平民。"

当午宴结束后，外边的人群已经涌到了艾奇逊的家周围。杜鲁门一家好不容易才穿过人群，赶往联邦火车站。在车站，依然有很多人聚集在那里为杜鲁门送行。看到杜鲁门从车里出来之后，人们叫嚷着奔过来。很快，杜鲁门一家就被人群包围了起来。人们争先恐后地和杜鲁门握手告别，有些女士甚至争相亲他的脸颊，弄得他满脸都是口红。8 年来，一直想方设法诋毁杜鲁门的记者还挤过来向他解释说："这么多年来，我们从来没有丝毫诋毁你的意思。对此，我们敢赌咒发誓。"后来，在警察的干预下，杜鲁门一家才顺利登上了火车。除了送行的民众外，杜鲁门的密友、内阁成员、民主党籍的参议员、军事将领等人都到车站为他送行。艾奇逊还对身边的记者说："哈里不仅是最好的总统，而且是最好的朋友。"

列车开动之前，杜鲁门感激地对送行的人群说："你们是第一批送我荣归故里的人，我难以表达我对你们的感激之情。即使我活到 100 岁，也绝不会忘记你们的这番情谊。这是我获得的最珍贵的礼物，请允许我对你们说声非常感谢……"

6 点 30 分，艾森豪威尔总统的庆祝活动仍在继续，无数彩车、军乐队浩浩荡荡地走过检阅台接受新总统的检阅；联邦火车站，人们高唱着《往日情怀》的歌谣，在歌声中，杜鲁门的列车启动了，徐徐驶出了车站。

5 从总统到平民
HARRY S TRUMAN

杜鲁门告别白宫，告别华盛顿，留下了令人敬畏、神往的职位和权力，就这样踏上了归途。在堪萨斯独立城，成千上万的父老乡亲迎接他的归来。回到家乡后，堪萨斯市政府并没有为杜鲁门举行欢迎会，杜鲁门好像一点也不在意。后来，独立城的人在体育馆为他举办了一个简单的欢迎会。在会上，杜鲁门说："在这个世上，没有任何事情比得上国家，没有任何地方比得上家乡。"

杜鲁门回到他生长的地方后，人们最关心的话题就是他们一家会住在哪里。母亲去世后，杜鲁门和弟弟、妹妹继承了母亲留下的土地；华莱士太太去世后，贝西从她那里继承了北特拉华大街的房子和近 1 万美元现金。人们纷纷议论说："杜鲁门一家到底会住在哪里呢？华莱士太太的房子太旧，住在那里有损前总统的面子。也许，他会在继承来的土地上盖一幢别墅。"

杜鲁门的老朋友为他们一家挑了一栋舒适的房子，可是最终杜鲁门还是拒绝了朋友的好意，住在了华莱士太太的旧房子里。其实，杜鲁门也想住舒适、漂亮的房子，可是他们并没有这样的经济能力。现在，杜鲁门是一介平民，每月除了 112.50 美元的退休金之外，没有任何薪水和津贴。虽然在杜鲁门没有退休之前贝西曾把他的薪水投在了公债上，但是也没有多少收益。他们的经济的确很紧张，几乎所有人都知道杜鲁门在任期内还曾向银行贷过款。

卸任后，哈里·S.杜鲁门夫妇幸福地生活在一起。

　　其实，杜鲁门卸任之后，有很多发财的机会，像服装店、缝纫机公司等都主动向他提供工作，而且收入可观。迈阿密一家公司的老板给杜鲁门写信，邀请他担任股东或者主席，薪水为 10 万美元。还有一家公司说："每天我们只需要你工作 1 小时，薪水为 50 万美元。"毫无疑问，杜鲁门拥有了这些工作的话，不仅可以过舒适的日子，而且买房子也不成问题。然而，他拒绝了这样的邀请。他说："现在，虽然我既没有发财，而且未来的职业也无着落，但是我不愿意接受这样的工作。因为他们感兴趣的是美国前总统的头衔，而不是我本人。若接受任何几家单位的邀请，他们就会打出我的旗号，我绝不会拿美国总统这一职位的尊严和荣誉去做交易。"

　　成为平民之后，虽然没有压力的日子让杜鲁门有点难以适应，虽然他拒绝了许多公司的邀请，但他仍然有自己的事情要做。其中，最主要的两件事就是筹建杜鲁门图书馆、撰写回忆录。为了筹建图书馆、写回忆录，杜鲁门在堪萨斯为自己找了一间办公室。他的办公室里布置得非常舒适，还可以眺望堪萨斯全景。

　　在为图书馆选址的时候，杜鲁门遇到了一点麻烦。因为弟弟维维安不同意在母亲留下的土地上建图书馆，他说："那么好的地，用来盖你的破图书馆太可惜了。"和维维安协商之后，他答应让杜鲁门在一块低洼处，靠近铁路的土地上盖图书馆。然而，建筑师却不同意，他说："那块地光线不好，视野不佳。"后来，独立城给杜鲁门拨了一块地。杜鲁门喜出望外，立即投入了工作。为他把图书馆建成像外祖父的家那样，杜鲁门仔细回忆，亲自画了好几张设计图。直到 1957 年，图书馆才竣工。

　　回乡不到 1 个月，杜鲁门的经济状况有了好转。2 月 12 日，有报道说："杜鲁门已经把他回忆录的版权独家售给了《生活》杂志，稿酬是为60 万美元。在 5 年内，稿酬会以分期付款的形式付清。毫无疑问，这是一笔巨款。"杜鲁门在给艾奇逊的信上写道："我已经签订了一份著书合同，报酬惊人，所以我的经济危机暂时得到了缓解。我对汽车的痴迷一如既往，所以我毫不犹豫地买一辆绿色的道奇牌轿车。我的车就像从来没有人用过一样，因为我几乎每天都洗刷。有一次下大雨了，我决定开那辆黑色的旧车去上班，所以把新车开进了车库。在倒车的时候，因为有其他车挡了道，所以我颇费了些周折，贝西还取笑我说，我打算找一份停车场里的工作去练车。"

全力投入建图书馆和写回忆录的工作之后，杜鲁门比以前忙多了。按照传统，他把任期内的有关文件全带了回来，包括各种指令、备忘录、会议资料、演说以及记者招待会的记录等。助手们把这资料系统地归类之后，一共装了50大箱。杜鲁门细细地分析这些资料后，就开始整理成回忆录的形式。他整理之后，助理们

哈里·S.杜鲁门正全力投入写回忆录的工作

还要一页页地仔细整理一遍。在给朋友的信上，杜鲁门写道："虽然进展很顺利，但我却像奴隶一样累。有时候写书写累了，我就会一个人出去走走，顺便看看图书馆的进展情况。一次，当我走到施工现场的时候，看到工人以老式的方法干活。看上去，每个人都很累。于是，我便走过去问包工头是否需要帮手。包工头打量了我半天之后，才问我是否失业了，他确实需要帮手。"

虽然杜鲁门有好几十箱写回忆录的资料，但真正用在回忆录中的只有一小部分。对此，有人批评说："杜鲁门拒绝公开他的秘密文件。"

杜鲁门反驳道："为了得到顾问的真实建议，总统必须为他们保密。否则，他们不会向总统说出心里话。时至今日，我仍然有为我的顾问们保守秘密的责任。"

华盛顿方面对杜鲁门筹建图书馆没有给予任何帮助，所以除了写回忆录之外，杜鲁门还不得不参加各种聚会、举行义卖为图书馆募集资金。短

短一年多时间，他就筹集到 100 多万美元。他的女儿玛格丽特说："爸爸的速度令我震惊……爸爸常说，他以前的时间都是借来的，可是现在退休了也不肯放松一下。他几乎每天都花 17 个多小时写书、接待、处理信件等，他的这种拼劲让我无法理解。"

忙碌的工作，终于累倒了杜鲁门。6 月 18 日，他突然晕倒了。在科研医院，华莱士·格雷厄姆大夫为杜鲁门做了紧急手术，摘除了他的胆囊和阑尾。然而，不久以后伤口被感染了。格雷厄姆忧心忡忡地对贝西说："夫人，前总统现在的处境非常危险，因为他对新药物过敏，很多药都没有办法用。"听了医生的话之后，贝西除了着急也没有办法。于是，她只好一个劲地拜托医生想想办法。

在杜鲁门养病期间，为了给他解闷，艾奇逊除了给杜鲁门邮寄书之外，还不断地给他写信。其中，有一封信上说："人们深深地爱着你，报界也是如此。除了认识的人向我打听你的消息之外，街上的陌生人也不断地问我你是否有危险，恢复得怎样等。这么多人关心你，真让人感动。"

就像艾奇逊说的那样，许多人都在关心杜鲁门，许多慰问的信件和明信片向雪片一样飞向医院。此外，杜鲁门几乎每天都能收到鲜花。他毫不夸张地说："这么多鲜花，够给来看望我的人一人送一枝。"

令人惊喜的是，不久以后，杜鲁门的病竟然奇迹般地好了。医生说他需要经过 1 年的休养才可以正常工作。然而两个月后，杜鲁门就全身心地投身到工作中去了。他说："为了使图书馆尽快落成，我必须马不停蹄地工作。"

杜鲁门经常锻炼，所以几乎没有得过什么大病。可在这次康复后不久，杜鲁门在一次晨练中摔断了 4 根肋骨。得知消息后，玛格丽特关切地问道："爸爸，医生给你用固定架固定了吗？你感觉怎么样？"

杜鲁门说："有点疼。我不喜欢那种东西，所以没有让他们用。"

"难道你想让你的肋骨在没有任何帮助的情况下自己长好吗？"玛格丽特吃惊地问道。

杜鲁门笑着说："是的，你说得一点都没错。"

后来，杜鲁门果然没有接受设什么固定架的帮助，让肋骨自己长好了。

杜鲁门年岁已高，可他还是坚持像年轻的时候一样，没命地工作。11月份的时候，杜鲁门回忆录的出版商从纽约来到独立城。他发现回忆录的字数已经大大超出了规定的字数，但是进展却相当慢，若写完全书估计会有好几百万字。于是，他对杜鲁门说："为了加快进度，我建议欧内斯特·哈夫曼来帮忙润色，他是《生活》杂志最优秀的作家之一。"

杜鲁门拒绝说："为了准确无误地描写我当总统的岁月，我认为目前最重要的是事实，而不是风格。我想，我不会接受你的建议，而且希望在这一任务完成之前，你最好不要派任何人来。"

虽然杜鲁门拒绝了出版商埃德·汤普森的要求，但是几个星期之后哈夫曼还是来了。在经验丰富的作家的帮助下，事情进展得很顺利。杜鲁门在信里对艾奇逊说："专业作家哈夫曼来了之后，我们每周工作7天，大家都干得很卖力，我连老命也拼上了。经过修改之后，确实比我想象的要好多了，而且我还从哈夫曼身上学到了不少东西。"

从杜鲁门给艾奇逊的信中不难看出，他对哈夫曼的工作很满意。然而，哈夫曼却对这位前总统很不满。一个多月之后，他就撒手不干了。他说："前总统是个很不好合作的人，但其他工作人员比他更难对付。"哈夫曼走后，作家霍索恩·丹尼尔接替了他的工作。因为出版公司希望回忆录在《生活》杂志连载后，顺利出版发行该书。

杜鲁门与《生活》杂志签订的合同是，1955年6月30日交付手稿，字数为30万。然而1955年1月的时候，手稿的字数已经达到了200多万。经过协商之后，《生活》杂志同意把字数增加到58万。于是，工作人员不得不进行大量的删减工作。后来，出版公司的总编麦考密克也参加了润色、删减。除了这些作家、编辑等人之外，艾奇逊也应杜鲁门的邀请前来审阅全稿。杜鲁门说："艾奇逊的意见尤为可贵，所以我必须让他看看。"艾奇逊夫妇抵达独立城之后，住进了杜鲁门的家中。一时间，这件事情还成了街头巷尾议论的话题。因为从没有前国务卿来独立城住过，而且杜鲁门的家里几乎没有客人留宿过。

除了在办公室修改、讨论稿子之外，杜鲁门每天晚上都把手稿拿回家和贝西、艾奇逊等人一起讨论。毫无疑问，贝西提供了许多宝贵的修改意见。麦考密说："贝西是杜鲁门真正的指路明灯，因为她提出的修改意见更明智。"

1955 年 6 月，哈里·S. 杜鲁门夫妇在他们家门前的合影。

在交稿期限的压力下，杜鲁门和助手们在 6 月末的时候几乎是通宵达旦地工作。最后，手稿终于如期交出去了。杜鲁门对汤普森说："以前，从来不知道写一本书这么费劲。"

交稿之后，杜鲁门拿到了 11 万美元的稿费。此外，他还收到了支付剩余款项的 5 张期票。其中，最后一张的付款日期是 1960 年 1 月。

9 月 25 日，在《生活》杂志刊登了回忆录的第一期，还附有杜鲁门和贝西在老家门前的照片。此后不久，出版公司出版的名为《决策之年》的回忆录第一卷也出来了。书印刷出来后，汤普森对杜鲁门说："11 月初，我们在堪萨斯的米勒巴赫饭店为你举行签名售书会。"

杜鲁门回答说："我会为所有的读者签名。"

杜鲁门的回答令汤普森喜出望外，他说："我们一定会尽力做好各项准备工作。"

杜鲁门回答说："在签名的时候，请为我多准备好几支廉价钢笔。我可以参加你们公司的任何活动，但是别让我为钢笔、纸或其他任何产品做广告。"

10 月底，为了做好各项安排，沃恩将军提前抵达堪萨斯城。他听到人们纷纷议论说："我们天天都见杜鲁门，还举行这样的活动做什么啊？"听了这样的话，沃恩将军生怕到时候没有多少人去参加售书会。于是，他还特意提前与老兵协会和其他团体打招呼，希望他们到时候能去捧场。然而，沃恩将军的担心是多余的。售书会上，人山人海，杜鲁门忙都忙不过来，甚至还用坏了好几支钢笔。当人潮涌进会场的时候，杜鲁门简直难以置信，他说："真没想到会有这么多人。"沃恩将军说："早知道是这样的盛况，还不如不给老兵协会打电话呢？"

5 个多小时，杜鲁门签了 4 000 多次名。在场的记者和出版公司的工作人员都惊呆了，有记者说："他签得飞快，有时候 1 分钟能签 8 个左右。偶尔，他还得意地对读者说，瞧，签得多好啊！起初，麦考密克怕他吃不消，建议用机器签名。但杜鲁门坚持用手签，他说他不想机器，会尽力用手签好的。"

第二天，许多报纸大都用"场面火爆"、"签名至最后"等标题，报道了这次签名售书活动的盛况以及对书的评价。《纽约人》杂志载文说："哈里·杜鲁门的回忆录详尽地描述了美国的政治内幕，这在美国历史上是没有过的事情，因为在他之前还没有任何总统这样写过……"有评论家说："虽然这本书不是最好的回忆录，但它是由一位最卓越的人所撰写的出色作品。书中展现了一位谦逊、自信而又迷人的总统……"还有人说："书中塑造了一位目光锐利、充满活力、坦诚的总统。危机来临时，他所体现的是政治家的洞察力、镇静、勇气和活力……"

对出版界来说，杜鲁门《回忆录》的出版毫无疑问是一件大事；对杜鲁门来说，《回忆录》的出版是他漫长人生中最快乐的一个篇章。此外，《回忆录》还重新唤起了人们对杜鲁门的兴趣，也让人们重新评价他的功过。有人说："杜鲁门理解总统的权力，他为历史作出了巨大的贡献。"

在回忆录中，杜鲁门除了写自己在白宫的事务之外，其中还提到了的父亲和母亲。在杜鲁门还是总统的时候，有人对他说："你的父亲是一个没有出息的人。"

杜鲁门愤怒地反驳道："一个能把儿子培养成总统的人，你能说他没有出息吗？"

杜鲁门把说自己父亲的人驳得哑口无言。虽然和父亲在一起的时间很少，虽然父亲更喜欢弟弟，但是杜鲁门对他有非常深厚的感情。

杜鲁门的生活丰富多彩，除了忙于筹建图书馆、写回忆录、给杂志写评论文章之外，他还经常挤出时间来为青年学生们讲座。他说："我晚年最大乐趣就是从事这些活动，尤其是给年轻一代讲课。作为一位有多年政治经验的前总统，作为一位历尽沧桑的长者，我觉得培养下一代的责任感和进取心是义不容辞的，所以我很乐意和他们一起分享我的知识和经验。"有一次，一位名叫麦克的学生在课堂上问杜鲁门："您觉得我们密苏里州的头头如何？"

听到学生这样称呼州长，杜鲁门马上严肃地对他说："小伙子，你这样称呼州长是不对的，你知道吗？你的这种行为就是对公职的不尊重，你应该为此感到惭愧，懂吗？"

麦克低声说："明白了。"

杜鲁门怕自己直率的批评伤了麦克的心，怕他会因此而在今后的生活、交往中缺乏信心，所以讲课结束后，他特意找到麦克，并安慰他说："小伙子，别把这件事放在心上。"

退休后，杜鲁门一直渴望早日抱外孙，可当玛格丽特宣布他要结婚的消息后，杜鲁门一点也不高兴。因为玛格丽特一直瞒着他，直到结婚前几个星期才告诉他。在给艾奇逊的信上，杜鲁门写道：

> 我对玛格丽特的婚事很不满意，并不是因为她要嫁给一个搞新闻的。当我第一眼看见未来的女婿丹尼尔的时候，我对他的印象还不错。玛格丽特与他结婚，我觉得很放心。我之所以生气，是因为她一直没有告诉我，他们都认识一年多了。她的妈妈早就知道了，他们一直瞒着我。在结婚前几周，她告诉了我，还让我替她保守秘密，不要把此事透露给她的姑姑和叔叔。
>
> ……
>
> 你知道吗，还有更令我不满意的事情。这对可恶的家伙还去北卡罗来纳州见了老丹尼尔夫妇，而且是在我丝毫不知情的情况下去见的。尽管后来他们一再向我解释，但是我仍然觉得心里不舒服。你女儿也是这样的吗？
>
> 同所有女儿的爸爸一样，我很担忧，希望他们一切都顺利。
>
> 需要你安慰的哈里

收到杜鲁门的信后，艾奇逊很快就回信了。他在信上劝杜鲁门说：

除了安慰你之外，我也不知道说些什么才好。

其实，你根本不用担心。第一，玛格丽特的判断力一直很优秀，她不会选错的，你要相信她。第二，丹尼尔是个不错的小伙子，报界对他的评价很高。

……

一年前，在为玛格丽特庆祝生日的时候，我们和丹尼尔一起吃过饭，你忘了吗？我对丹尼尔的印象非常好，他是一位能干、聪明、很有魅力的小伙子。我认为，玛格丽特选择男人的水平是一流的，他们简直就是天造地设的一对。虽然说婚姻是最大的赌博，但我敢保证他们的冒险一定会成功。

至于你心里不舒服是难免的，也许这时候准新娘都会忽略父亲。其实，不仅仅女儿如此，儿子也一样，他们喜欢自己做决定。总而言之，所有新娘的父亲都像个可怜虫，没有人重视他的意见。现在，你不能参与决策，除了站在一旁看着之外，你还能做什么？

对了，还有酒，在家喝一瓶好酒解闷。

你就放心吧，他们会幸福的。

艾奇逊

1956年4月21日，玛格丽特的婚礼在独立城举行。婚礼结束后不久，杜鲁门和贝西去欧洲各国旅游了一个多月。在巴黎，杜鲁门受到法国人的热烈欢迎。《独立城考察家报》报道说："杜鲁门先生在巴黎像在密苏里一样受欢迎，大街上的人大声欢呼，高喊杜鲁门万岁。"在意大利，杜鲁门夫妇游览罗马古迹的时候，杜鲁门还对记者说："意大利的气候让我想到得克萨斯……在秋季总统竞选中，民主党不仅能赢得得克萨斯的选票，而且还会赢得大选。"在荷兰，杜鲁门和贝西参观了国家博物馆，还与朱丽安娜女皇共进了午餐。

在欧洲的旅行中，英国之行是最令杜鲁门高兴的。牛津大学为他颁发了博士学位，还为他举行了晚宴。牛津大学的校长赞扬杜鲁门说："你展现的勇气证明，你是我们最忠实的盟友。"杜鲁门在日记中写道："在我的人生中，我做梦也没有想到，像我这样一个没有上过大学的人会成为牛津的博士……我非常激动，因为在这个国家我非常受欢迎。在街上，认识我这个前总统的人都纷纷和我打招呼，说欢迎我来英国……"

英国之行是最令杜鲁门高兴的，作为一个普通人，他受到英国人民的热烈欢迎，得到高层的礼遇。

6月24日，杜鲁门夫妇去丘吉尔家赴宴。为了迎接他们，丘吉尔夫妇一直在马路上等了很久。午宴结束后，杜鲁门和丘吉尔在花园里散步。杜鲁门说："再次见到你，我非常高兴。这是一次令人愉快的访问。"

丘吉尔说："我也和你一样高兴……虽然我现在还能像往常那样做些必须要做的事情，但是我不愿意做了。对我这个年纪的人来说，不能再有更多的指望了。哈里，我觉得你再次成为美国总统的话，对世界来说将是一件非常伟大的事情。"

杜鲁门说："已没有这个机会了。"

杜鲁门在日记中写道："丘吉尔已经82岁了，除了听力不好、行动迟缓之外，他的头脑仍然像以前一样机敏……告别的时候，他对我说再见。可我不知道能否再次相见。"

6月28日，杜鲁门夫妇的旅行结束了，他们顺利返回美国。欧洲之行让杜鲁门成了美国最伟大的亲善大使，而且国内外持这种观点的报道非常多。《每日电讯报》报道说："在美国历史上，从来没有一个普通人像他这样，受到欧洲人民的热烈欢迎，得到高层的如此礼遇。"伦敦《旗帜晚报》报道说："杜鲁门的这次访欧洲之行取得了巨大的成功，就像其他报纸说的那样，他成了亲善大使。"杜鲁门在日记中写到："不管人们怎么说，总之我的旅行是非常愉快的……虽然我们大部分时间是在雨中度过的，偶尔才会享受一下太阳的温暖，但我们的兴致并没有因为雨而受到丝毫影响。对我们来说，这就是我们自己的蜜月旅行，是我们生活中最开心的旅程。"

退休之后，杜鲁门除了忙自己的事之外，仍然一如既往地关心着民主党的前途。从欧洲回来之后，他立即投入了选举年的政治活动之中。杜鲁门说："在 1954 年的中期选举中，虽然民主党控制了国会，但要想在今年的总统大选中获胜还有一定的难度。"

8 月初，杜鲁门前往芝加哥参加民主党代表大会。

早在 1955 年，杜鲁门就曾动员史蒂文森参加竞选，但是他和几年前一样躲避着杜鲁门。杜鲁门指责史蒂文森说："你是缺乏战斗精神的人，这是你无法取胜的原因之一。"所以这次，杜鲁门支持哈里曼参加竞选。他对艾奇逊说："我打算尽我所能帮助哈里曼，我打算到纽约，芝加哥、旧金山等地去演说。此刻，我多么希望自己年轻 10 岁啊。"最后，哈里

虽然哈里·S. 杜鲁门退休了，但他一如既往地关心政治。

曼输了，史蒂文森获得了民主党候选人提名。然而，在和艾森豪威尔的较

量中，史蒂文森再次败下阵来。杜鲁门失望地说："虽然史蒂文森能言善辩，但他却是一位非常蹩脚的总统候选人。"

1957 年 6 月 5 日，杜鲁门终于实现了抱孙子的愿望，因为玛格丽特生了一个儿子。虽然杜鲁门非常盼望抱孙子，但是在接到女婿说玛格丽特即将生产的电话之后，他却显得格外镇静。玛格丽特说："爸爸不会高兴得睡不着觉，因为在紧张的大选之夜，他都能安然入眠，怎能指望这点事情就让他彻夜难眠呢？"

6 月 7 日，杜鲁门和贝西前往医院看望女儿和外孙。见过外孙之后，他对记者说："他很可爱，长着一头红头发。"玛格丽特说："我的儿子明明长着一头黑发，爸爸的话让我非常尴尬。他之所以这样说，是因为红头发是杜鲁门家族的血统。明明爸爸看到的是一头黑发，但他更愿意说是红头发，因为他希望我的儿子有杜鲁门家族的特征。"

一直以来，杜鲁门都盼望着民主党人重新入主白宫。1960 年，杜鲁门的愿望终于实现了。因为在这年的总统大选中，民主党总统候选人约翰·肯尼迪打败了共和党总统候选人尼克松，登上了总统宝座。就职后不久，肯尼迪就邀请杜鲁门一家到白宫做客。杜鲁门高兴地接受了邀请，不过他不想多打扰主人，在白宫住了一个晚上就会回到了独立城。

随着时光的流逝，很多愿望实现了，很多恩怨也化解了。时间真的就像一剂良药，它让杜鲁门和艾森豪威尔这对老朋友的关系慢慢恢复了。然而，时间也是一把双刃剑，它能让你得到你想要的，也能让你失去不想失去的东西，比如说亲朋好友和健康。就是因为它飞快地流失，杜鲁门的许多朋友，像弟弟维维安、表姐诺兰、马歇尔、丘吉尔、艾奇逊等人都一个个离开了，而他自己的健康状况也每况愈下。杜鲁门说："我一个接一个地参加朋友、亲人的葬礼。尽管他们已经离去了，但是我永远不会忘记他们，而且很快我们就会见面的……有时候，我甚至听见了上帝召唤我的声音。"

1972 年夏，杜鲁门因肠胃方面的疾病住进了堪萨斯科研医院。华莱士·格雷厄姆大夫检查之后对贝西说："总统先生的肺中有充血现象，情况非常危急。夫人，请您作好思想准备。"

贝西泣不成声地说："大夫，请您一定想想办法。"

格雷厄姆大夫说："夫人，您放心，我会竭尽全力的。"

1961 年 6 月，哈里·S. 杜鲁门应总统肯尼迪之邀前往白宫时与肯尼迪的合影。

接下来的几天里，杜鲁门的情况时好时坏。糟糕的是，它还感染上了重感冒和支气管炎。除了会说简单的话，像"是"、"不是"、"不坏"之外，杜鲁门根本无法用完整的句子来表达。其实，杜鲁门一直没有脱离危险期，这也是格雷厄姆大夫让家属做好准备的原因。

到圣诞节的时候，杜鲁门已经完全昏迷了。尽管如此，贝西坚持守在杜鲁门的身旁。玛格丽特对记者说："我妈妈的精神状态非常不好，怎么劝也没有用。"

1972 年 12 月 26 日上午，88 岁高龄的杜鲁门病逝于科研医院。生前，杜鲁门曾对家人说："我不想在华盛顿供人瞻仰，到时候你们就把我埋在外面。我希望我愿意的时候，随时可以看见自己的办公室。"

12 月 28 日，按照杜鲁门的遗愿，他被葬在了杜鲁门图书馆的草坪上。因为图书馆里有一间他的办公室，和白宫的办公室布置得一模一样。

杜鲁门曾经说："普通的美国人有能力成为伟人，而美国总统就是一个普通人……"杜鲁门正是靠这样的信念而活着，而且他还亲身证明了自己的信念。马歇尔曾说他的正直廉洁足以傲视美国，艾奇逊曾说他是怀有一颗伟大心灵的船长。

杜鲁门是一个普通人，但他绝不是一个简单的普通人。就像《华盛顿明星报》所说，杜鲁门不是神，不是非常之辈，不是魔术大师，他也是一个会犯错误的凡人……

附录　杜鲁门大事年表

1884 年 5 月 8 日，杜鲁门出生于拉默镇，不久以后就随家人迁居哈里森维尔。

1887 年，杜鲁门随父母移居杰克逊县，住在外祖父所罗门·扬的农庄。

1890 年夏天，杜鲁门一家离开农庄，迁到独立城。

1894 年冬天，杜鲁门得了白喉，差点因此送了性命。

1898 年，杜鲁门进入中学学习。

1899 年至 1901 年间，杜鲁门曾写下了两本关于人和道德理想的文章，深得老师好评。

1900 年秋天，杜鲁门和同学塔斯克·泰勒、查理·罗斯等人制作了一份名为《曙光》的毕业纪念册。

1901 年 5 月 30 号，17 岁的杜鲁门高中毕业，随家人离开独立城，搬到了堪萨斯城郊。为了资助家人，杜鲁门找了一份收发报纸的工作。

1902 年，杜鲁门找到一份记时员的工作。

1903 年，杜鲁门在朋友的推荐下得以在商业银行工作。

1905 年 5 月，杜鲁门报名参加了堪萨斯的国防卫队，每周去训练一次，杜鲁门还被任命为班长。此外，杜鲁门辞去商业银行的工作，在联邦国家银行工作。几个月后，杜鲁门听从父亲的命令，回农庄帮忙。

1911 年 6 月，杜鲁门正式成为农庄的合伙人。

1914 年 11 月 2 日清晨，杜鲁门的父亲去世。

1915 年，杜鲁门和邻居杰里·卡伯特森在康默斯合伙开矿井。1916 年 9 月，锌矿关闭，杜鲁门创业宣告失败。

1916 年 11 月，杜鲁门在堪萨斯城和杰里·卡伯特森、大卫·摩根做起了石油生意。1917 年，杜鲁门和合伙人开的石油公司倒闭，他再次失败。

1918 年，杜鲁门参军，当上了中尉。部队隶属于 35 师的第 129 野战炮兵团。

1918 年 3 月 29 日，杜鲁门和他的战友们乘坐"乔治华盛顿"号油轮前往法国作战。7 月，杜鲁门晋升为上尉，并担任 129 野战炮兵团 2 营 D 连的指挥官。8 月 17 日，杜鲁门所在的炮兵连奔赴前线。

1919 年 4 月 9 日，杜鲁门和 129 野战炮兵团的官兵乘坐油轮驶向纽约。5 月 6 日，杜鲁门回到了家乡。6 月 28 日，杜鲁门和贝西在独立城的三一圣公会教堂举行了婚礼。婚后，杜鲁门和战友杰克逊合伙开了一家男子服饰店。

HARRY S TRUMAN

1922 年初，杜鲁门和杰克逊负债累累，他们的男子服饰店宣告倒闭。这年，杜鲁门当选为杰克逊县的东部法官。

1924 年 2 月 17 日，杜鲁门的女儿玛格丽特·杜鲁门诞生了。这年，他竞选连任法官失败。

1926 年，杜鲁门轻而易举地当选为首席法官。

1930 年 11 月，杜鲁门参加了连任首席法官的竞选，他再次当选。此外，杜鲁门还被选为堪萨斯规划委员会主席、全国城市规划会议主任。

1934 年，杜鲁门当选为参议员。1935 年 1 月 3 日，杜鲁门宣誓就职。

1939 年 4 月 7 日，汤姆·潘德加斯特因贪污受贿、逃税罪被堪萨斯联邦法院判了有期徒刑。虽然杜鲁门与他的事情没有任何瓜葛，但还是受到了牵连。

1940 年，杜鲁门竞选连任参议员获胜。

1944 年 7 月 21 日，杜鲁门赢得民主党总统候选人提名，并当选为副总统。

1945 年 4 月 12 日，罗斯福总统去世，杜鲁门继任总统。7 月 17 日，杜鲁门、丘吉尔、斯大林在波茨坦会晤，并召开了波茨坦会议。9 月 6 日，杜鲁门向国会提出了"公平施政"纲领。

1946 年初，杜鲁门向国会提出了一个紧急住房计划。2 月，杜鲁门签署了就业法。4 月，联合煤矿工人举行了大罢工。5 月，铁路工人举行了大罢工，杜鲁门想尽一切办法结束了工人们的大罢工。7 月 25 日，在杜鲁门的要求下，国会通过了将物价管制法延长一年的新法案。11 月，杜鲁门宣布取消对物价的特种管制。

1947 年，国会通过了杜鲁门提出的新总统继任法。这一年，美国提出了"杜鲁门主义"。

1948 年 3 月 9 日，杜鲁门宣布竞选连任总统。4 月 2 日，杜鲁门签署了欧洲复兴法案。这年，杜鲁门赢得大选，再次当选为总统。

1949 年 1 月 20 日，杜鲁门宣誓就职。

1950 年 11 月 1 日下午，两位波多黎各男子刺杀杜鲁门未遂。

1952 年，在大选中，杜鲁门支持的民主党候选人失败，共和党候选人艾森豪威尔当选为总统。

1953 年 1 月 20 日，艾森豪威尔总统宣誓就职后，杜鲁门一家离开白宫，回到家乡独立城。

1955 年，杜鲁门的回忆录第一卷《决策之年》顺利出版。

1956 年 4 月 21 日，杜鲁门的女儿玛格丽特在独立城举行了婚礼。女儿的婚礼结束之后不久，杜鲁门就和贝西去欧洲旅行。这次，欧洲之旅让杜鲁门成了亲善大使。

1957 年，杜鲁门图书馆竣工。

1972 年 12 月 26 日上午，88 岁高龄的杜鲁门病逝于科研医院。12 月 28 日，杜鲁门被葬在杜鲁门图书馆的草坪上。

重要参考文献

1. 《国际时事辞典》 商务印书馆　1984 年版

2. 《简明不列颠百科全书》大百科出版社　1985 年版

3. 《世界历史词典》上海辞书出版社　1985 年版

4. 《世界历史词典：简本》（英）杰拉尔德・豪厄特主编　商务印书馆　1988 年版

5. 《世界历史》（法）阿内-马里著　浙江教育出版　1999 年版

6. 《世界历史百科全书》苏联百科全书出版社学术委员会，苏联科学院历史学部编
　　商务印书馆　1992 年版

7. 《世界历史名人谱》朱庭光，程西筠主编　人民出版社　1998 年版

8. 《马歇尔计划下的法国经济》法共中央经济组编　世界知识社　1951 年版

9. 《高墙作证：柏林危机纪实》扬子著　世界知识出版社　1997 年版

10. 《柏林墙与民主德国》高德平著　世界知识出版社　1992 年版

11. 《柏林墙下的较量：冷战中的中央情报局与克格勃》（美）戴维・墨菲等著　江苏
　　人民出版社　2000 年版

12. 《巴勒斯坦问题的由来和发展》　华中师范学院历史系编　人民出版社　1976 年版

13. 《巴勒斯坦问题历史概况》西北大学伊斯兰教研究所编　陕西人民出版社　1973
　　年版

14. 《巴勒斯坦问题参考资料》国际关系研究所编　世界知识出版社　1960 年版

15. 《朝鲜战争：未透露的内情》（美）约瑟夫・格登著　解放军出版社　1990 年版

16. 《朝鲜战争内幕》（美）I. F. 斯通著　浙江人民出版社　1989 年版

17. 《朝鲜战争》（南朝鲜）战史编纂委员会编　黑龙江朝鲜民族出版社　1988 年版

18. 《美军败于我手：朝鲜战争纪实》张永枚著　解放军出版社　1995 年版

19. 《三八线的较量：朝鲜战争与中苏美互动关系》陈新明著　国际文化出版公司
　　2000 年版

20. 《遏制中国：朝鲜战争与中美关系》林利民著　时事出版社　2000 年版

21. 《朝鲜战争》（美）马修・邦克・李奇微著　军事科学出版社　1983 年版

22. 《老战士永不死：麦克阿瑟将军传》（美）杰弗里・佩雷特著　海南出版社　1999
　　年版

23. 《麦克阿瑟回忆录》　麦克阿瑟著　文国书局　1985 年版

24. 《美国战神：麦克阿瑟》王京著　北京图书馆出版社　1997 年版

25.《马歇尔》(英) 伦纳德·莫斯利著 解放军出版社 1987年版

26.《马歇尔传》(美) 波格·福雷斯特·C. 著 世界知识出版社 1991年版

27.《斯大林格勒回忆录》(德) 艾里希·魏纳特著 新文艺出版社 1956年版

28.《斯大林与冷战：1945～1953年：根据新解密的档案文献》张盛发著 中国社会科学出版社 2000年版

29.《二战回忆录》丘吉尔著 江苏人民出版社 2000年版

30.《斯大林时代》(美) 安娜·路易斯·斯特朗著 世界知识出版社 1979年版

31.《杜鲁门传》(美) 大卫·麦卡洛夫著 田美秋译 中国社会出版社 2005年版

32.《哈里·S. 杜鲁门》(美) 小阿瑟·M. 史勒辛格主编 (美) 巴巴拉·塞弗著 周建川译 中国出版集团 现代教育出版社 2005年版

33.《掌权者——从杜鲁门到布什》(美) 约翰·普拉多斯著 封长虹译 时事出版社 1992年版

34.《杜鲁门：走向冷战》李东燕著 学苑出版社 2005年版

35.《杜鲁门传》上、下 (美) 戴维·麦卡洛著 王秋海等译 世界知识出版社 1997年版

36.《夫妻总统：第二次世界大战以来的美国第一夫妇》(美) 吉尔·特洛易著 杨百朋等译 中央编译出版社 2001年版

37.《美国总统的婚恋》杨家祺编著 当代世界出版社 2000年版

38.《杜鲁门与麦克阿瑟的冲突和朝鲜战争》(美) 约翰·斯帕尼尔著 钱宗起 邬国孚译 复旦大学出版社 1985年版

39.《杜鲁门回忆录》卷一、卷二 (美) 哈里·杜鲁门著 李石译 世界知识出版社 1965年版